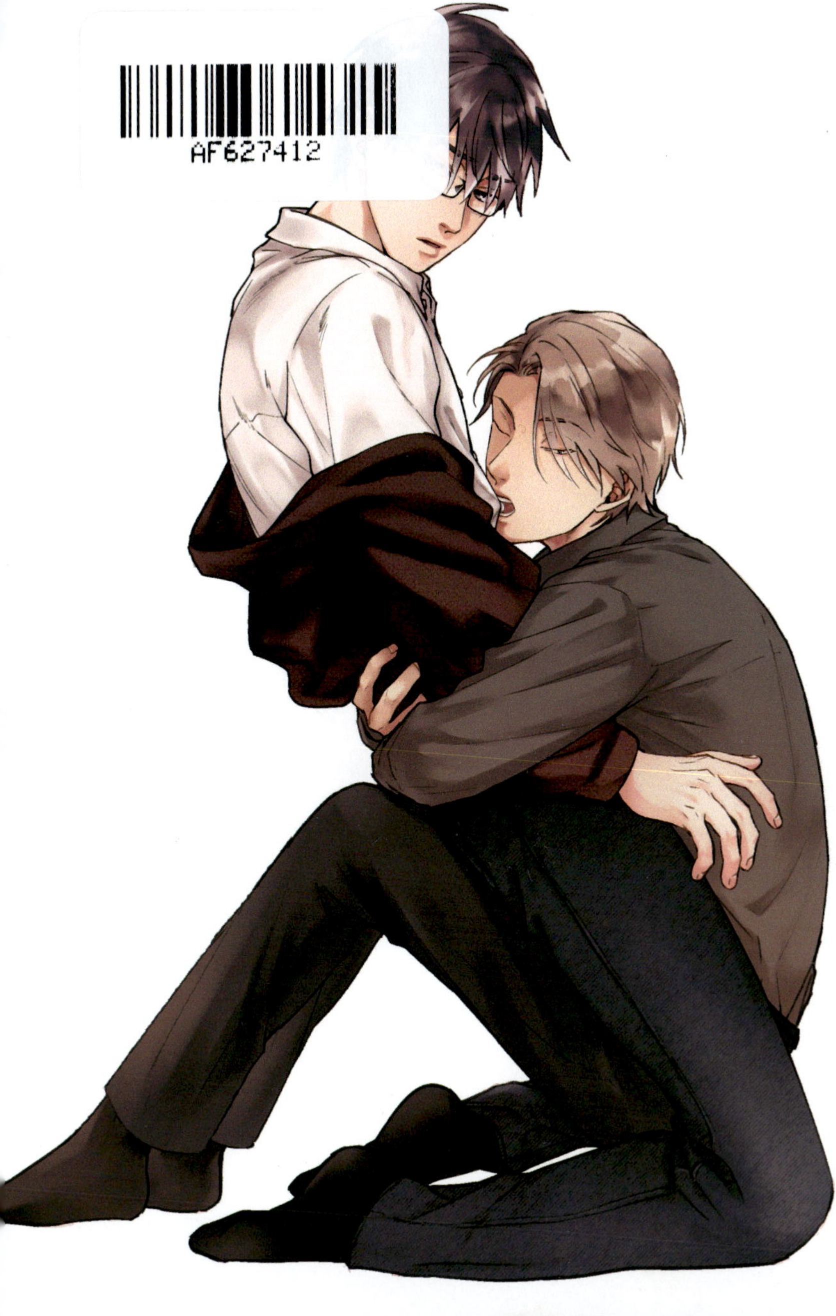

Du kannst mir nicht widerstehen

Mataaki Kureno

INHALT

Aus dem Japanischen von Melania Schmitz

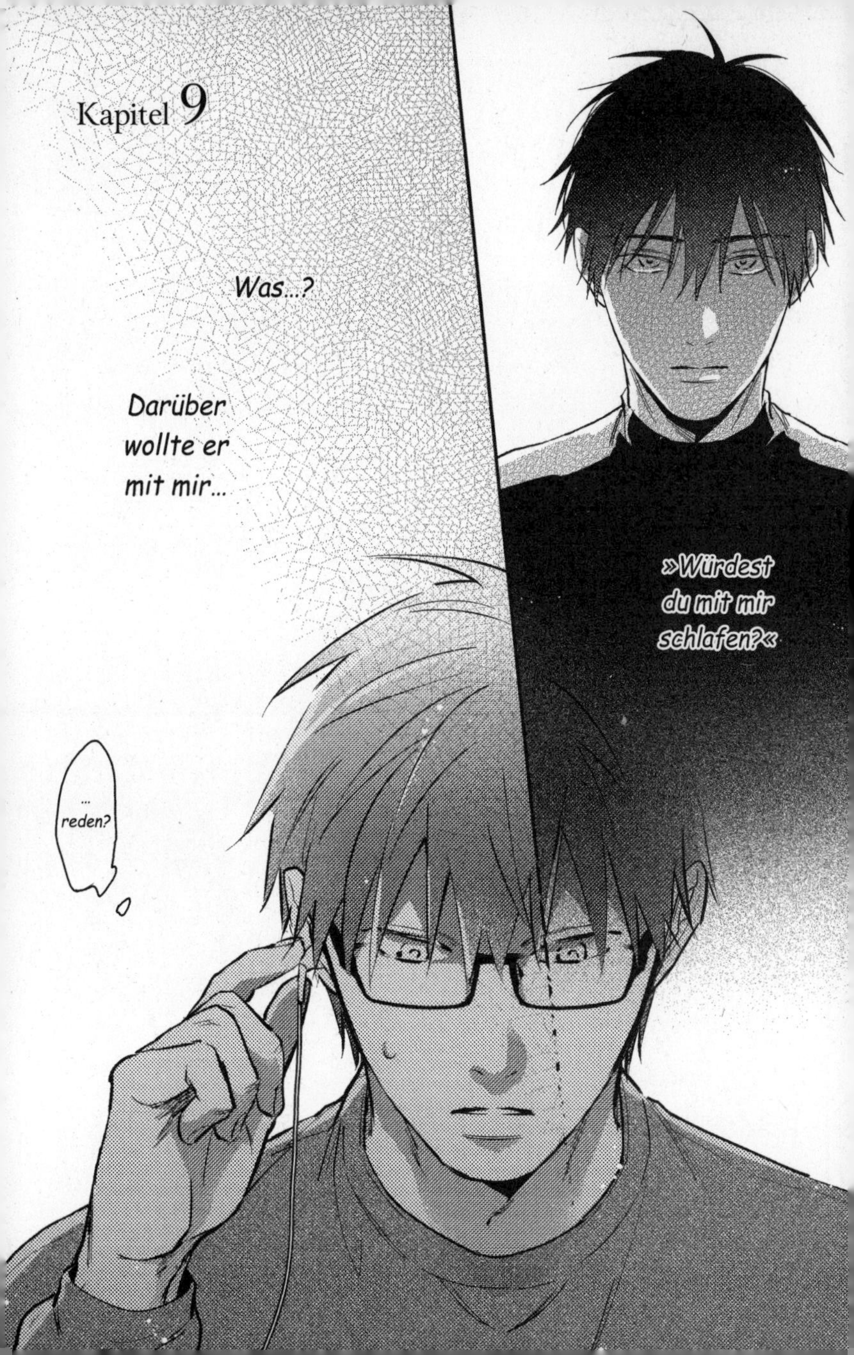
Kapitel 9
»Würdest du mit mir schlafen?«
Was...?
Darüber wollte er mit mir...
... reden?

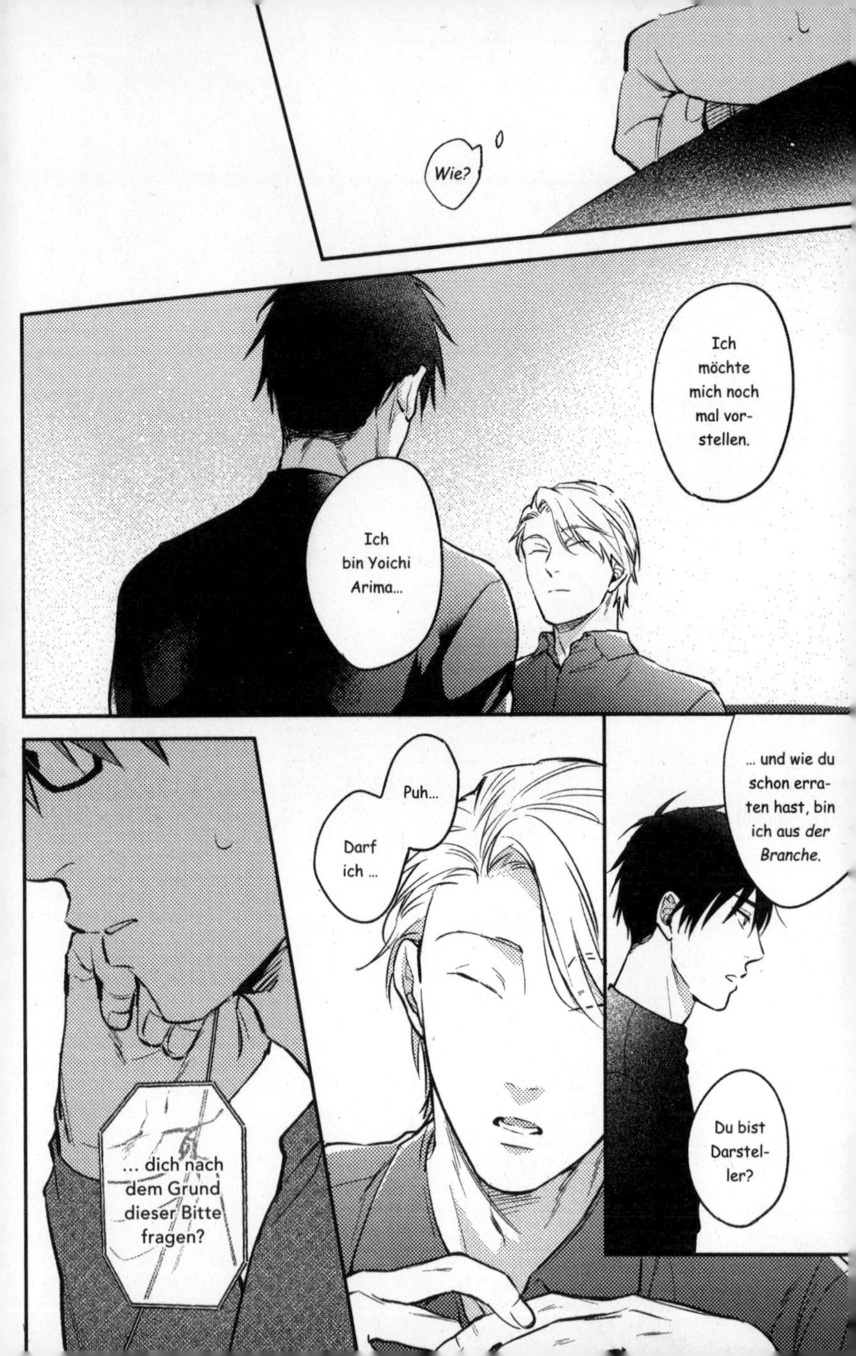
Wie?
Ich möchte mich noch mal vorstellen.
Ich bin Yoichi Arima…
… und wie du schon erraten hast, bin ich aus *der Branche*.
Du bist Darsteller?
Puh…
Darf ich …
… dich nach dem Grund dieser Bitte fragen?

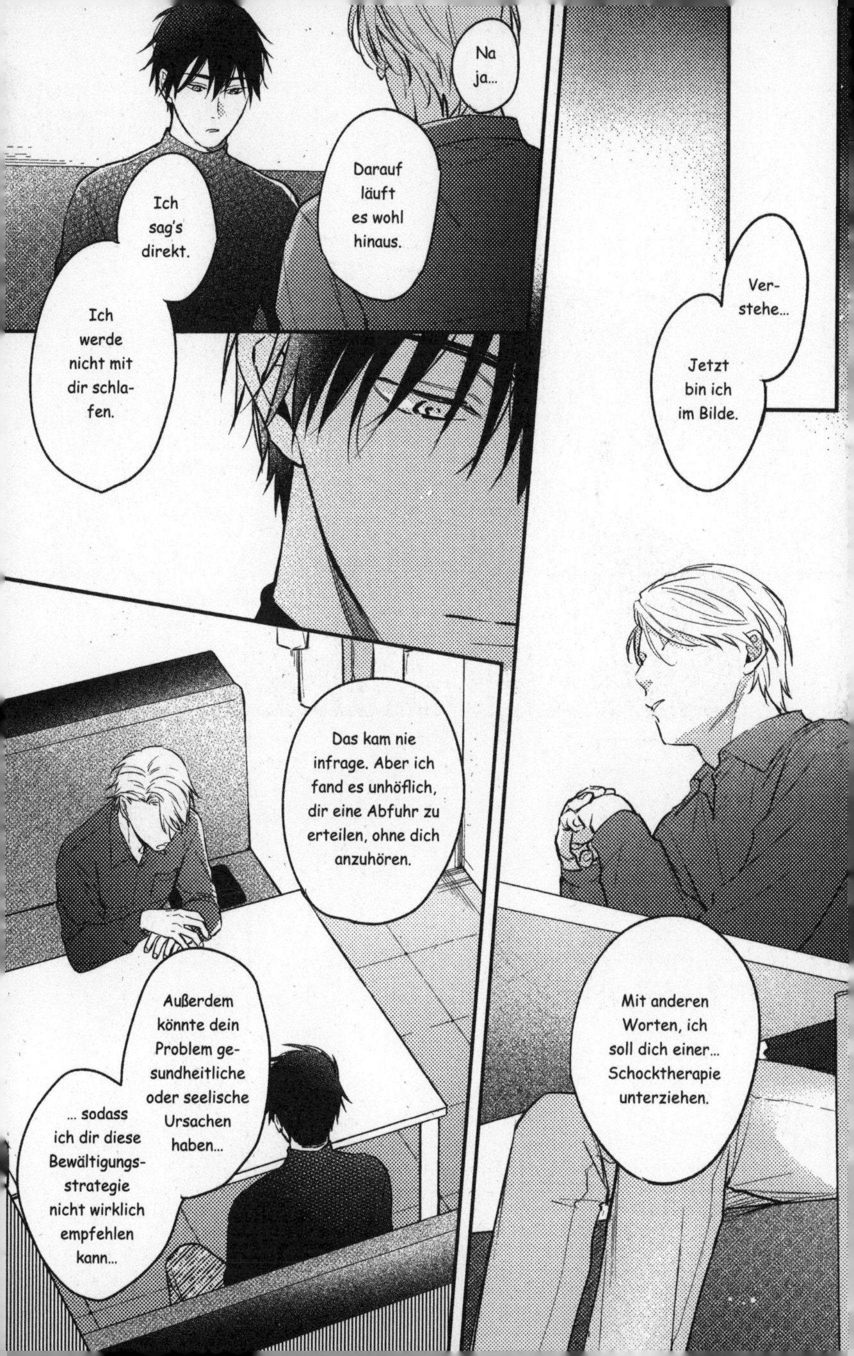
Ver-
stehe...
Jetzt
bin ich
im Bilde.
Na ja...
Darauf läuft es wohl hinaus.
Ich sag's direkt.
Ich werde nicht mit dir schla-fen.
Mit anderen Worten, ich soll dich einer... Schocktherapie unterziehen.
Das kam nie infrage. Aber ich fand es unhöflich, dir eine Abfuhr zu erteilen, ohne dich anzuhören.
Außerdem könnte dein Problem ge-sundheitliche oder seelische Ursachen haben...
... sodass ich dir diese Bewältigungs-strategie nicht wirklich empfehlen kann...

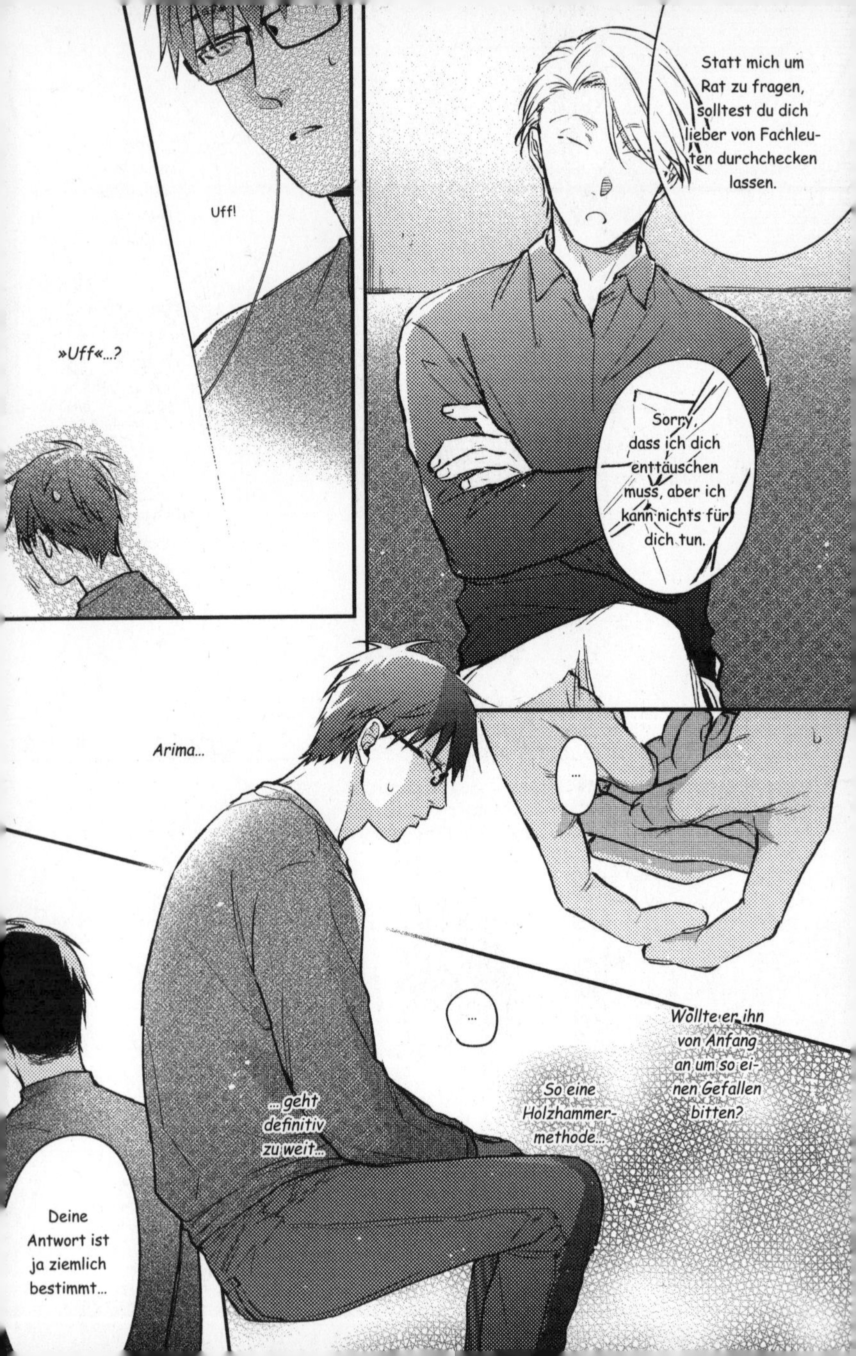
Statt mich um Rat zu fragen, solltest du dich lieber von Fachleuten durchchecken lassen.
Uff!
»Uff«…?
Sorry, dass ich dich enttäuschen muss, aber ich kann nichts für dich tun.
Arima…
…
…
Wollte er ihn von Anfang an um so einen Gefallen bitten?
So eine Holzhammermethode…
… geht definitiv zu weit…
Deine Antwort ist ja ziemlich bestimmt…

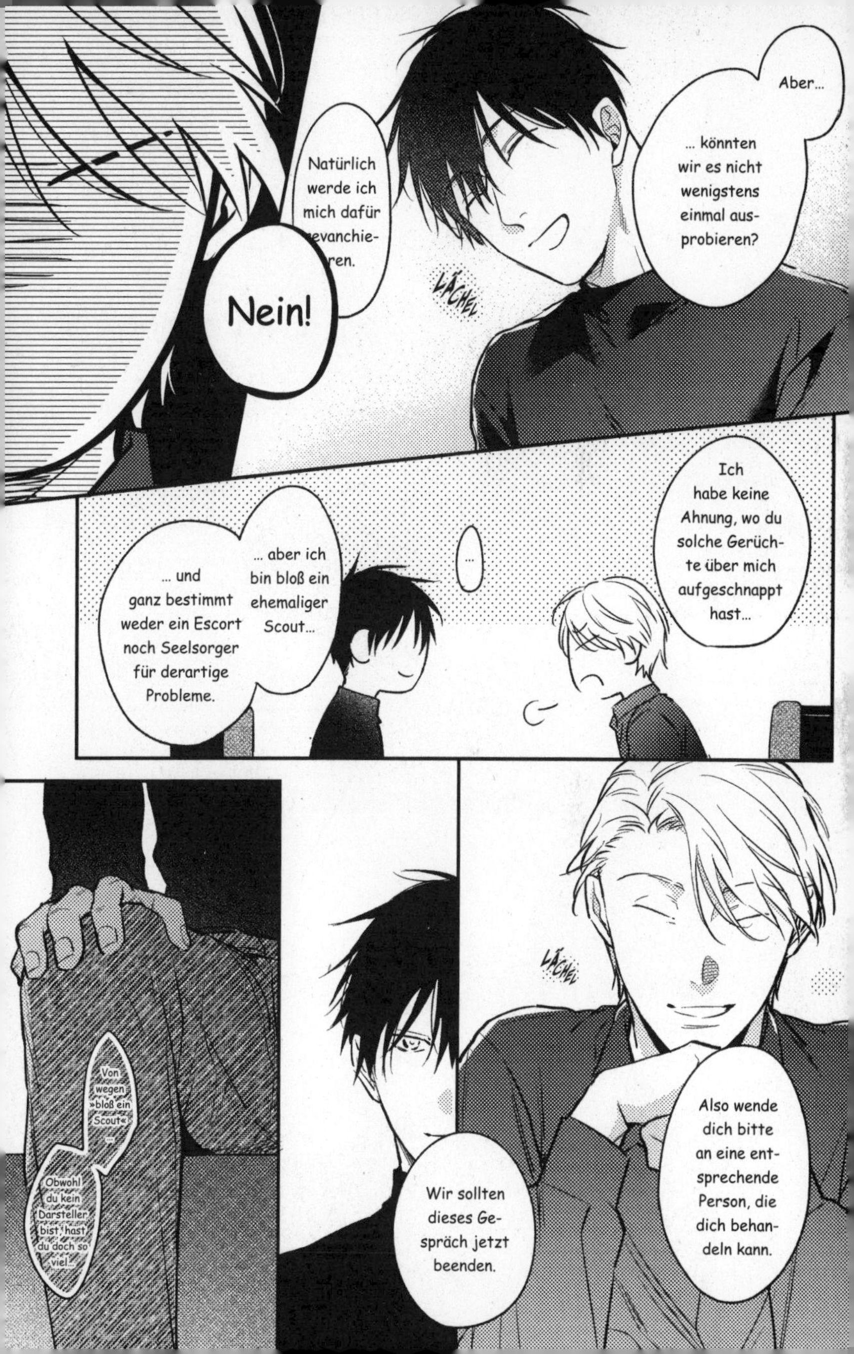

Aber…
… könnten wir es nicht wenigstens einmal ausprobieren?
Natürlich werde ich mich dafür revanchieren.
LÄCHEL
Nein!
Ich habe keine Ahnung, wo du solche Gerüchte über mich aufgeschnappt hast…
…
… aber ich bin bloß ein ehemaliger Scout…
… und ganz bestimmt weder ein Escort noch Seelsorger für derartige Probleme.
LÄCHEL
Also wende dich bitte an eine entsprechende Person, die dich behandeln kann.
Wir sollten dieses Gespräch jetzt beenden.
Von wegen »bloß ein Scout«…
Obwohl du kein Darsteller bist, hast du doch so viel…

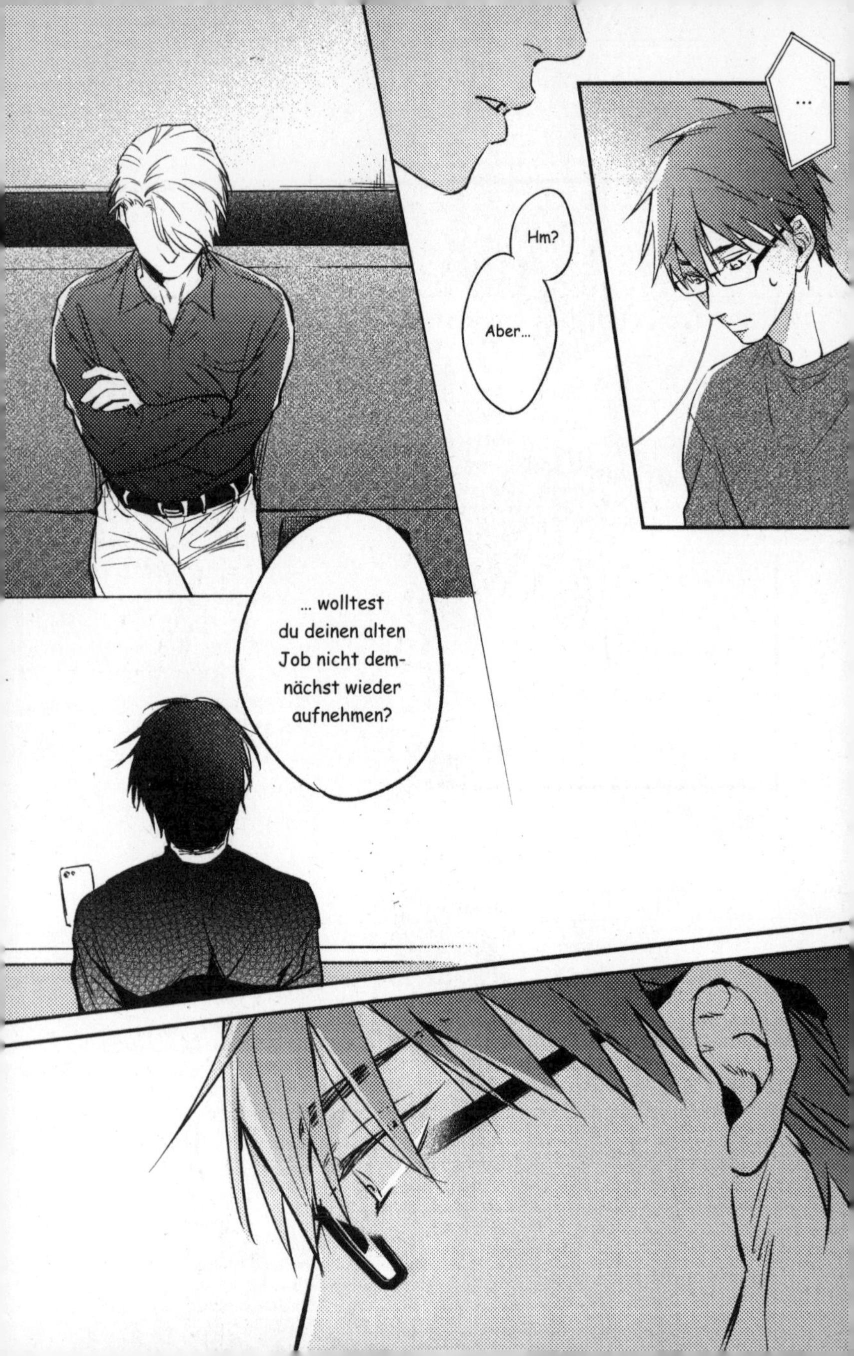
...
Hm?
Aber...
... wolltest du deinen alten Job nicht dem-nächst wieder aufnehmen?

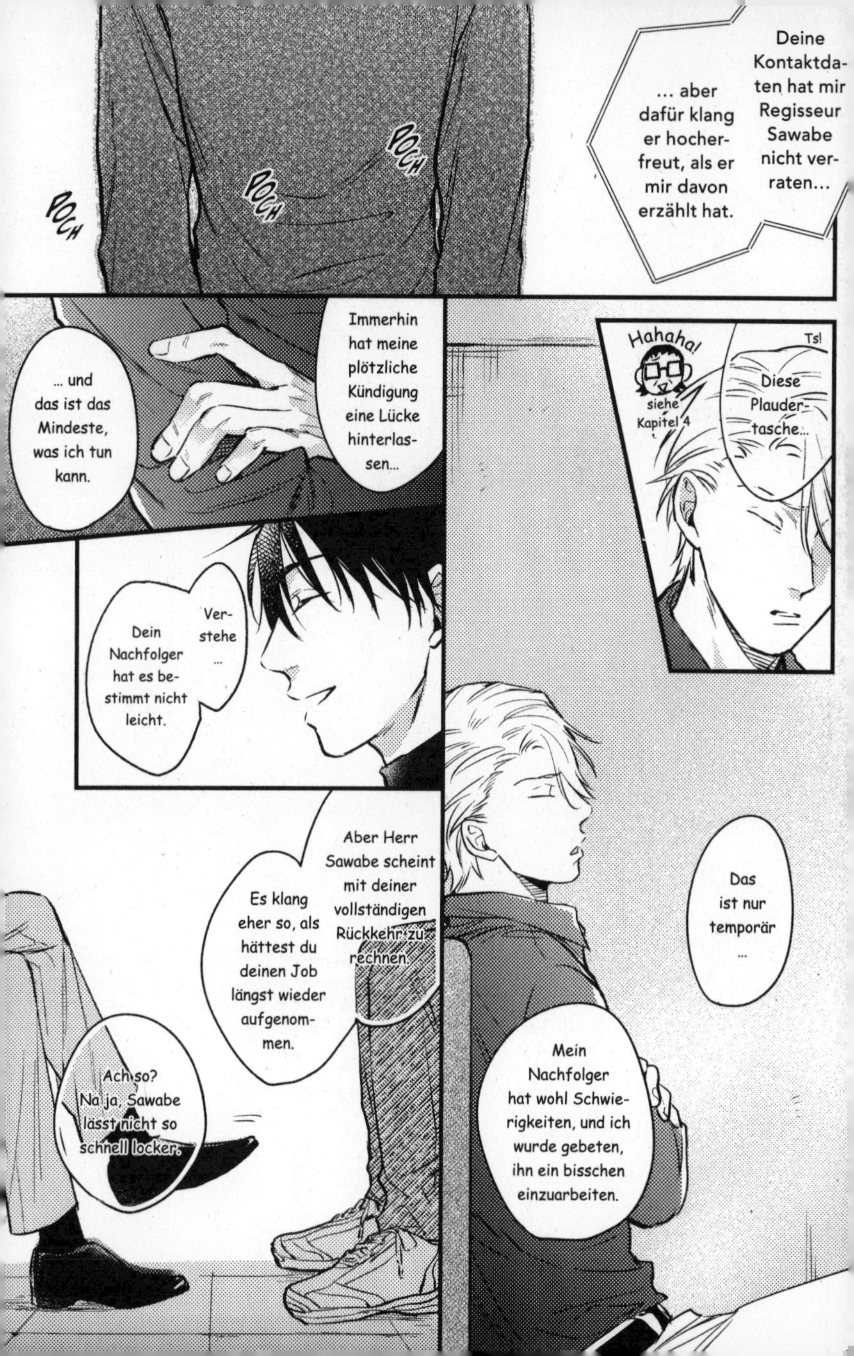

Deine Kontaktdaten hat mir Regisseur Sawabe nicht verraten…
… aber dafür klang er hocherfreut, als er mir davon erzählt hat.
POCH
POCH
POCH
Hahaha!
siehe Kapitel 4
Ts!
Diese Plaudertasche…
Immerhin hat meine plötzliche Kündigung eine Lücke hinterlassen…
… und das ist das Mindeste, was ich tun kann.
Verstehe …
Dein Nachfolger hat es bestimmt nicht leicht.
Das ist nur temporär …
Mein Nachfolger hat wohl Schwierigkeiten, und ich wurde gebeten, ihn ein bisschen einzuarbeiten.
Aber Herr Sawabe scheint mit deiner vollständigen Rückkehr zu rechnen.
Es klang eher so, als hättest du deinen Job längst wieder aufgenommen.
Ach so? Na ja, Sawabe lässt nicht so schnell locker.

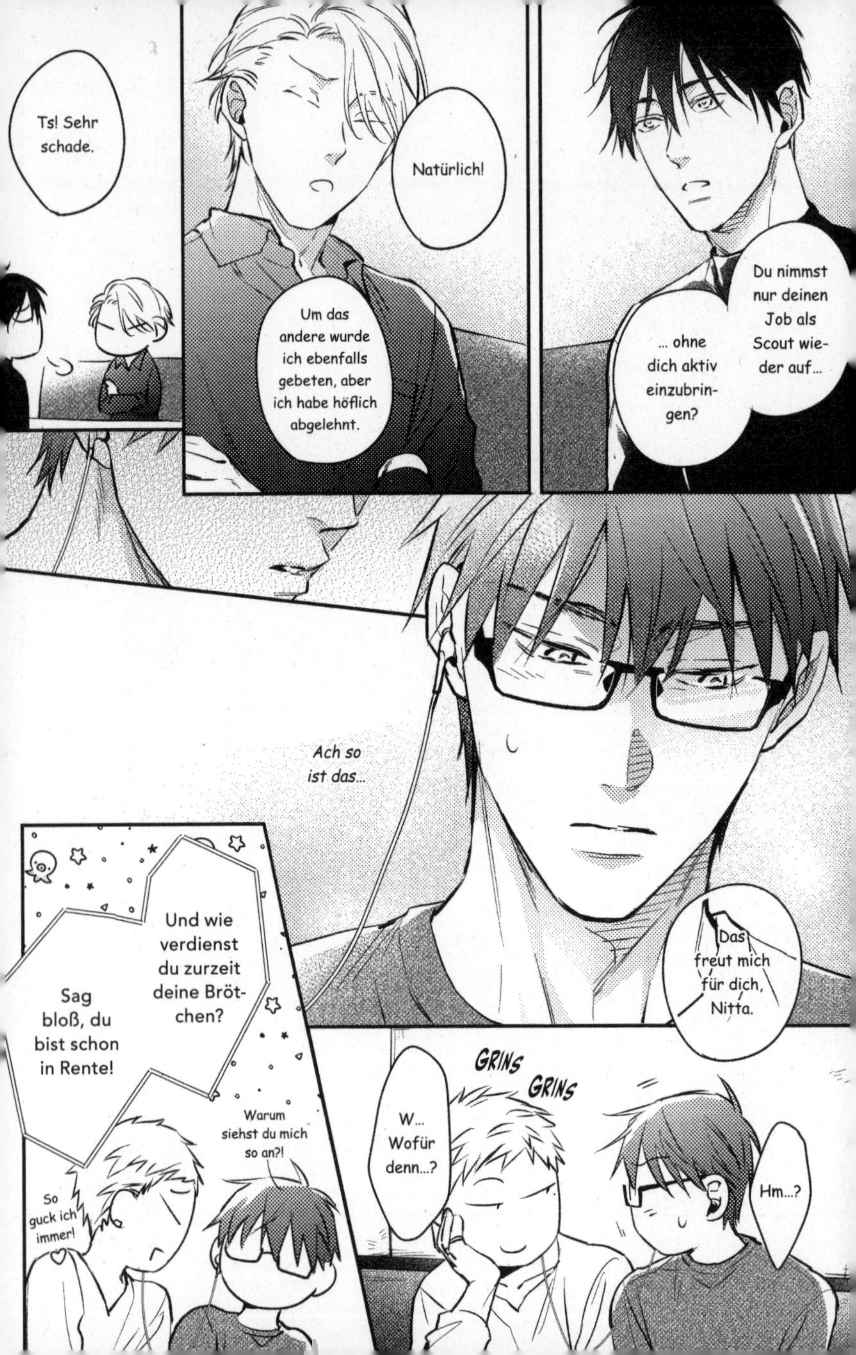
Du nimmst nur deinen Job als Scout wieder auf...
... ohne dich aktiv einzubringen?
Natürlich!
Um das andere wurde ich ebenfalls gebeten, aber ich habe höflich abgelehnt.
Ts! Sehr schade.
Ach so ist das...
Das freut mich für dich, Nitta.
Und wie verdienst du zurzeit deine Brötchen?
Sag bloß, du bist schon in Rente!
Hm...?
GRINS GRINS
W... Wofür denn...?
Warum siehst du mich so an?!
So guck ich immer!

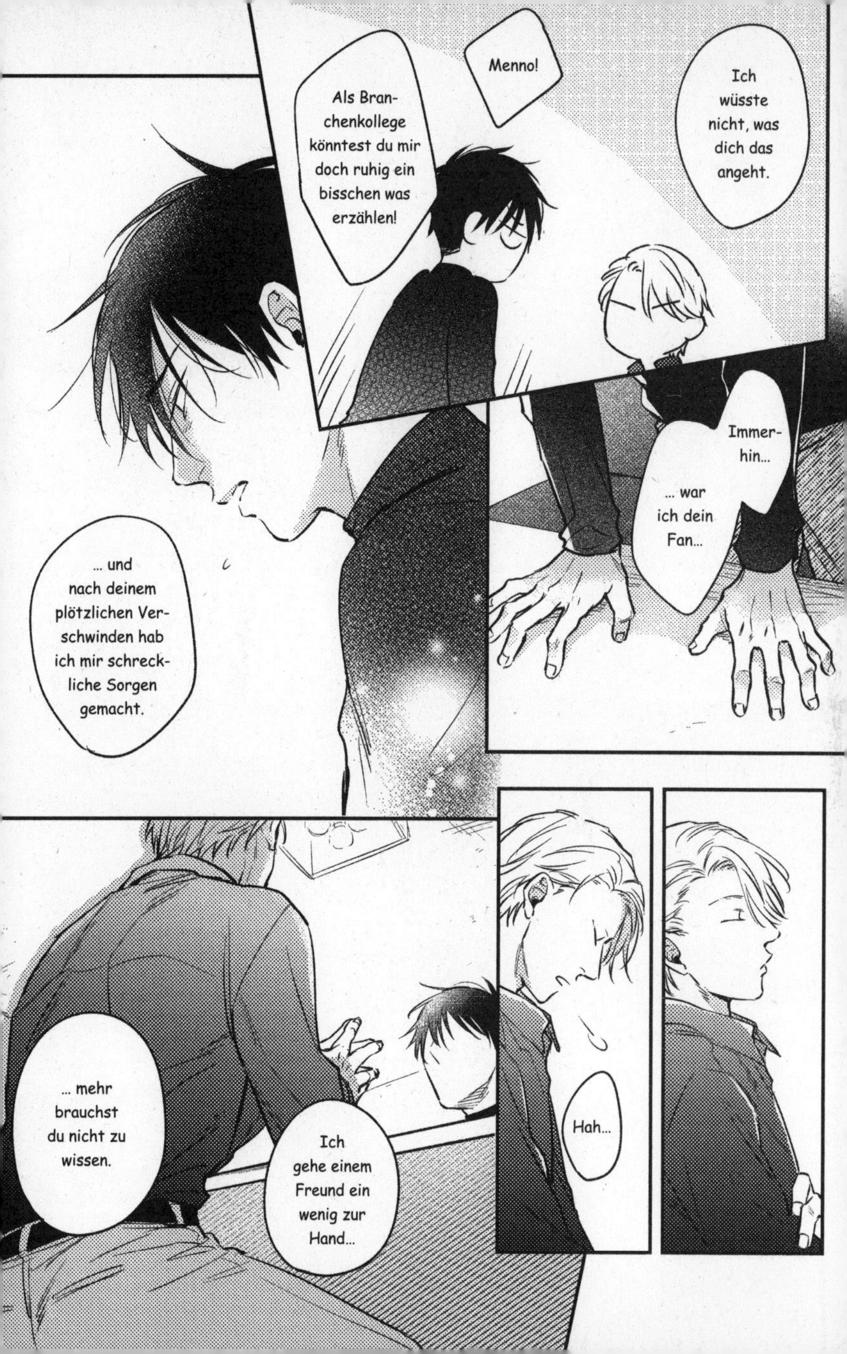
Ich wüsste nicht, was dich das angeht.
Menno!
Als Branchenkollege könntest du mir doch ruhig ein bisschen was erzählen!
Immerhin...
... war ich dein Fan...
... und nach deinem plötzlichen Verschwinden hab ich mir schreckliche Sorgen gemacht.
Hah...
Ich gehe einem Freund ein wenig zur Hand...
... mehr brauchst du nicht zu wissen.

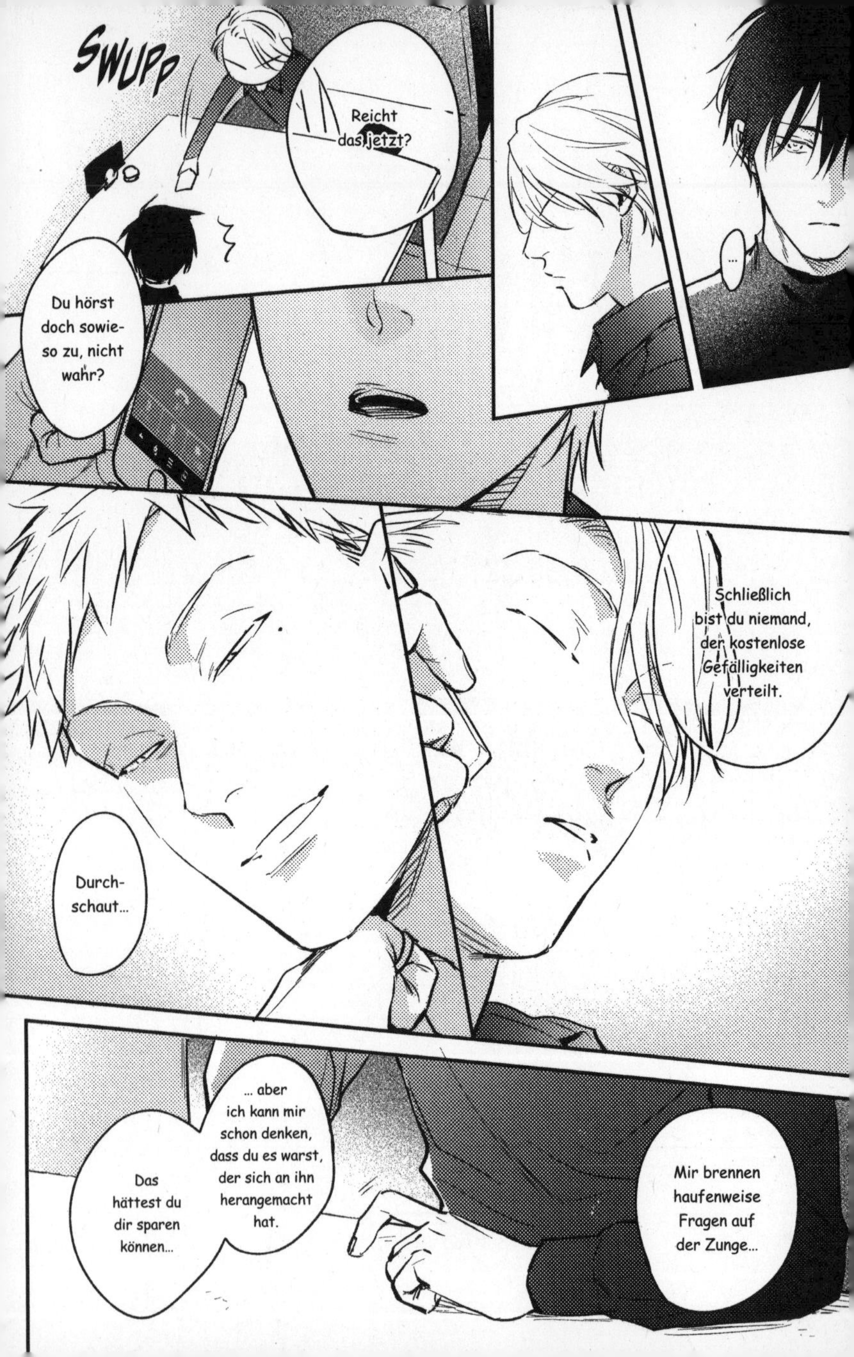

...
Reicht das jetzt?
SWUPP
Du hörst doch sowieso zu, nicht wahr?
Schließlich bist du niemand, der kostenlose Gefälligkeiten verteilt.
Durchschaut...
Mir brennen haufenweise Fragen auf der Zunge...
... aber ich kann mir schon denken, dass du es warst, der sich an ihn herangemacht hat.
Das hättest du dir sparen können...

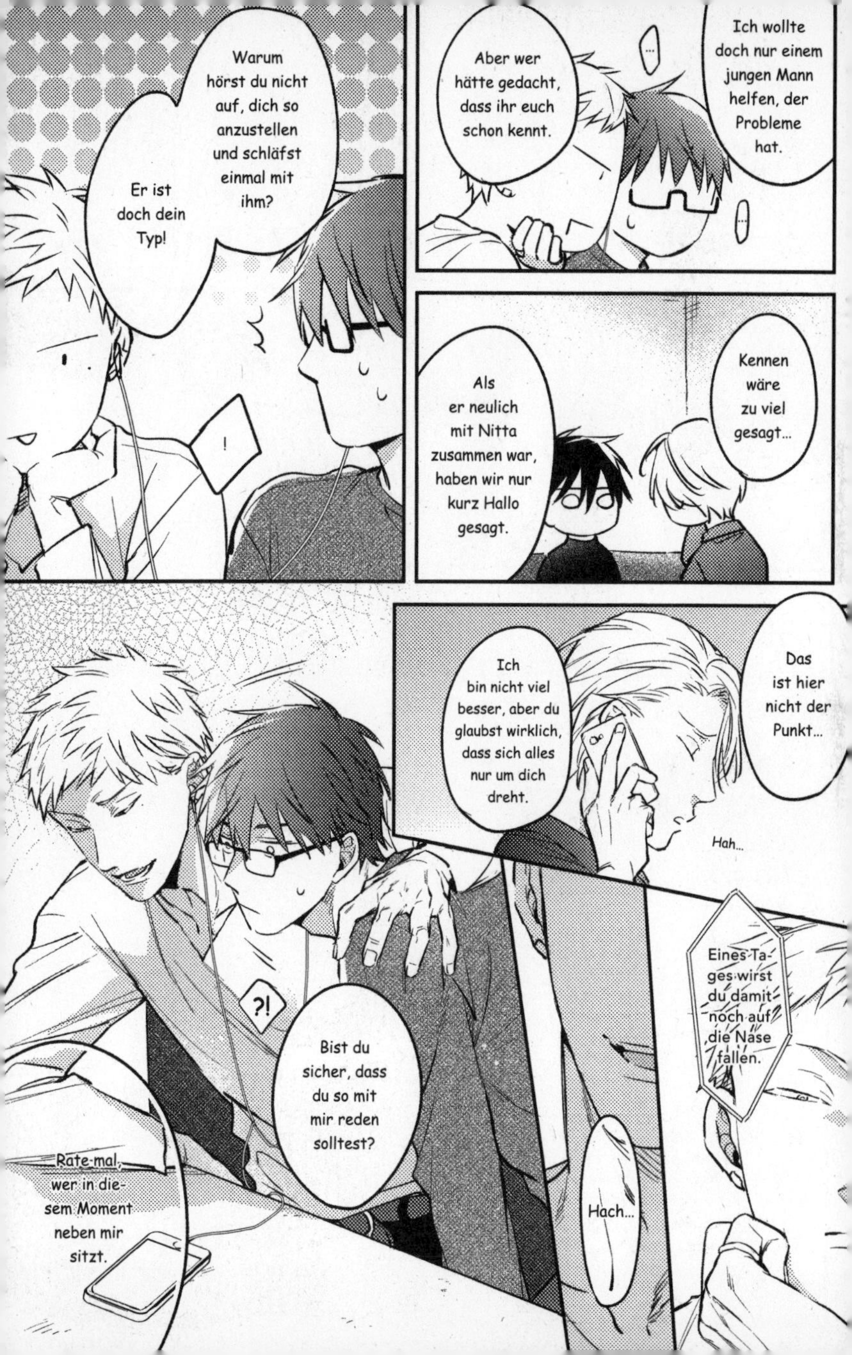

Ich wollte doch nur einem jungen Mann helfen, der Probleme hat.
…
Aber wer hätte gedacht, dass ihr euch schon kennt.
…
Warum hörst du nicht auf, dich so anzustellen und schläfst einmal mit ihm?
Er ist doch dein Typ!
!
Kennen wäre zu viel gesagt…
Als er neulich mit Nitta zusammen war, haben wir nur kurz Hallo gesagt.
Das ist hier nicht der Punkt…
Ich bin nicht viel besser, aber du glaubst wirklich, dass sich alles nur um dich dreht.
Hah…
Eines Tages wirst du damit noch auf die Nase fallen.
Hach…
?!
Bist du sicher, dass du so mit mir reden solltest?
Rate mal, wer in diesem Moment neben mir sitzt.

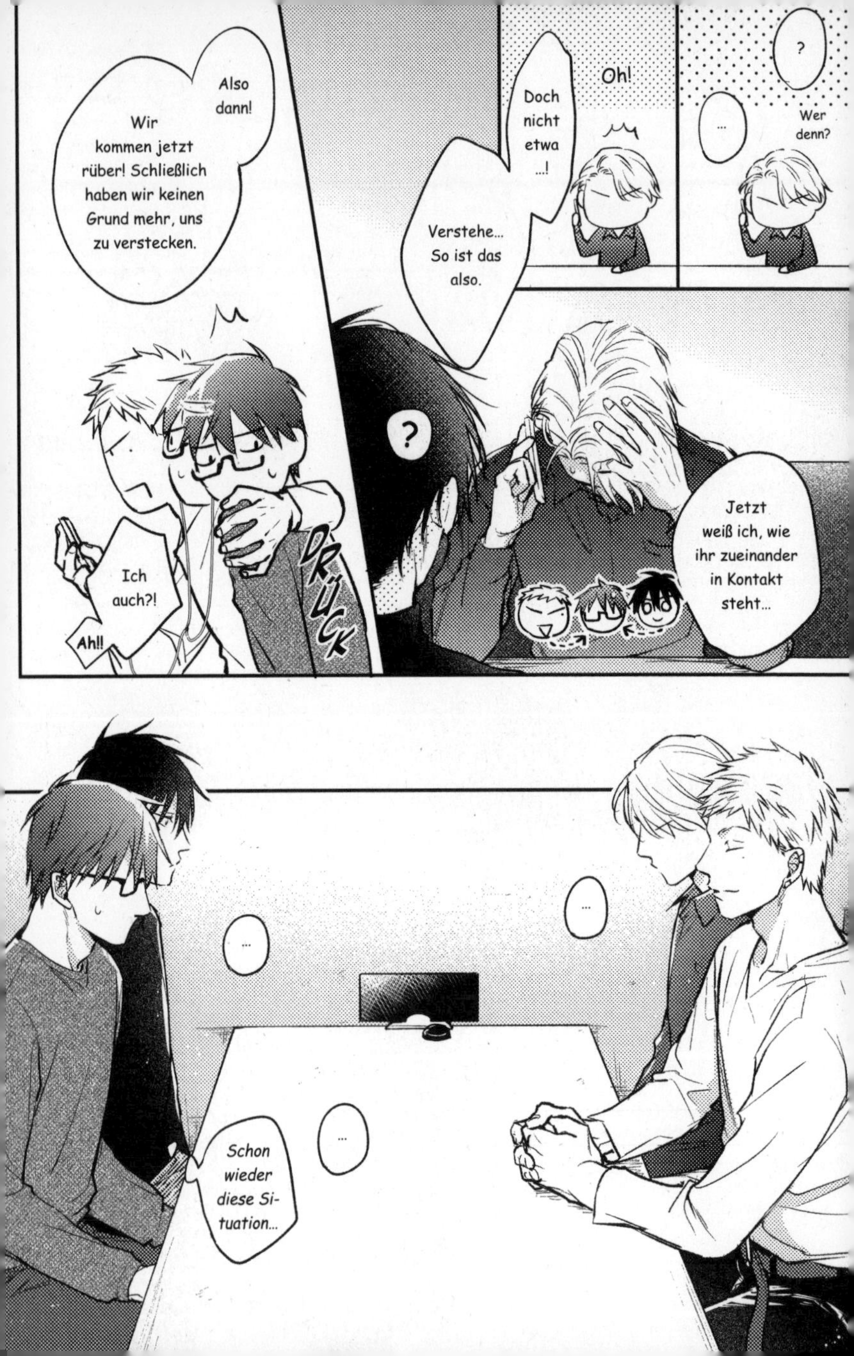
?
Wer denn?
...
Oh!
Doch nicht etwa ...!
Verstehe... So ist das also.
Jetzt weiß ich, wie ihr zueinander in Kontakt steht...
?
Also dann!
Wir kommen jetzt rüber! Schließlich haben wir keinen Grund mehr, uns zu verstecken.
Ich auch?!
Ah!!
DRÜCK
...
...
...
Schon wieder diese Situation...

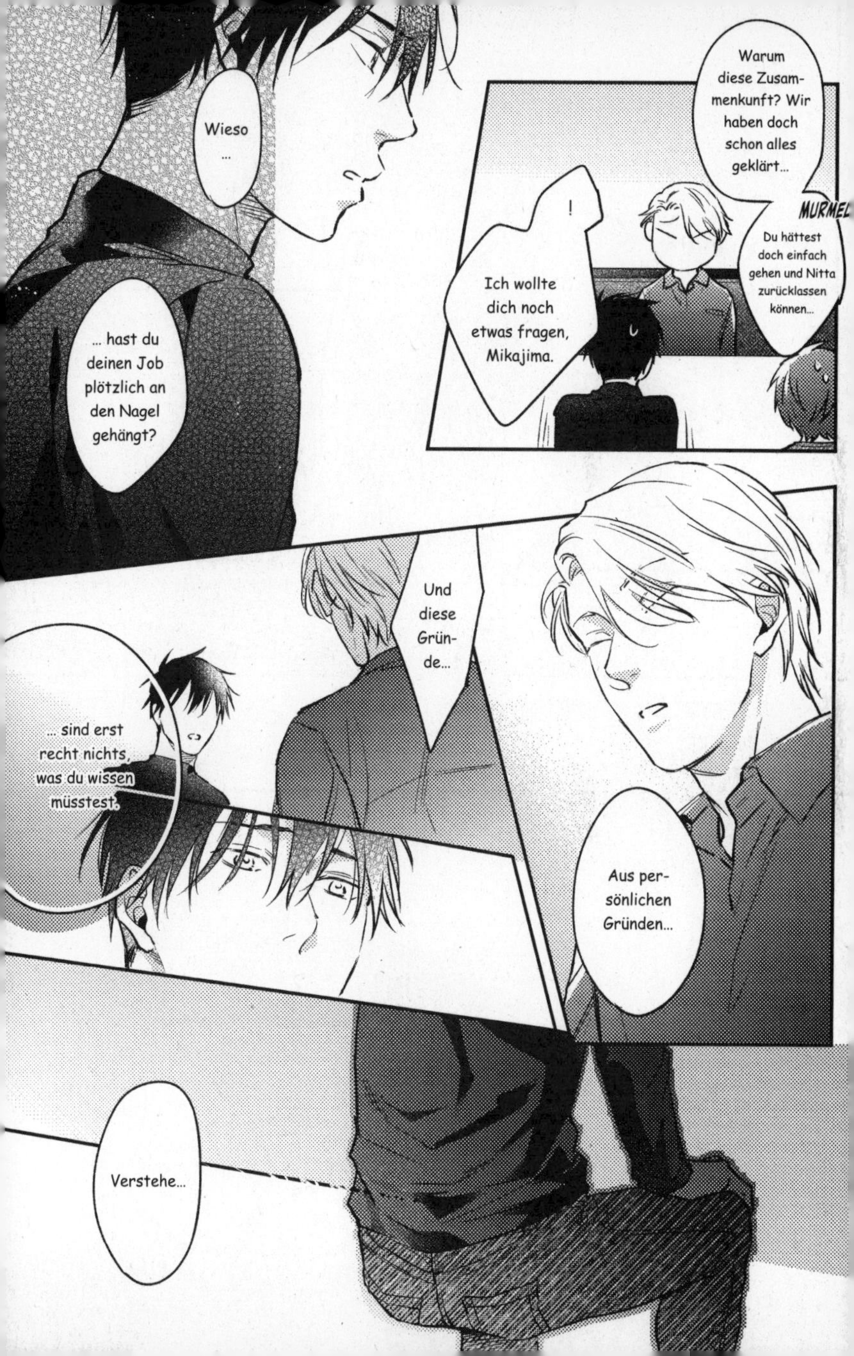
Warum diese Zusammenkunft? Wir haben doch schon alles geklärt...
MURMEL
Du hättest doch einfach gehen und Nitta zurücklassen können...
!
Ich wollte dich noch etwas fragen, Mikajima.
Wieso ...
... hast du deinen Job plötzlich an den Nagel gehängt?
Aus persönlichen Gründen...
Und diese Gründe...
... sind erst recht nichts, was du wissen müsstest.
Verstehe...

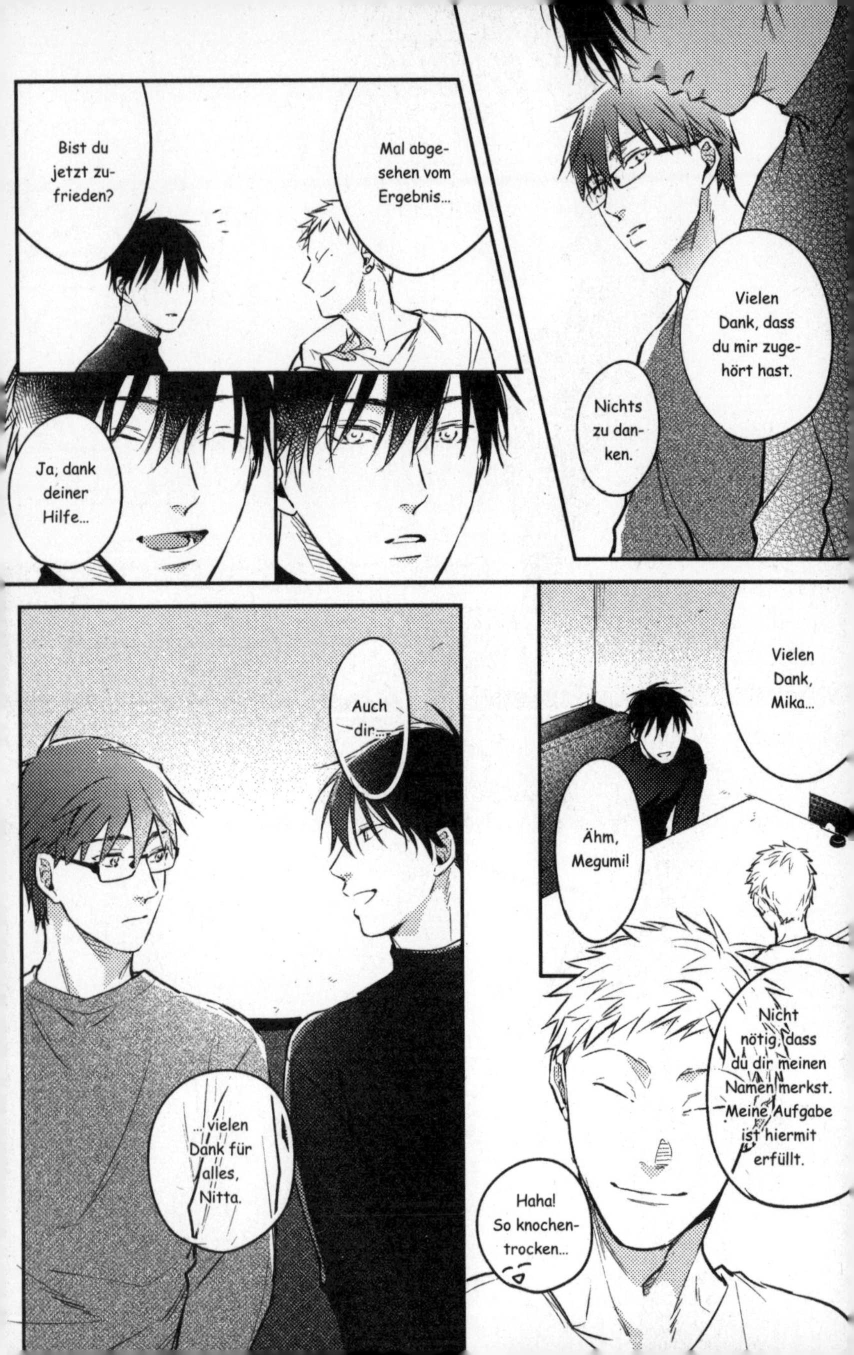

Vielen Dank, dass du mir zugehört hast.
Nichts zu danken.
Mal abgesehen vom Ergebnis...
Bist du jetzt zufrieden?
Ja, dank deiner Hilfe...
Vielen Dank, Mika...
Ähm, Megumi!
Nicht nötig, dass du dir meinen Namen merkst. Meine Aufgabe ist hiermit erfüllt.
Haha! So knochentrocken...
Auch dir...
... vielen Dank für alles, Nitta.

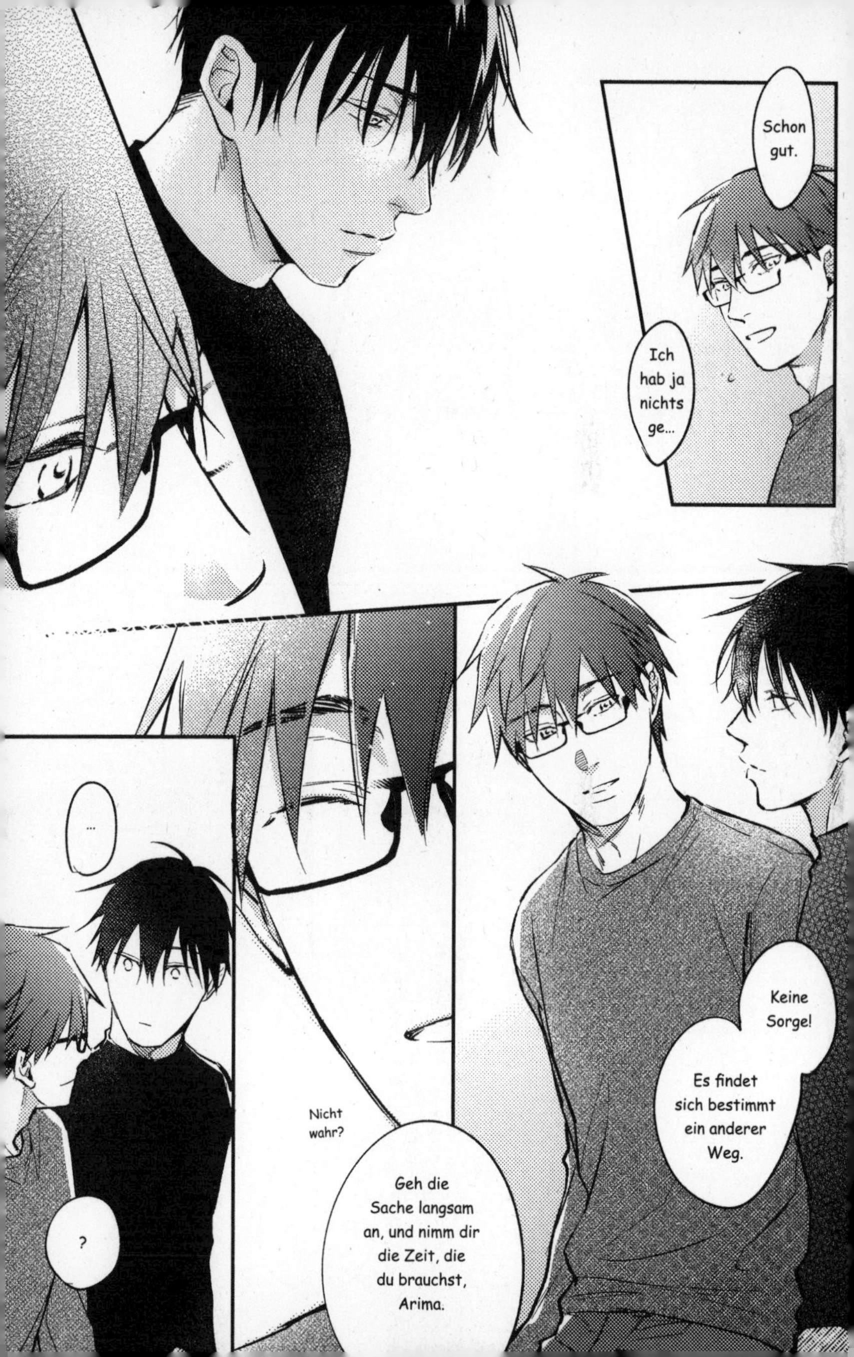
Schon gut.
Ich hab ja nichts ge...
Keine Sorge!
Es findet sich bestimmt ein anderer Weg.
Geh die Sache langsam an, und nimm dir die Zeit, die du brauchst, Arima.
Nicht wahr?
...
?

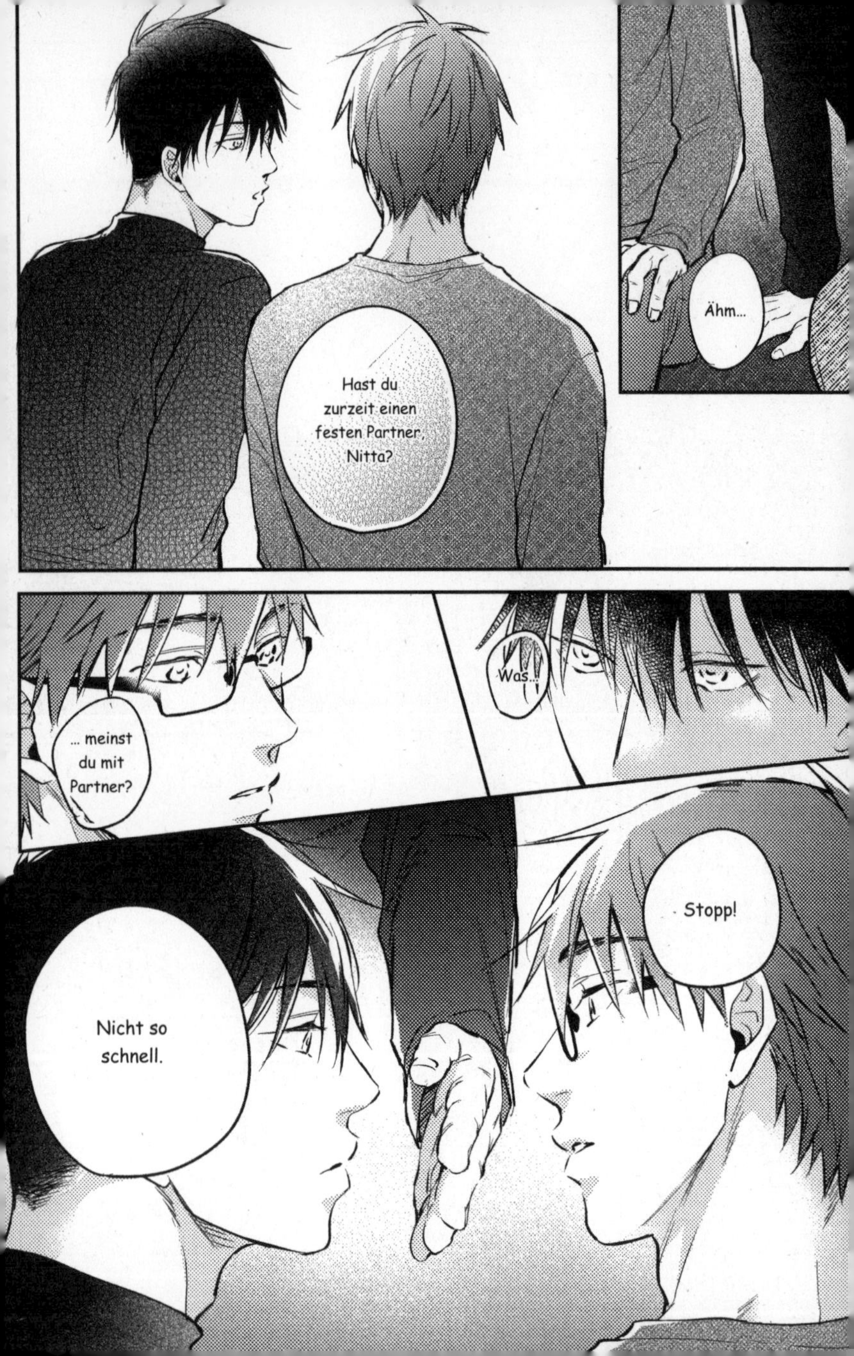
Ähm...
Hast du zurzeit einen festen Partner, Nitta?
Was...
... meinst du mit Partner?
Stopp!
Nicht so schnell.

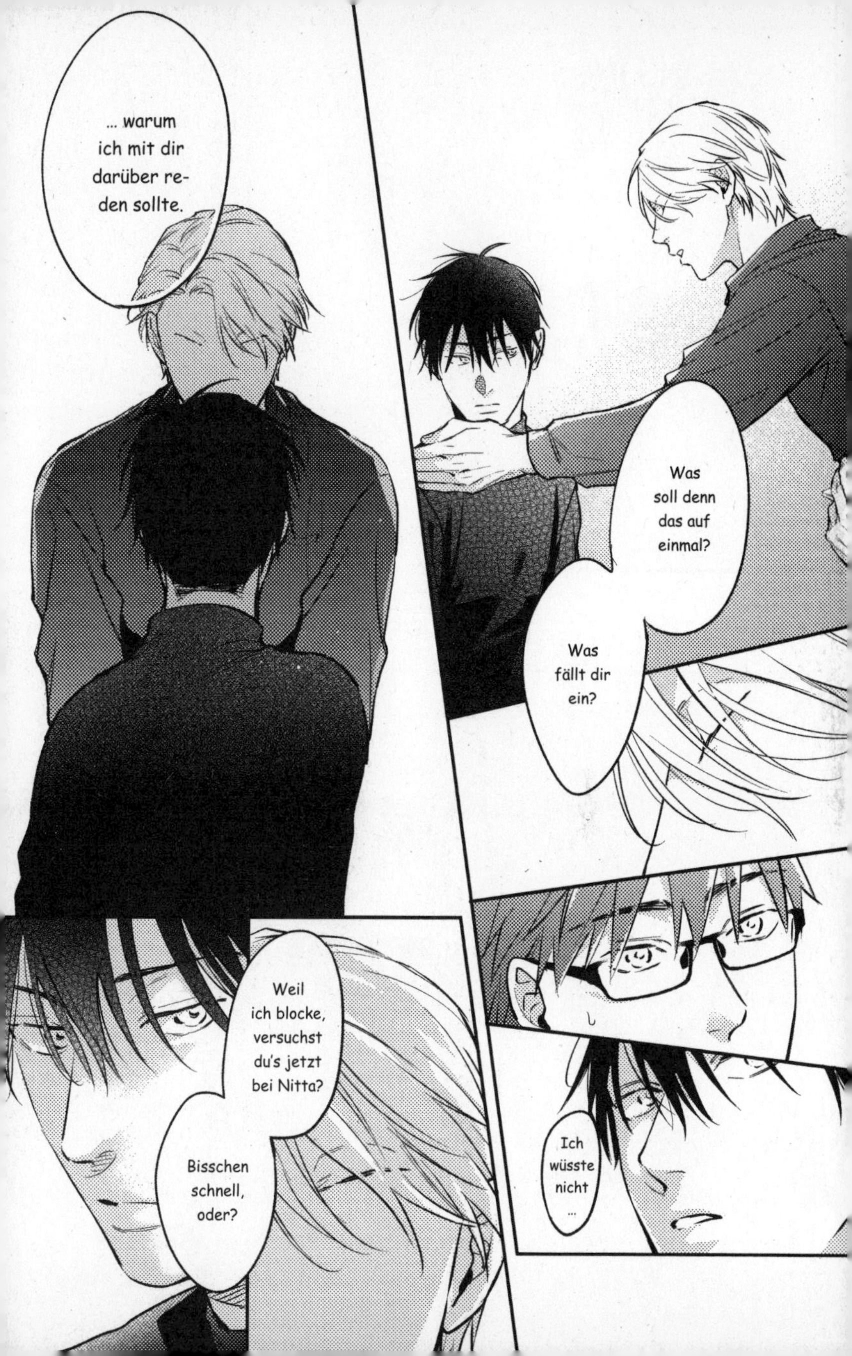
Was soll denn das auf einmal?
Was fällt dir ein?
... warum ich mit dir darüber reden sollte.
Ich wüsste nicht ...
Weil ich blocke, versuchst du's jetzt bei Nitta?
Bisschen schnell, oder?

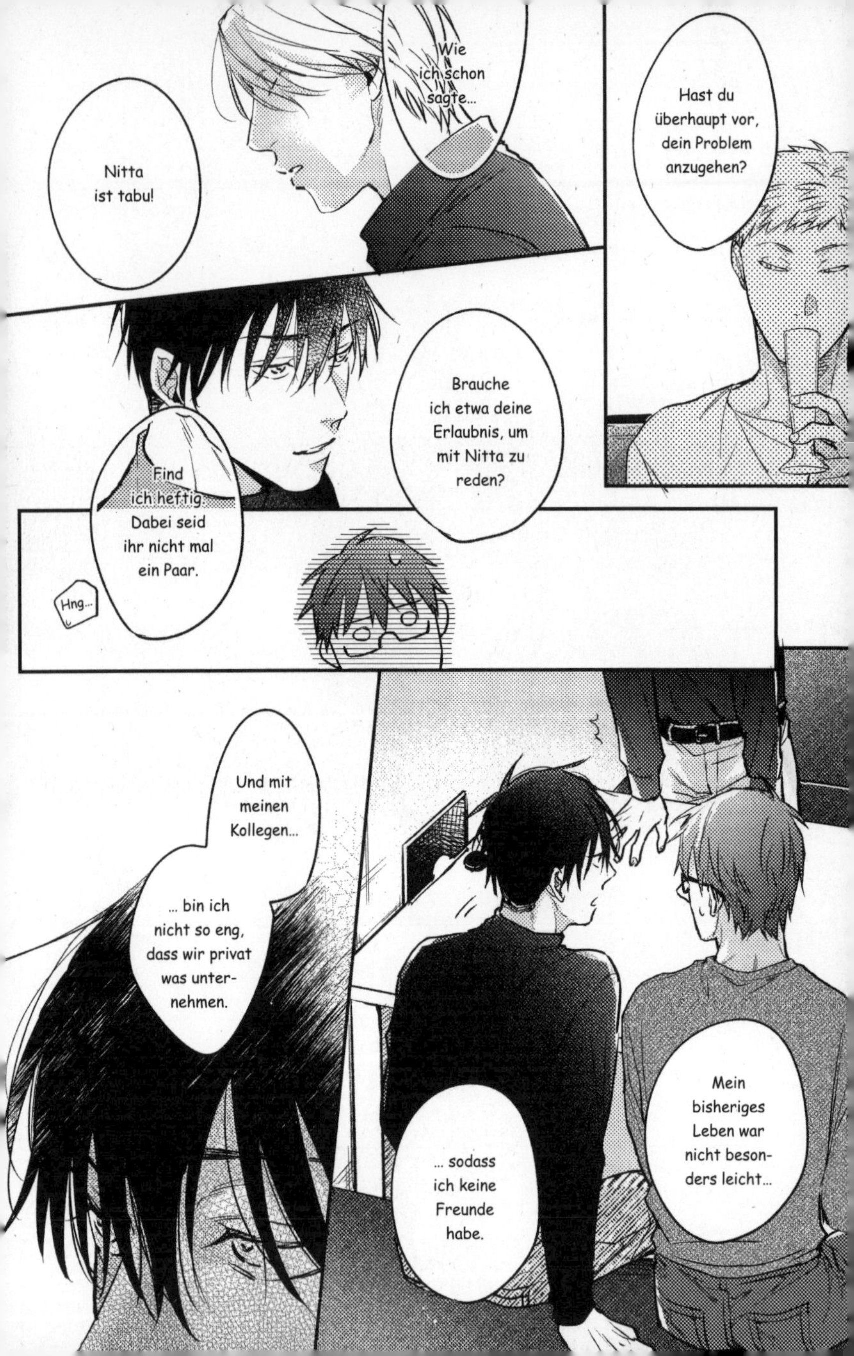
Hast du überhaupt vor, dein Problem anzugehen?
Wie ich schon sagte...
Nitta ist tabu!
Brauche ich etwa deine Erlaubnis, um mit Nitta zu reden?
Find ich heftig. Dabei seid ihr nicht mal ein Paar.
Hng...
Mein bisheriges Leben war nicht beson-ders leicht...
... sodass ich keine Freunde habe.
Und mit meinen Kollegen...
... bin ich nicht so eng, dass wir privat was unter-nehmen.

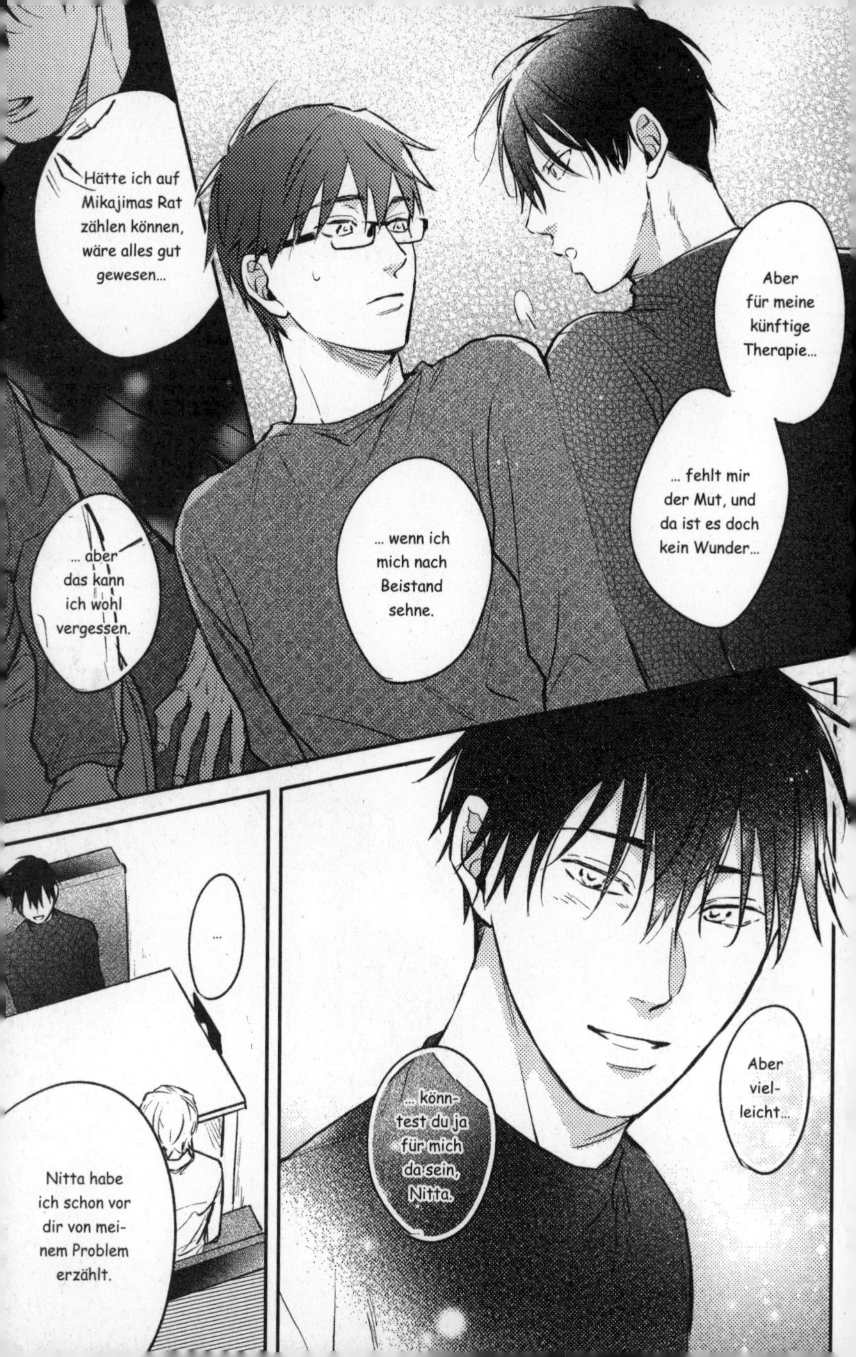
Aber für meine künftige Therapie...
... fehlt mir der Mut, und da ist es doch kein Wunder...
... wenn ich mich nach Beistand sehne.
Hätte ich auf Mikajimas Rat zählen können, wäre alles gut gewesen...
... aber das kann ich wohl vergessen.
Aber vielleicht...
... könntest du ja für mich da sein, Nitta.
...
Nitta habe ich schon vor dir von meinem Problem erzählt.

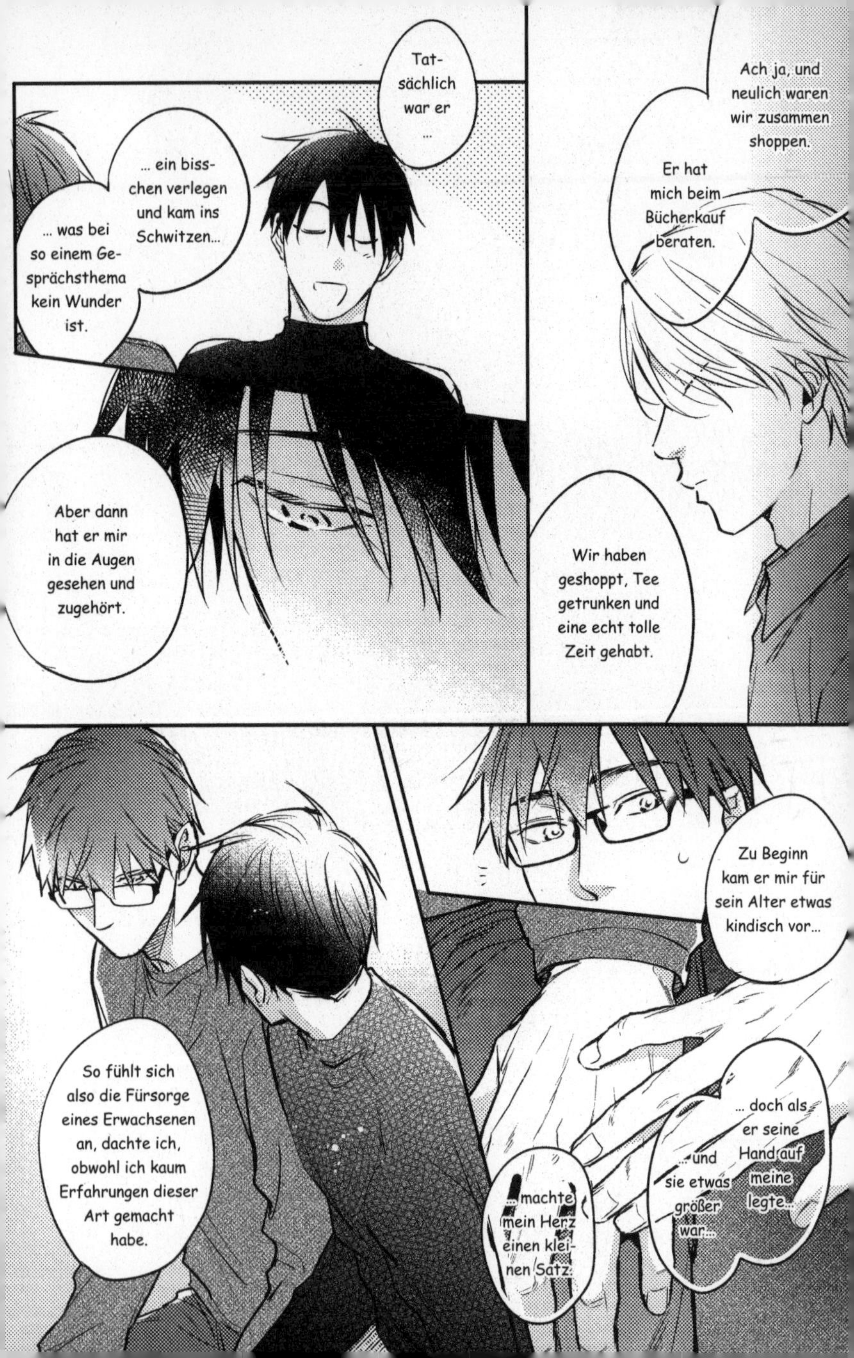
Ach ja, und neulich waren wir zusammen shoppen.
Er hat mich beim Bücherkauf beraten.
Wir haben geshoppt, Tee getrunken und eine echt tolle Zeit gehabt.
Tatsächlich war er ...
... ein bisschen verlegen und kam ins Schwitzen...
... was bei so einem Gesprächsthema kein Wunder ist.
Aber dann hat er mir in die Augen gesehen und zugehört.
Zu Beginn kam er mir für sein Alter etwas kindisch vor...
... doch als er seine Hand auf meine legte...
... und sie etwas größer war...
... machte mein Herz einen kleinen Satz.
So fühlt sich also die Fürsorge eines Erwachsenen an, dachte ich, obwohl ich kaum Erfahrungen dieser Art gemacht habe.

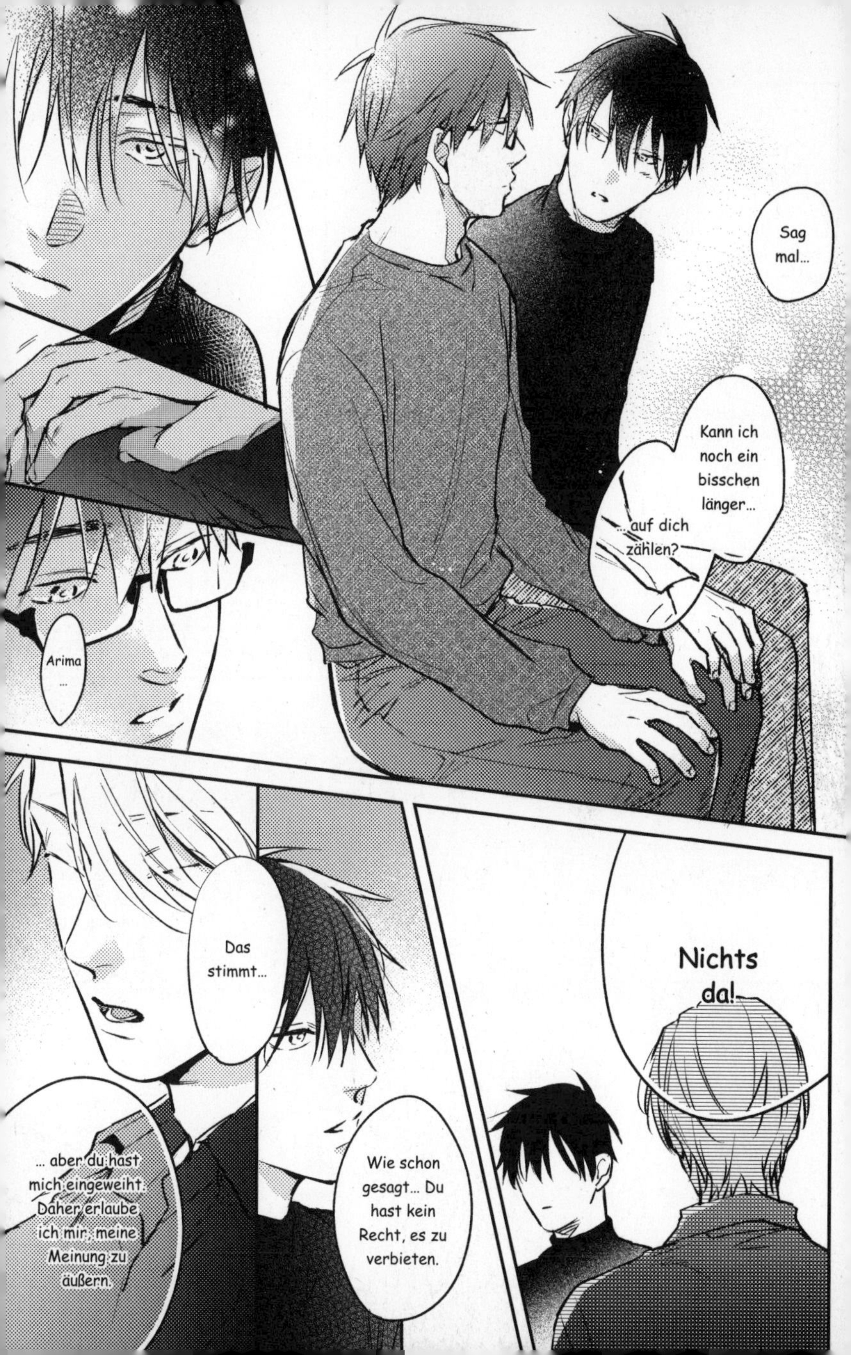
Sag mal...
Kann ich noch ein bisschen länger...
... auf dich zählen?
Arima ...
Nichts da!
Wie schon gesagt... Du hast kein Recht, es zu verbieten.
Das stimmt...
... aber du hast mich eingeweiht. Daher erlaube ich mir, meine Meinung zu äußern.

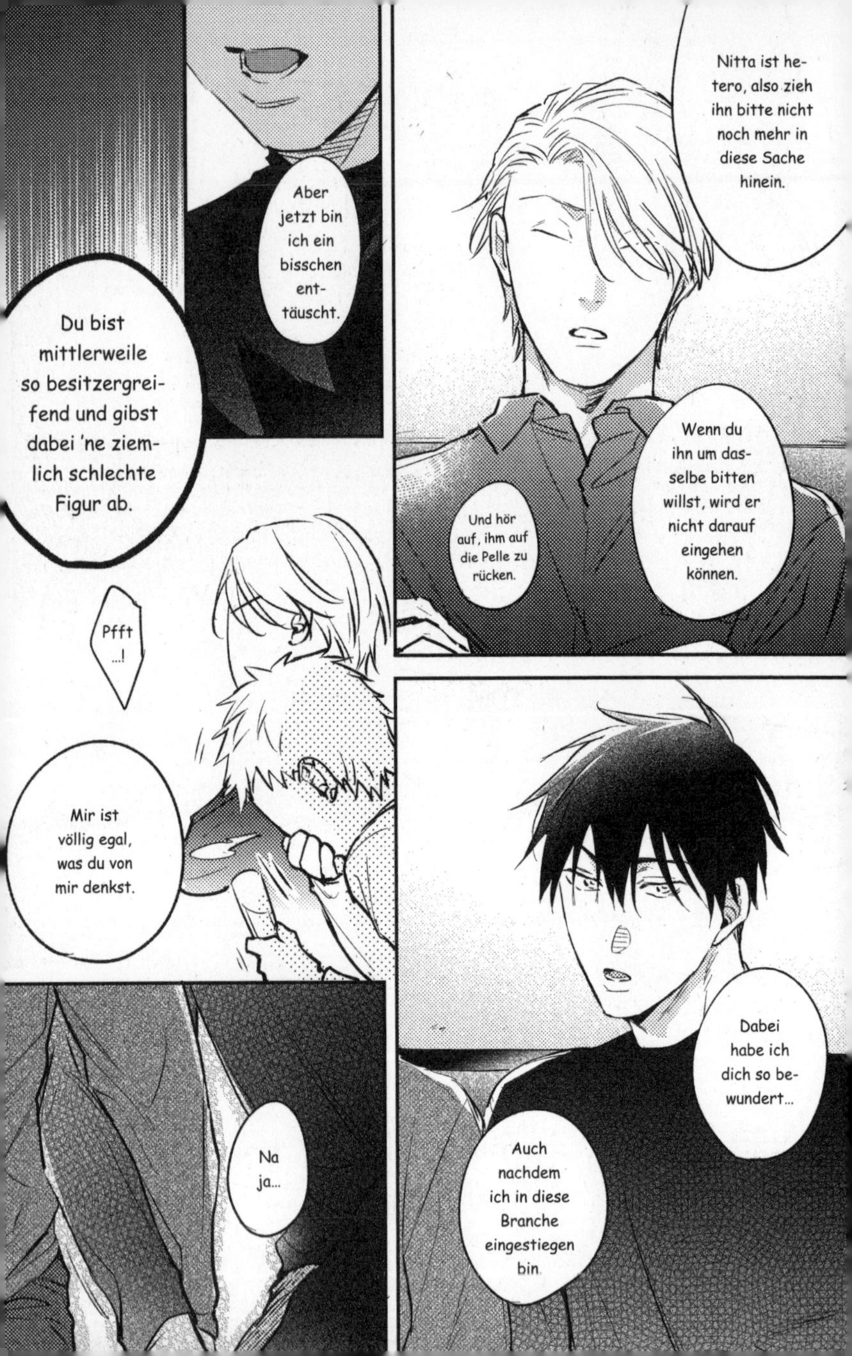
Nitta ist hetero, also zieh ihn bitte nicht noch mehr in diese Sache hinein.
Wenn du ihn um dasselbe bitten willst, wird er nicht darauf eingehen können.
Und hör auf, ihm auf die Pelle zu rücken.
Aber jetzt bin ich ein bisschen enttäuscht.
Du bist mittlerweile so besitzergreifend und gibst dabei 'ne ziemlich schlechte Figur ab.
Dabei habe ich dich so bewundert…
Auch nachdem ich in diese Branche eingestiegen bin.
Pfft …!
Mir ist völlig egal, was du von mir denkst.
Na ja…

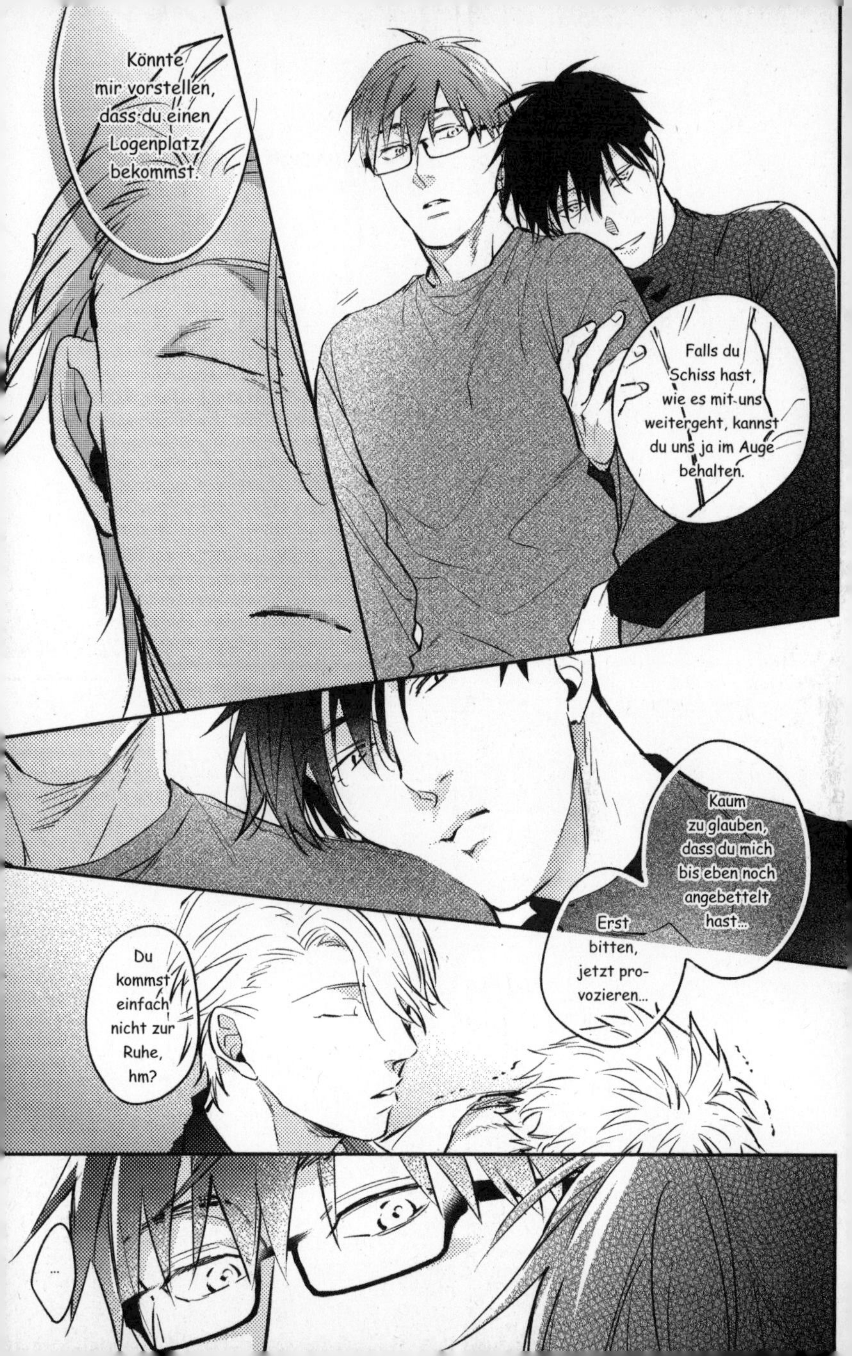
Falls du Schiss hast, wie es mit uns weitergeht, kannst du uns ja im Auge behalten.
Könnte mir vorstellen, dass du einen Logenplatz bekommst.
Kaum zu glauben, dass du mich bis eben noch angebettelt hast...
Erst bitten, jetzt provozieren...
Du kommst einfach nicht zur Ruhe, hm?
...

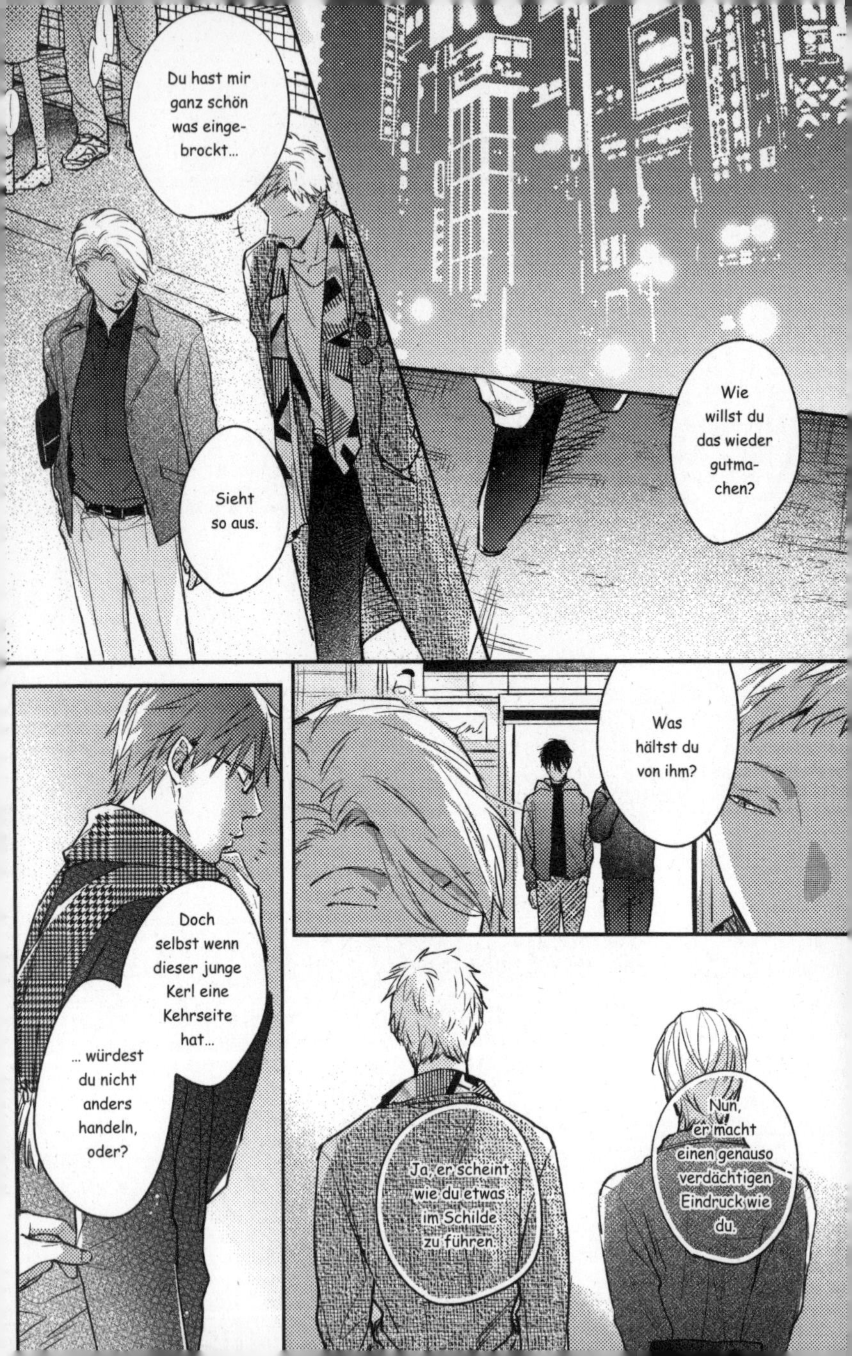
Du hast mir ganz schön was eingebrockt…
Wie willst du das wieder gutmachen?
Sieht so aus.
Was hältst du von ihm?
Doch selbst wenn dieser junge Kerl eine Kehrseite hat…
… würdest du nicht anders handeln, oder?
Nun, er macht einen genauso verdächtigen Eindruck wie du.
Ja, er scheint wie du etwas im Schilde zu führen.

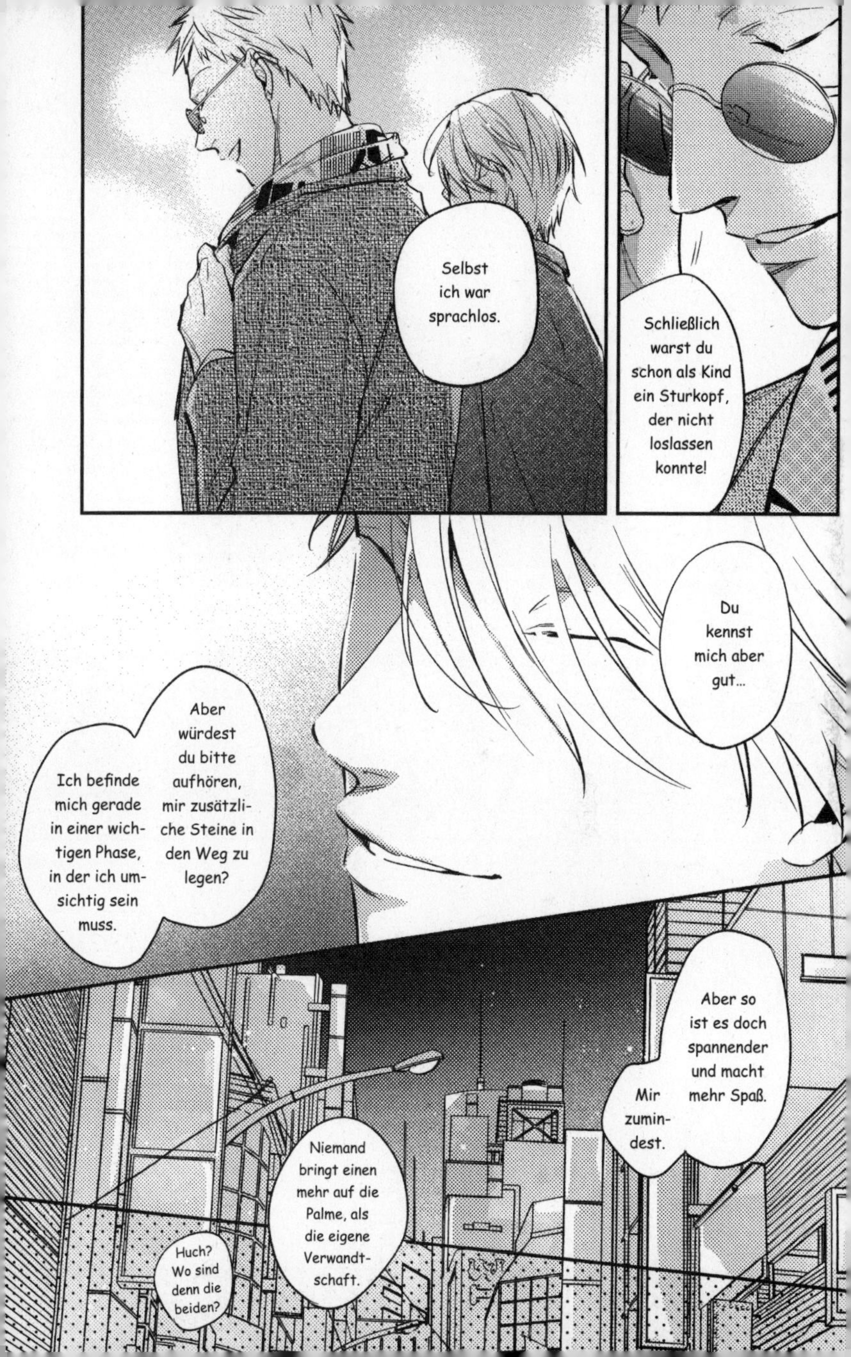
Schließlich warst du schon als Kind ein Sturkopf, der nicht loslassen konnte!
Selbst ich war sprachlos.
Du kennst mich aber gut...
Aber würdest du bitte aufhören, mir zusätzliche Steine in den Weg zu legen?
Ich befinde mich gerade in einer wichtigen Phase, in der ich umsichtig sein muss.
Aber so ist es doch spannender und macht mehr Spaß.
Mir zumindest.
Niemand bringt einen mehr auf die Palme, als die eigene Verwandtschaft.
Huch? Wo sind denn die beiden?

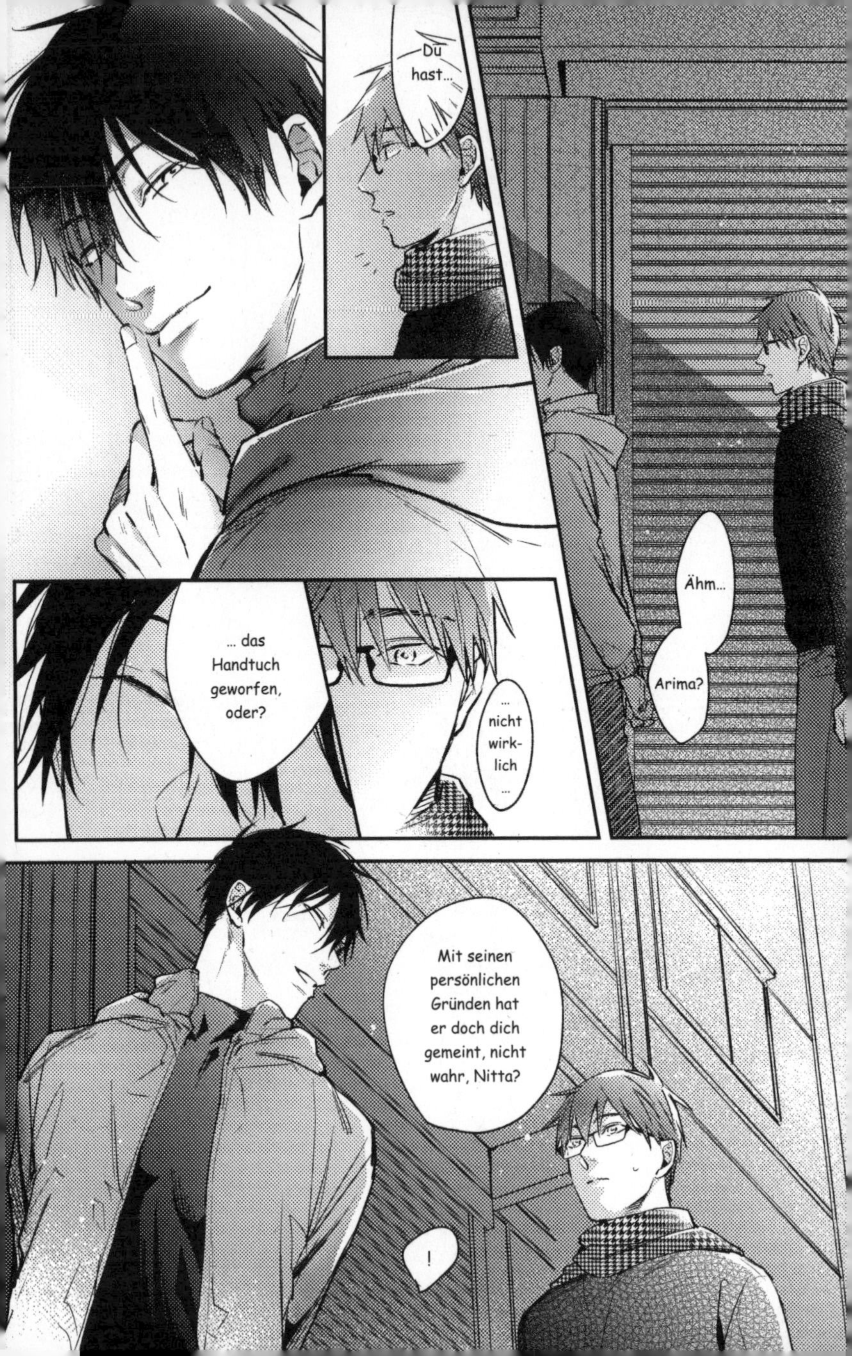
Ähm...
Arima?
Du hast...
... das Handtuch geworfen, oder?
... nicht wirklich ...
Mit seinen persönlichen Gründen hat er doch dich gemeint, nicht wahr, Nitta?
!

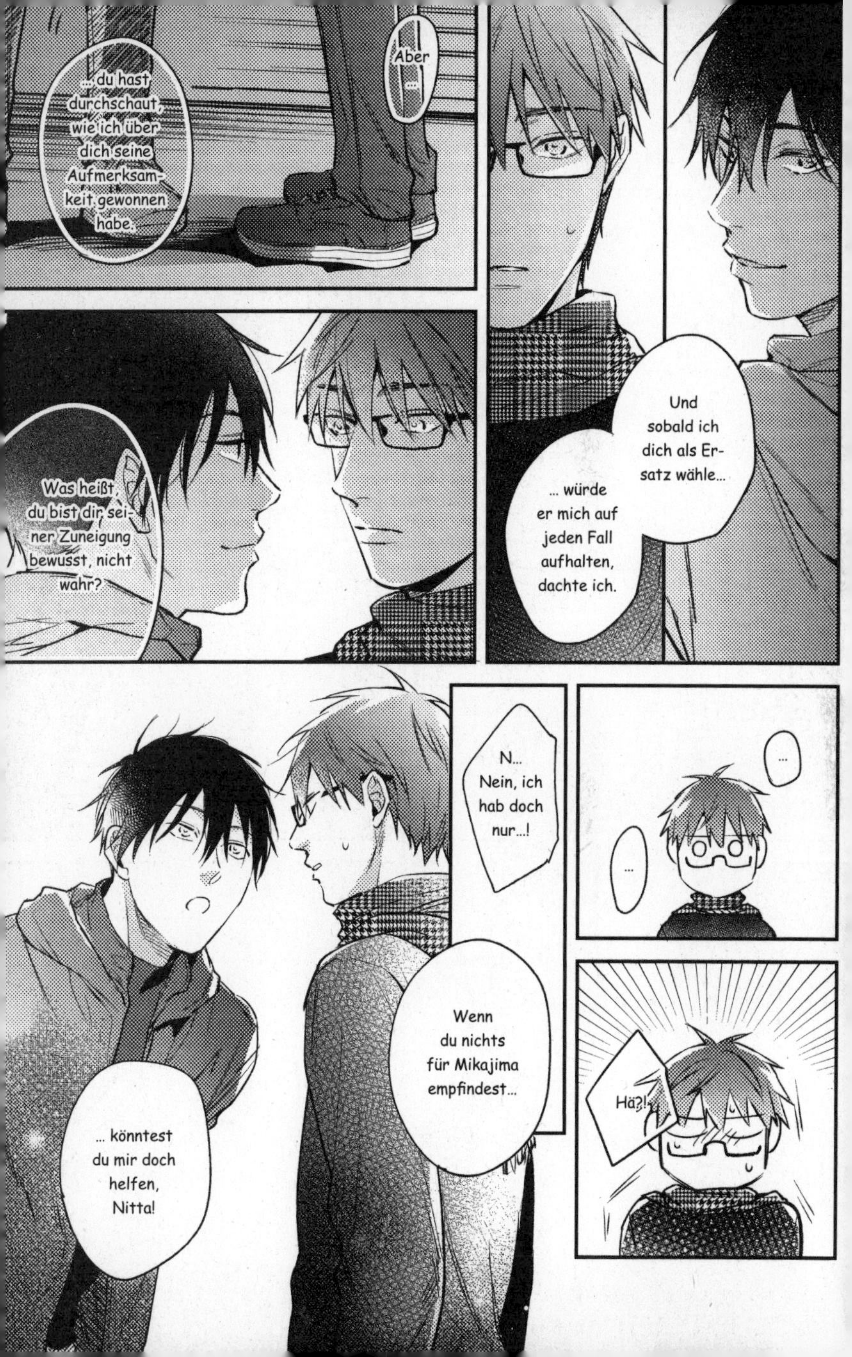
Aber …
… du hast durchschaut, wie ich über dich seine Aufmerksamkeit gewonnen habe.
Und sobald ich dich als Ersatz wähle…
… würde er mich auf jeden Fall aufhalten, dachte ich.
Was heißt, du bist dir seiner Zuneigung bewusst, nicht wahr?
…
…
N… Nein, ich hab doch nur…!
Hä?!
Wenn du nichts für Mikajima empfindest…
… könntest du mir doch helfen, Nitta!

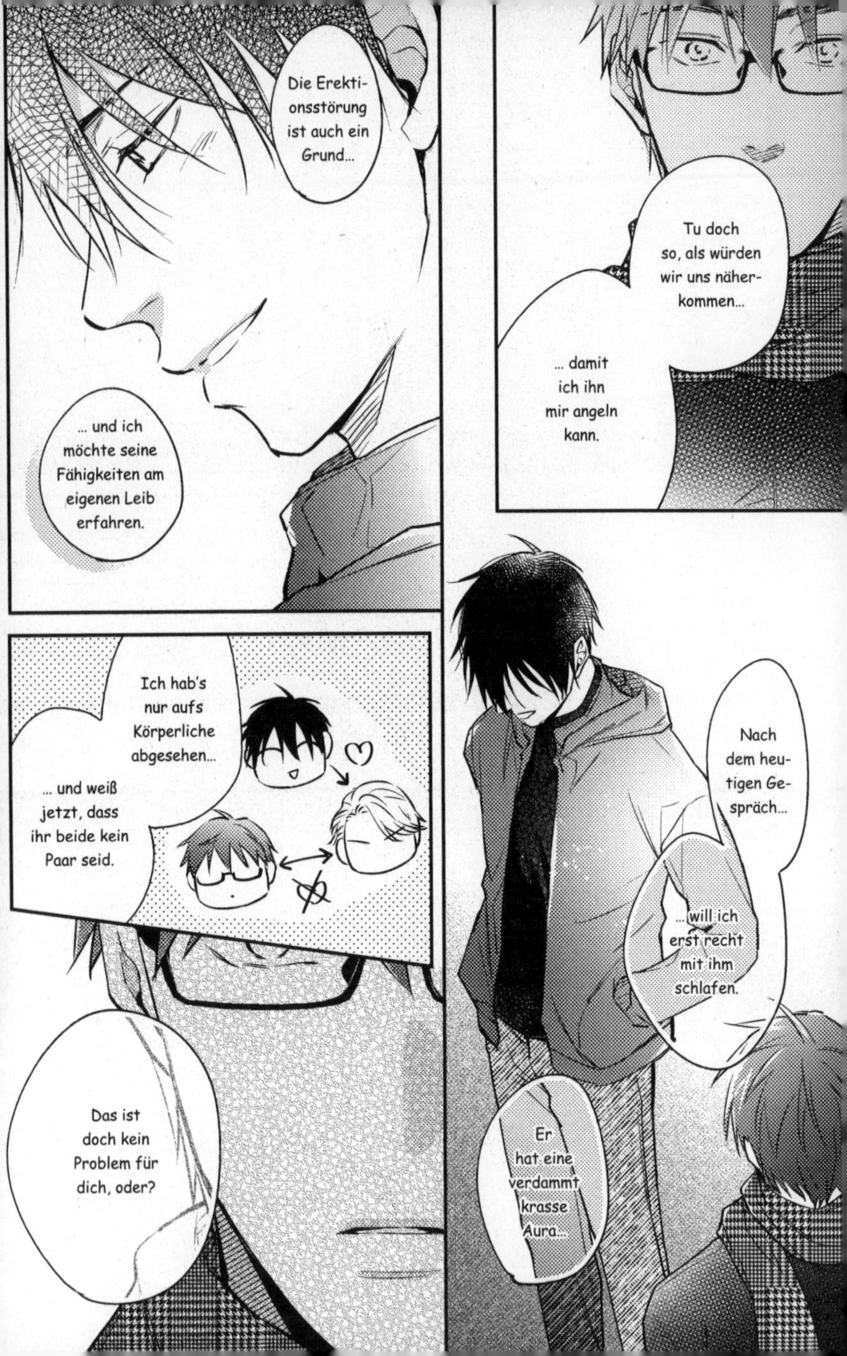

Tu doch so, als würden wir uns näher-kommen...
... damit ich ihn mir angeln kann.
Die Erekti-onsstörung ist auch ein Grund...
... und ich möchte seine Fähigkeiten am eigenen Leib erfahren.
Nach dem heu-tigen Ge-spräch...
... will ich erst recht mit ihm schlafen.
Er hat eine verdammt krasse Aura...
Ich hab's nur aufs Körperliche abgesehen...
... und weiß jetzt, dass ihr beide kein Paar seid.
Das ist doch kein Problem für dich, oder?

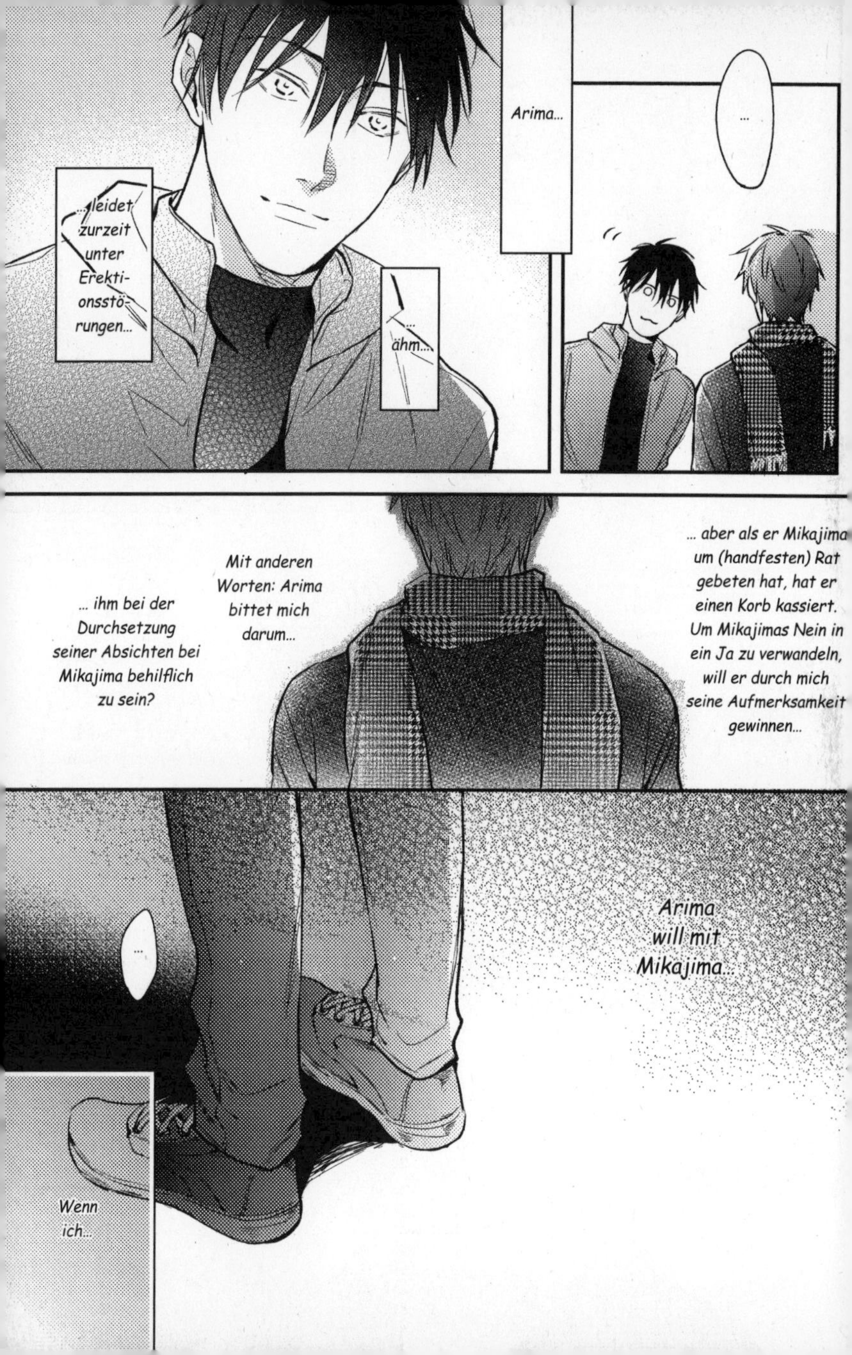
…
Arima…
… leidet zurzeit unter Erektionsstörungen…
… ähm…
… aber als er Mikajima um (handfesten) Rat gebeten hat, hat er einen Korb kassiert. Um Mikajimas Nein in ein Ja zu verwandeln, will er durch mich seine Aufmerksamkeit gewinnen…
Mit anderen Worten: Arima bittet mich darum…
… ihm bei der Durchsetzung seiner Absichten bei Mikajima behilflich zu sein?
Arima will mit Mikajima…
…
Wenn ich…

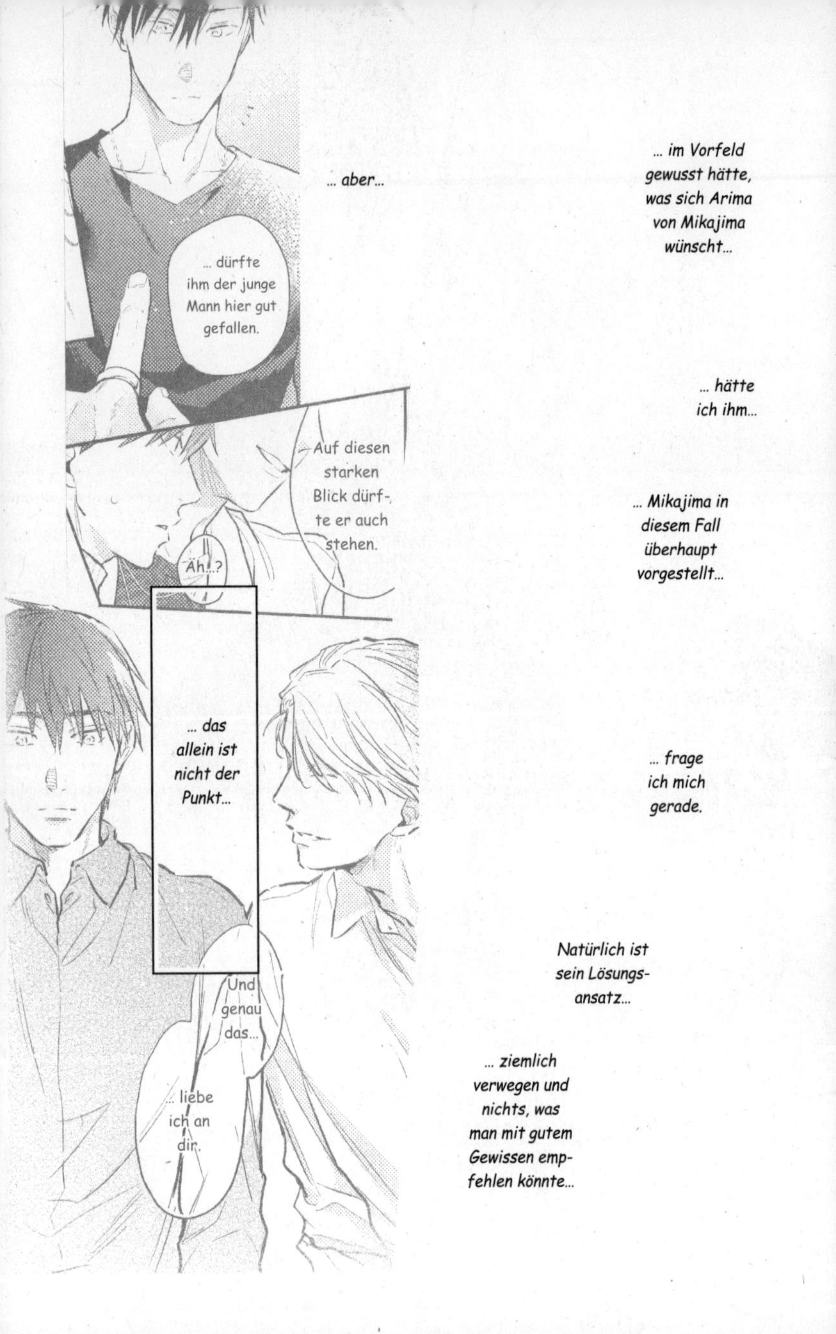
... im Vorfeld gewusst hätte, was sich Arima von Mikajima wünscht...
... hätte ich ihm...
... Mikajima in diesem Fall überhaupt vorgestellt...
... frage ich mich gerade.
Natürlich ist sein Lösungs-ansatz...
... ziemlich verwegen und nichts, was man mit gutem Gewissen emp-fehlen könnte...
... aber...
... dürfte ihm der junge Mann hier gut gefallen.
Auf diesen starken Blick dürf-te er auch stehen.
Äh...?
... das allein ist nicht der Punkt...
Und genau das...
... liebe ich an dir.

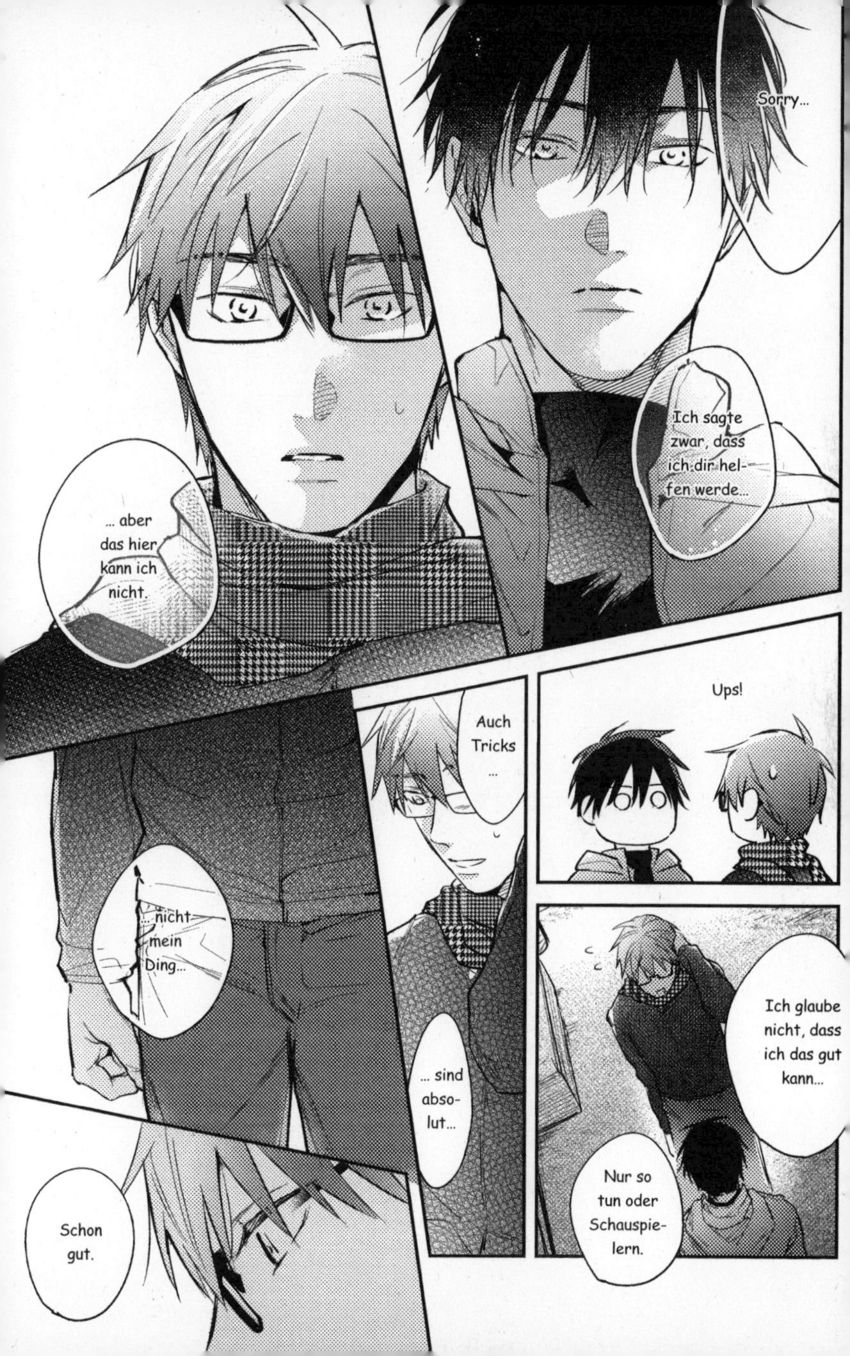
Sorry…
Ich sagte zwar, dass ich dir hel-fen werde…
… aber das hier kann ich nicht.
Ups!
Auch Tricks …
… sind abso-lut…
… nicht mein Ding…
Ich glaube nicht, dass ich das gut kann…
Nur so tun oder Schauspie-lern.
Schon gut.

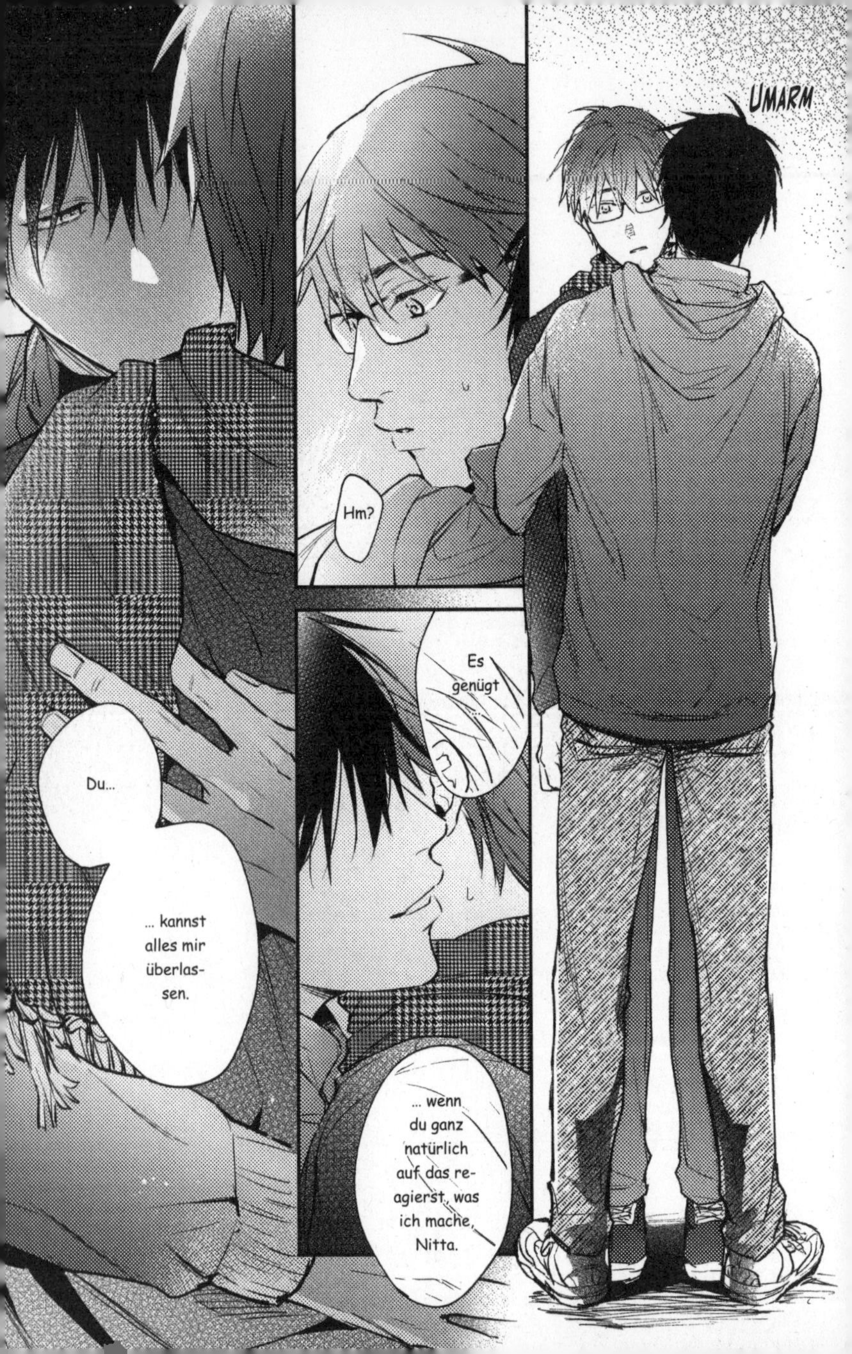
UMARM
Hm?
Es genügt ...
... wenn du ganz natürlich auf das reagierst, was ich mache, Nitta.
Du...
... kannst alles mir überlassen.

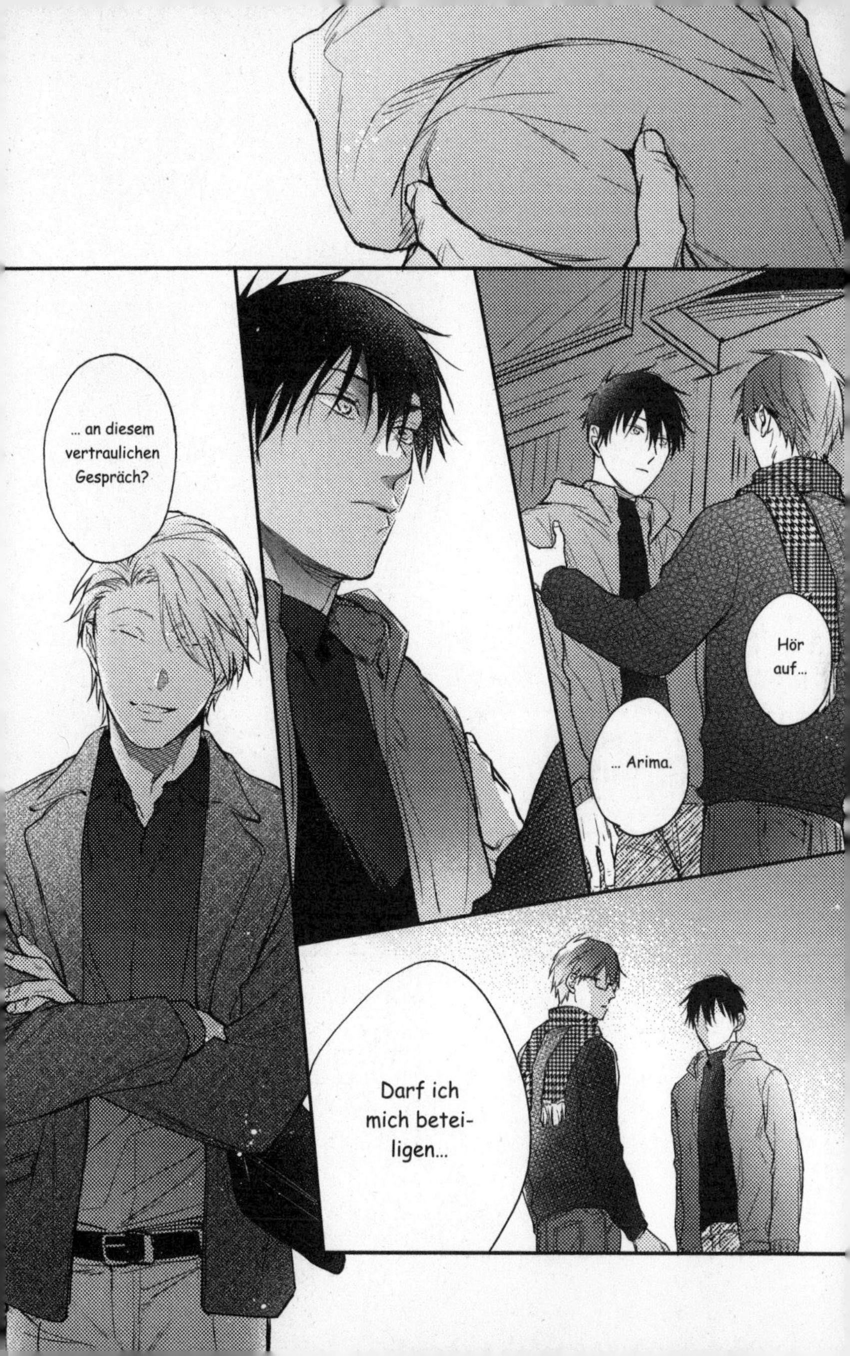
Hör auf...
... Arima.
... an diesem vertraulichen Gespräch?
Darf ich mich betei-ligen...

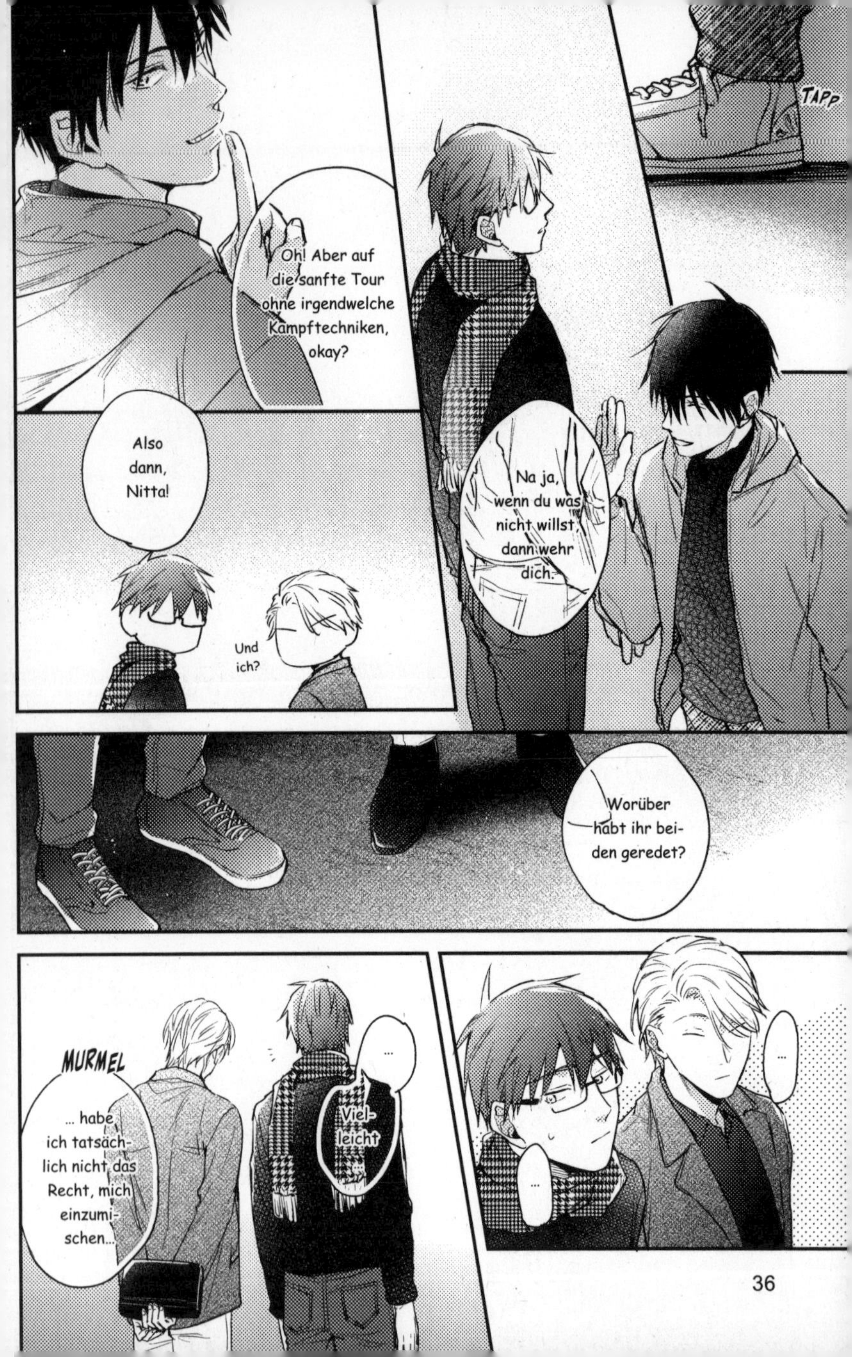
TAPP
Na ja, wenn du was nicht willst, dann wehr dich.
Oh! Aber auf die sanfte Tour ohne irgendwelche Kampftechniken, okay?
Also dann, Nitta!
Und ich?
Worüber habt ihr beiden geredet?
...
...
...
Vielleicht ...
MURMEL
... habe ich tatsächlich nicht das Recht, mich einzumischen...

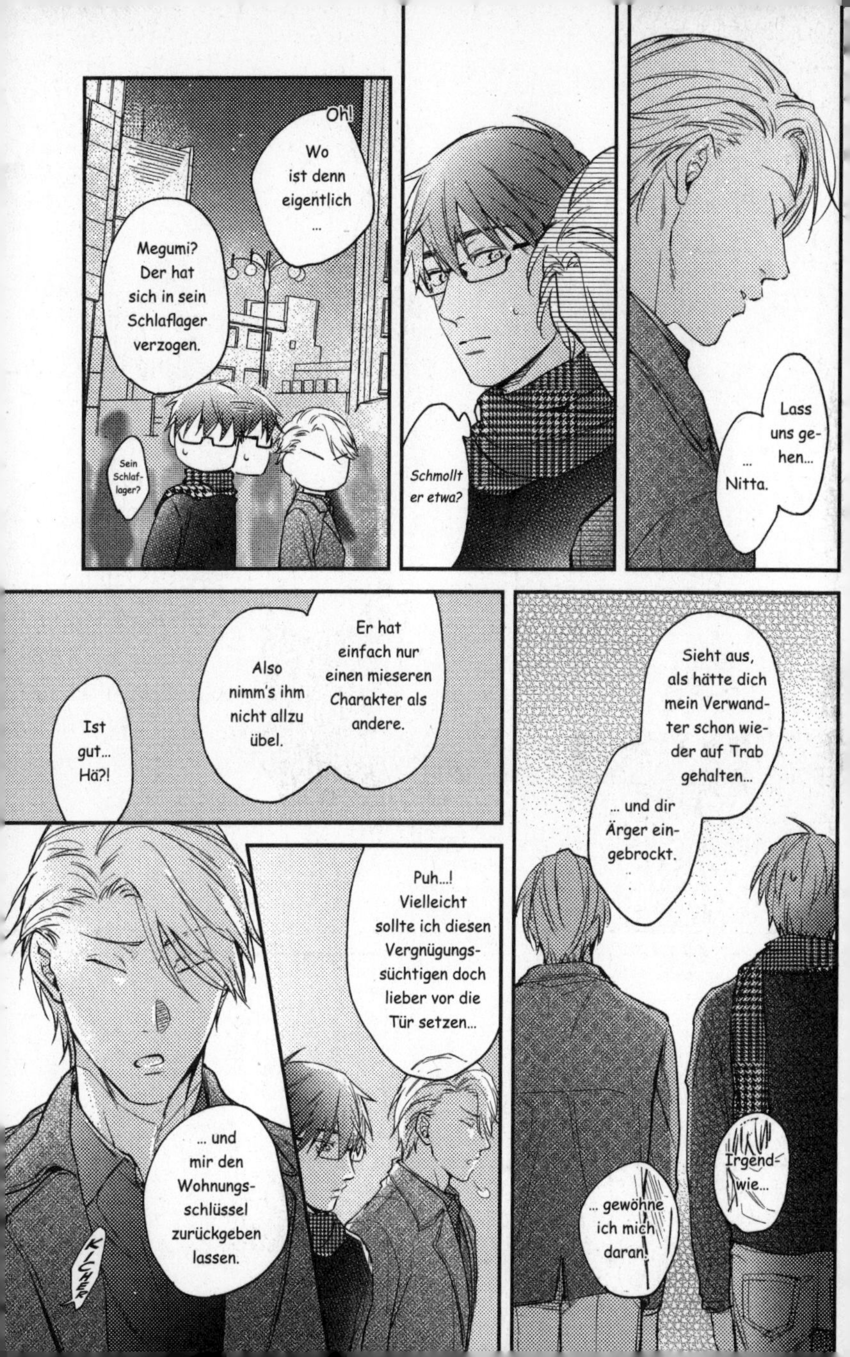
Lass uns gehen... ... Nitta.
Schmollt er etwa?
Oh!
Wo ist denn eigentlich ...
Megumi? Der hat sich in sein Schlaflager verzogen.
Sein Schlaflager?
Sieht aus, als hätte dich mein Verwandter schon wieder auf Trab gehalten...
... und dir Ärger eingebrockt.
Er hat einfach nur einen mieseren Charakter als andere.
Also nimm's ihm nicht allzu übel.
Ist gut... Hä?!
Irgendwie...
... gewöhne ich mich daran!
Puh...! Vielleicht sollte ich diesen Vergnügungssüchtigen doch lieber vor die Tür setzen...
... und mir den Wohnungsschlüssel zurückgeben lassen.
KICHER

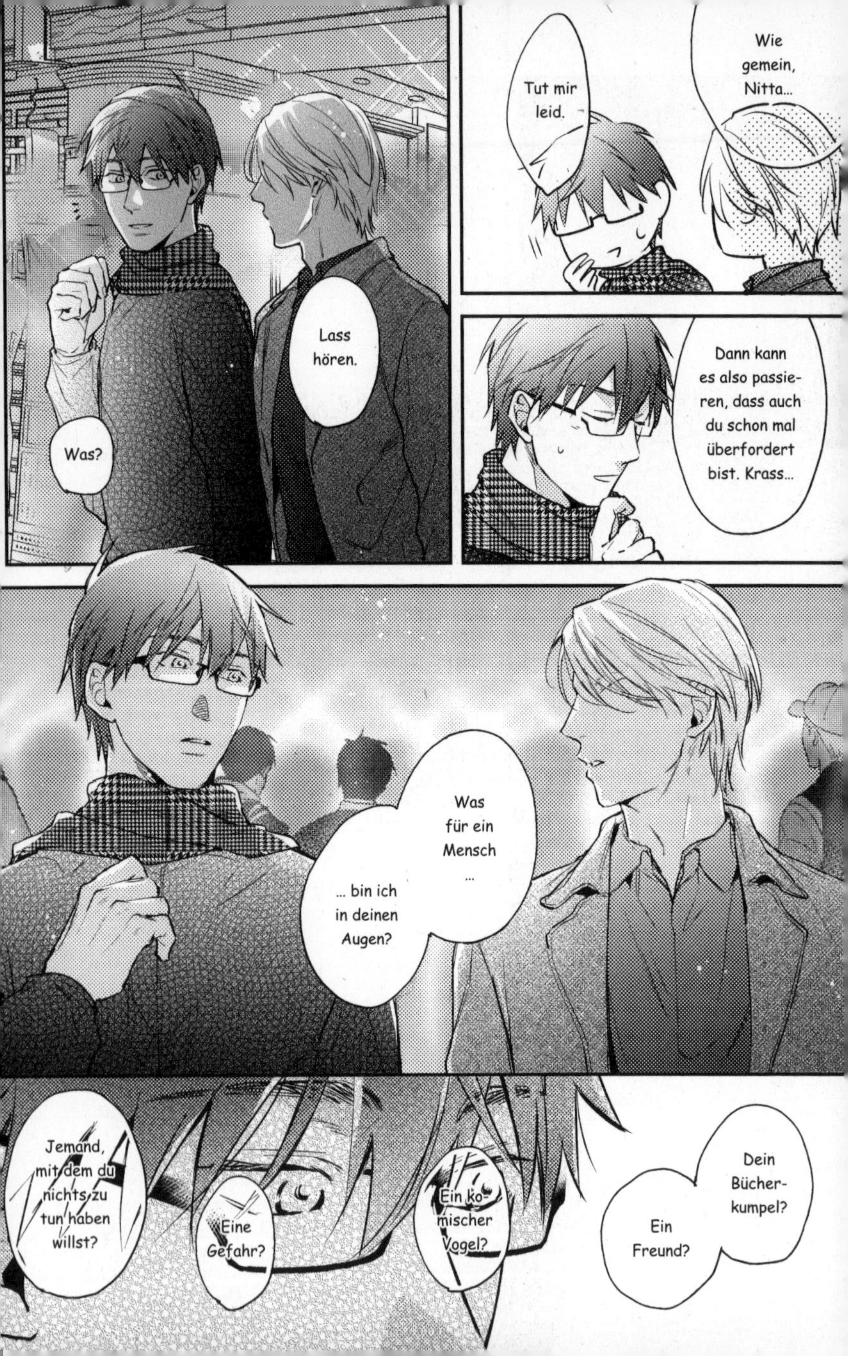
Wie gemein, Nitta...
Tut mir leid.
Dann kann es also passieren, dass auch du schon mal überfordert bist. Krass...
Was?
Lass hören.
Was für ein Mensch ...
... bin ich in deinen Augen?
Dein Bücherkumpel?
Ein Freund?
Ein komischer Vogel?
Eine Gefahr?
Jemand, mit dem du nichts zu tun haben willst?

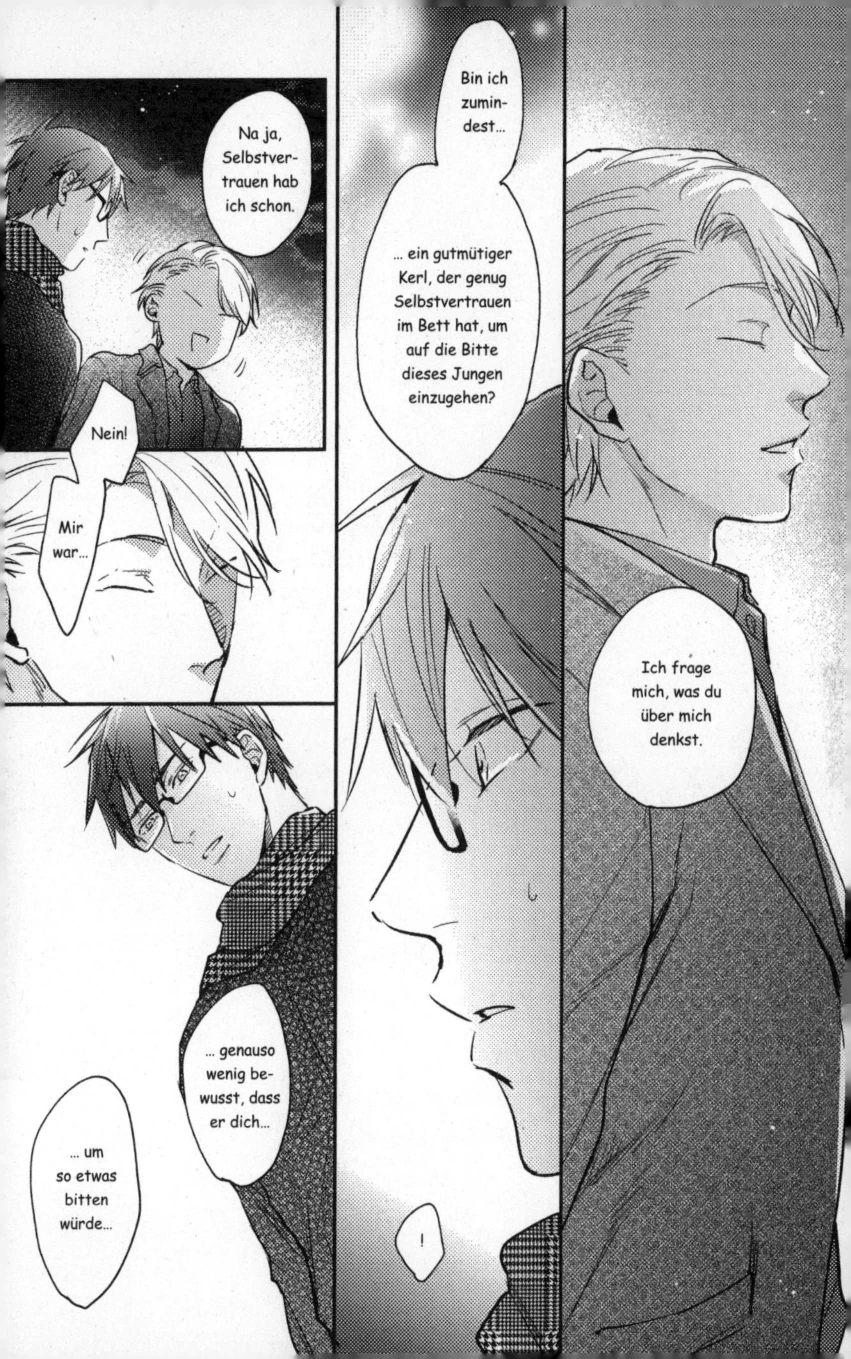
Ich frage mich, was du über mich denkst.
Bin ich zumindest...
... ein gutmütiger Kerl, der genug Selbstvertrauen im Bett hat, um auf die Bitte dieses Jungen einzugehen?
!
Na ja, Selbstvertrauen hab ich schon.
Nein!
Mir war...
... genauso wenig bewusst, dass er dich...
... um so etwas bitten würde...

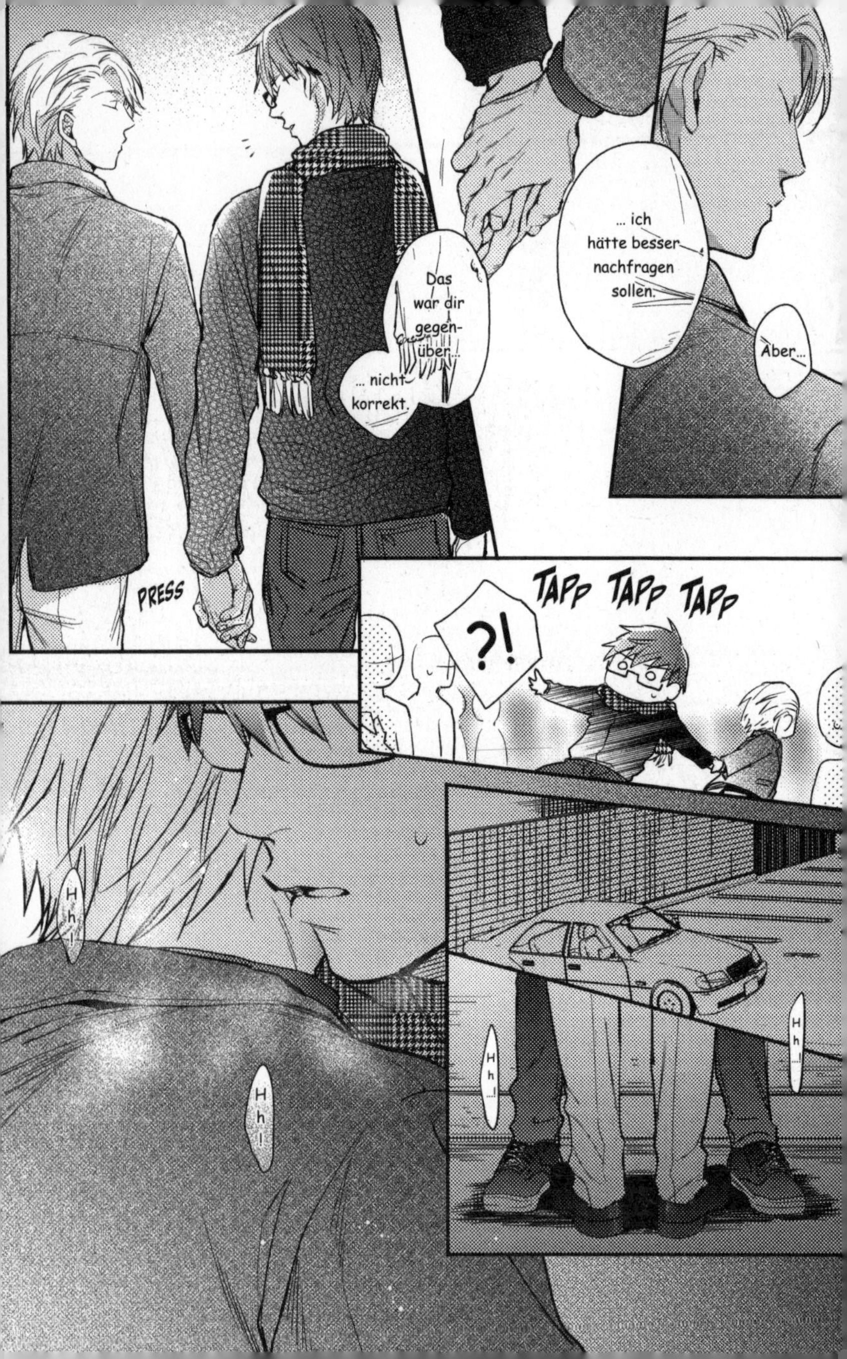
... ich hätte besser nachfragen sollen.
Aber...
Das war dir gegenüber...
... nicht korrekt.
PRESS
TAPP TAPP TAPP
?!
Hh!
Hh!
Hh!...
Hh!...

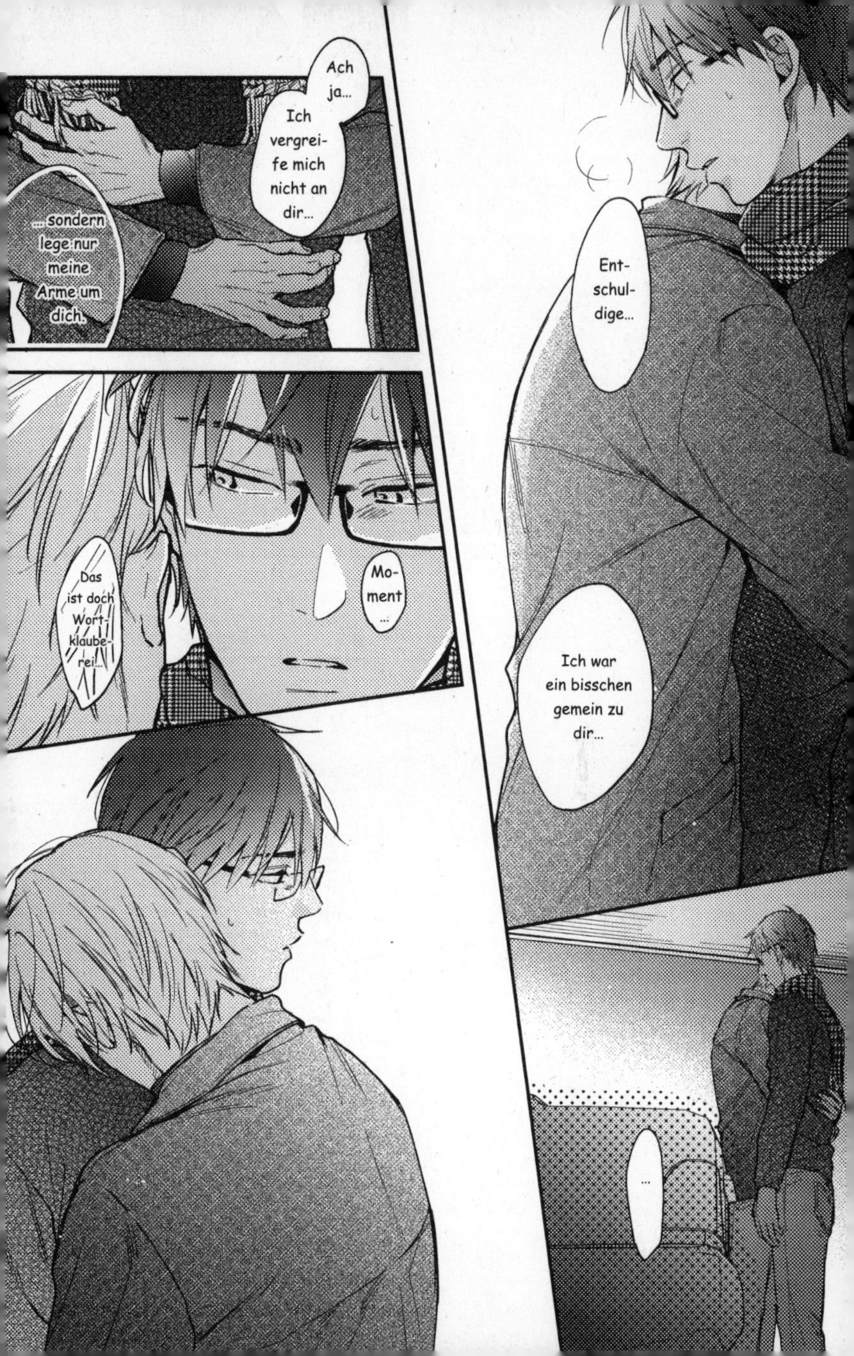
Ent-schul-dige...
Ich war ein bisschen gemein zu dir...
Ach ja... Ich vergrei-fe mich nicht an dir...
...sondern lege nur meine Arme um dich.
Mo-ment ...
Das ist doch Wort-klaube-rei...
...

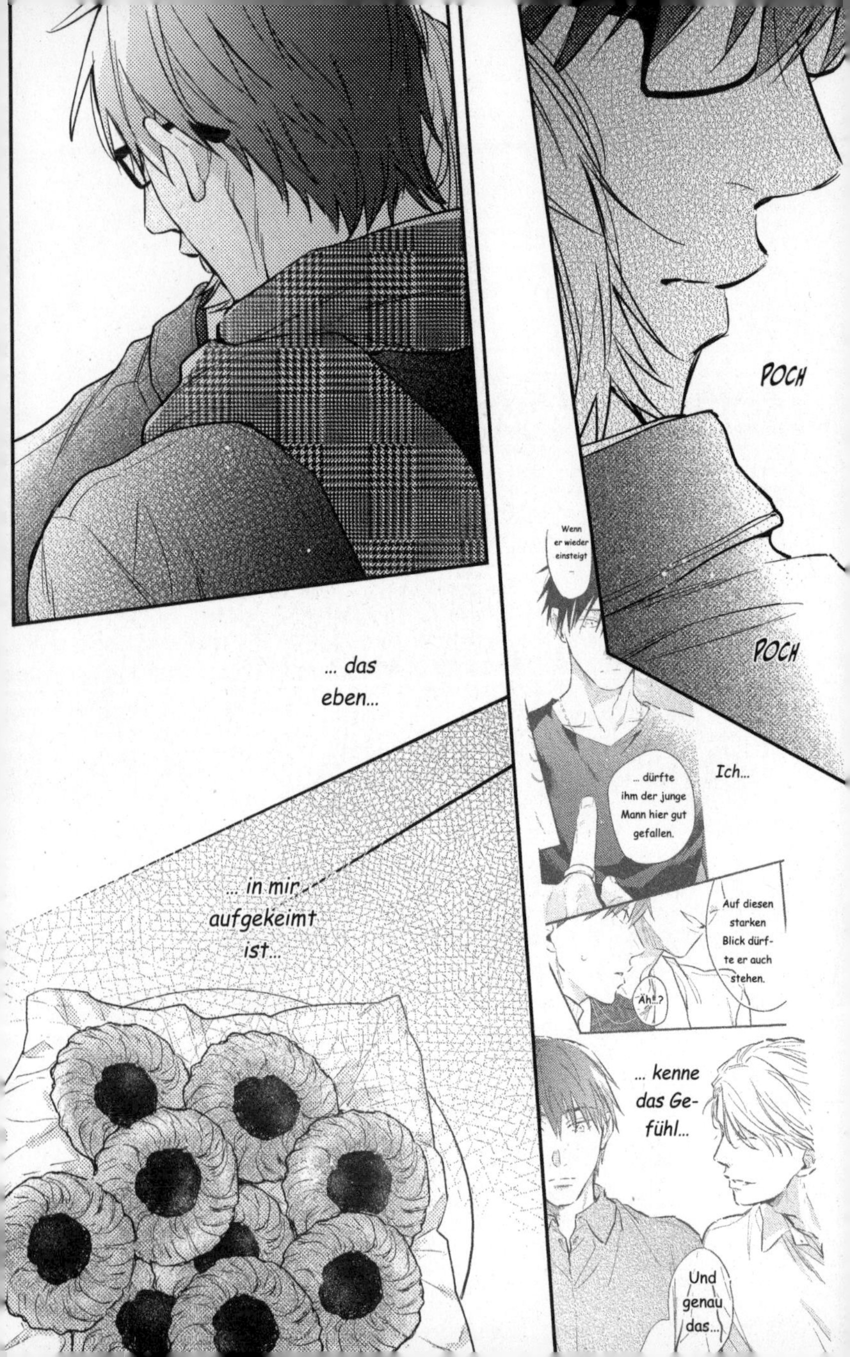
POCH
Wenn er wieder einsteigt ...
POCH
Ich...
... dürfte ihm der junge Mann hier gut gefallen.
Auf diesen starken Blick dürf-te er auch stehen.
Äh...?
... kenne das Ge-fühl...
Und genau das...
... das eben...
... in mir aufgekeimt ist...

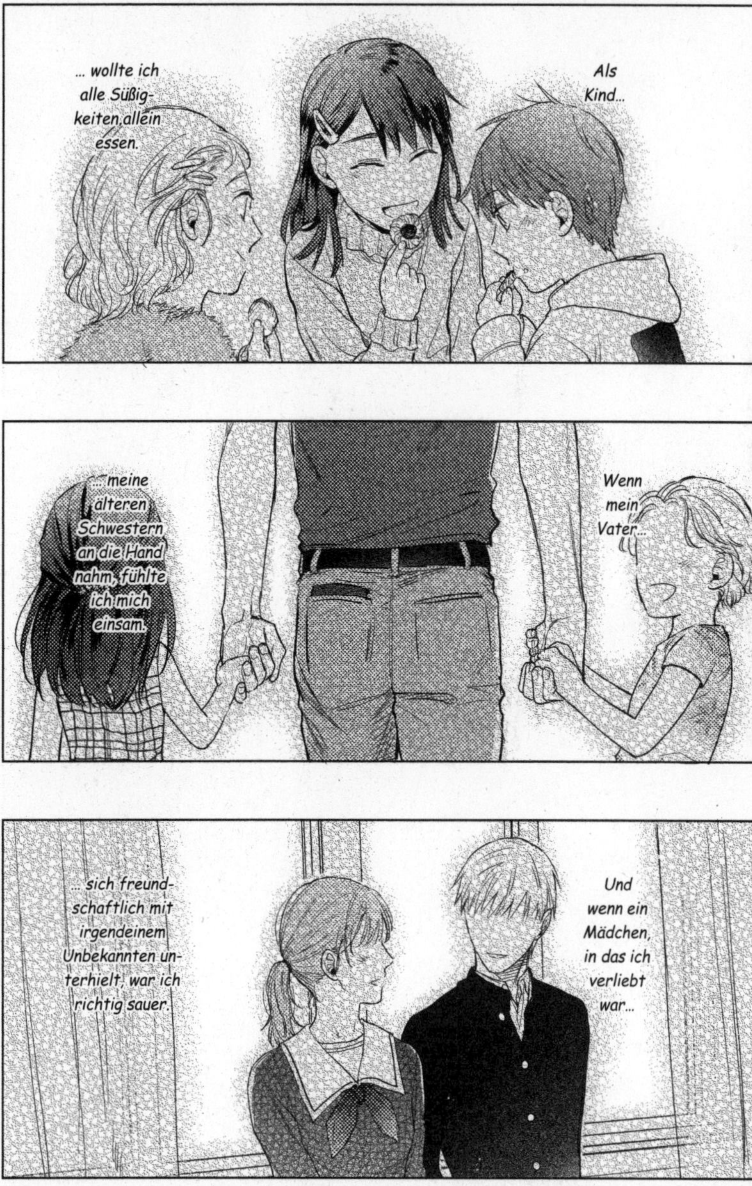
Als Kind...
... wollte ich alle Süßigkeiten allein essen.
Wenn mein Vater...
... meine älteren Schwestern an die Hand nahm, fühlte ich mich einsam.
Und wenn ein Mädchen, in das ich verliebt war...
... sich freundschaftlich mit irgendeinem Unbekannten unterhielt, war ich richtig sauer.

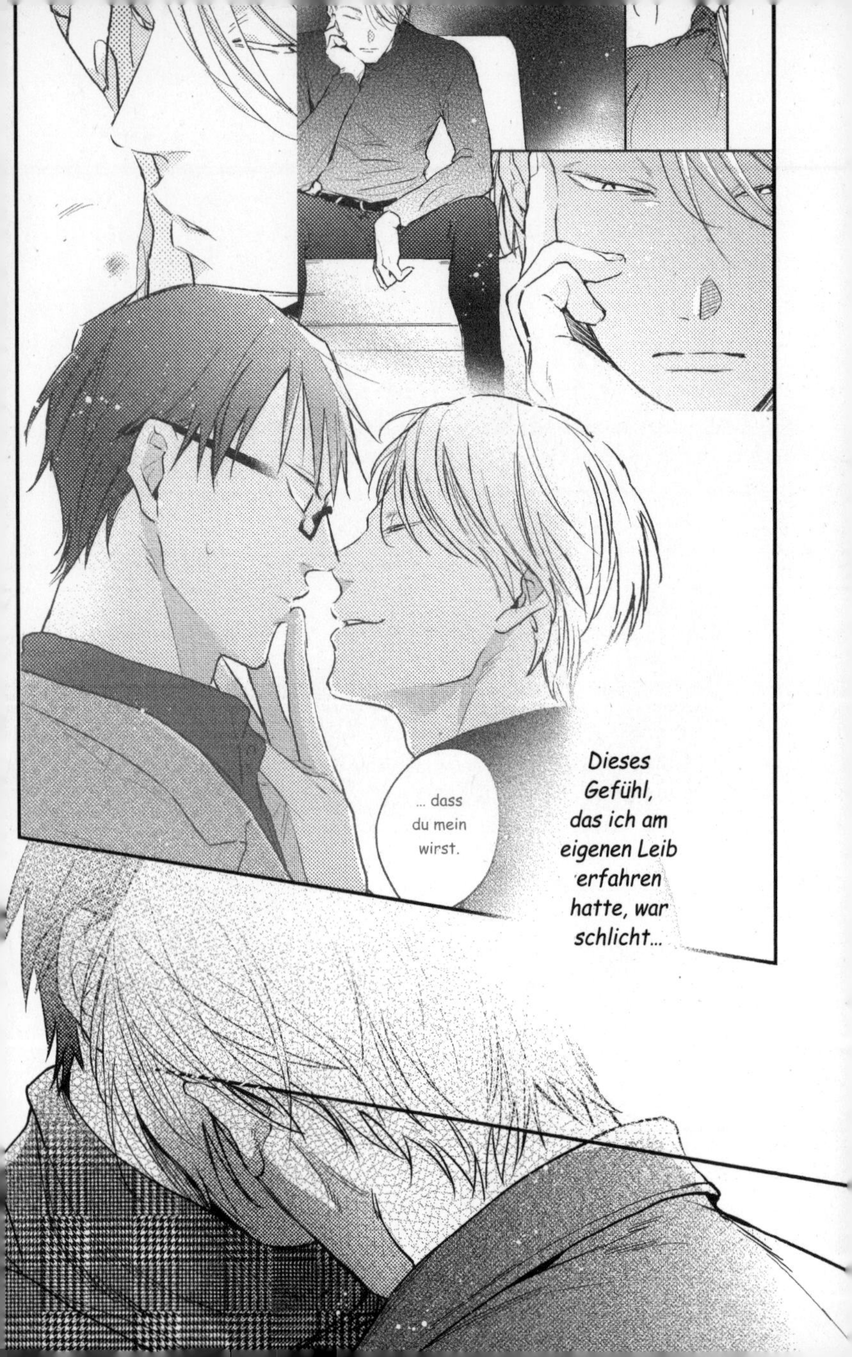
... dass du mein wirst.
Dieses Gefühl, das ich am eigenen Leib erfahren hatte, war schlicht...

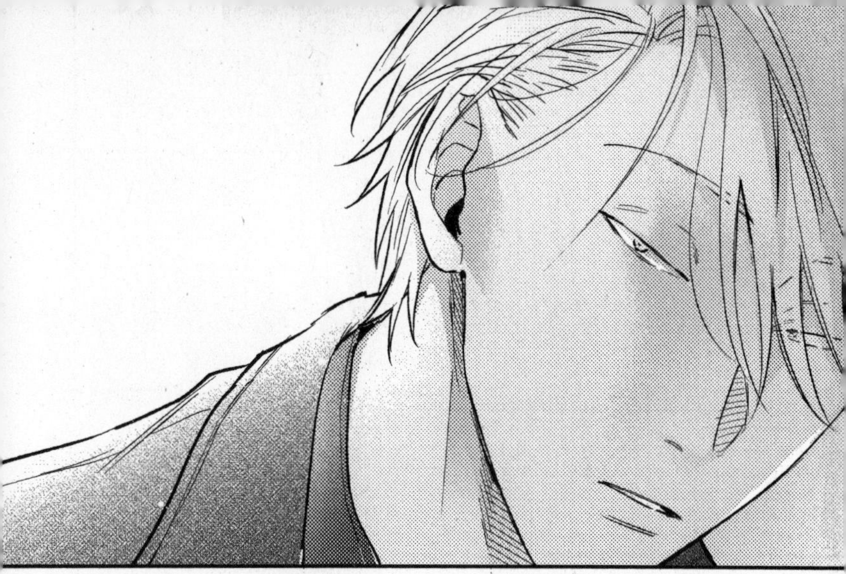

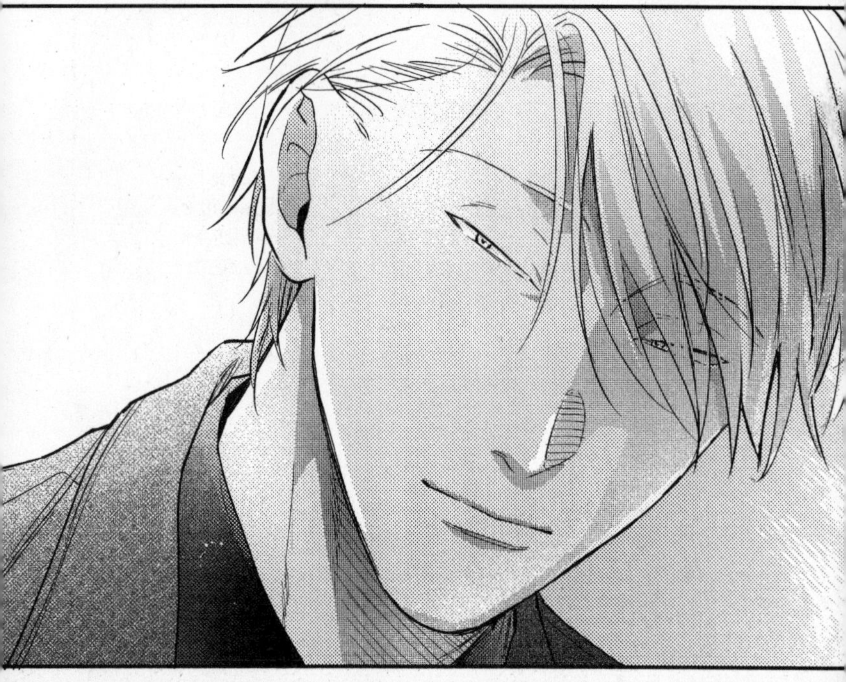

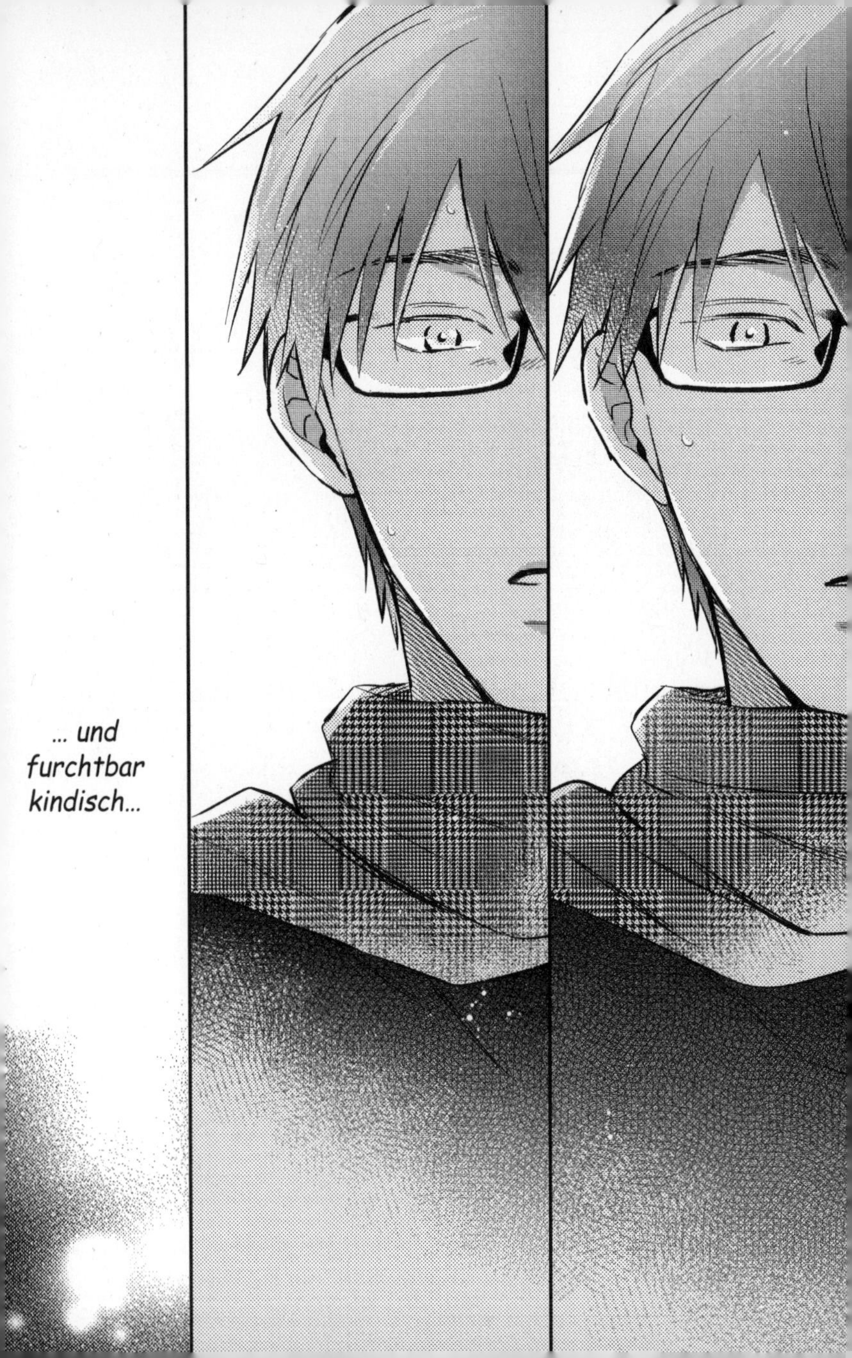
... und furchtbar kindisch...

Du kannst mir nicht widerstehen

Du kannst mir nicht widerstehen

Kapitel 10

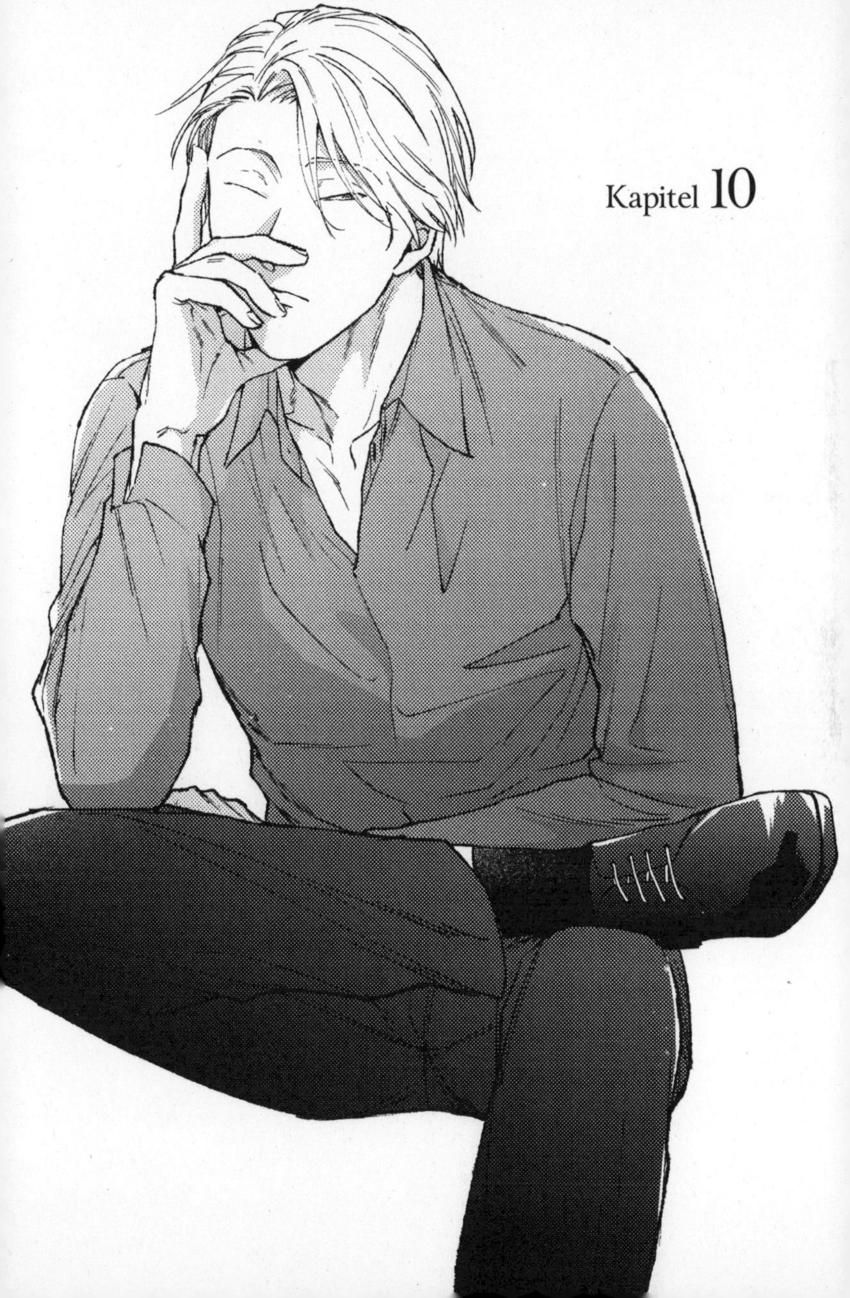

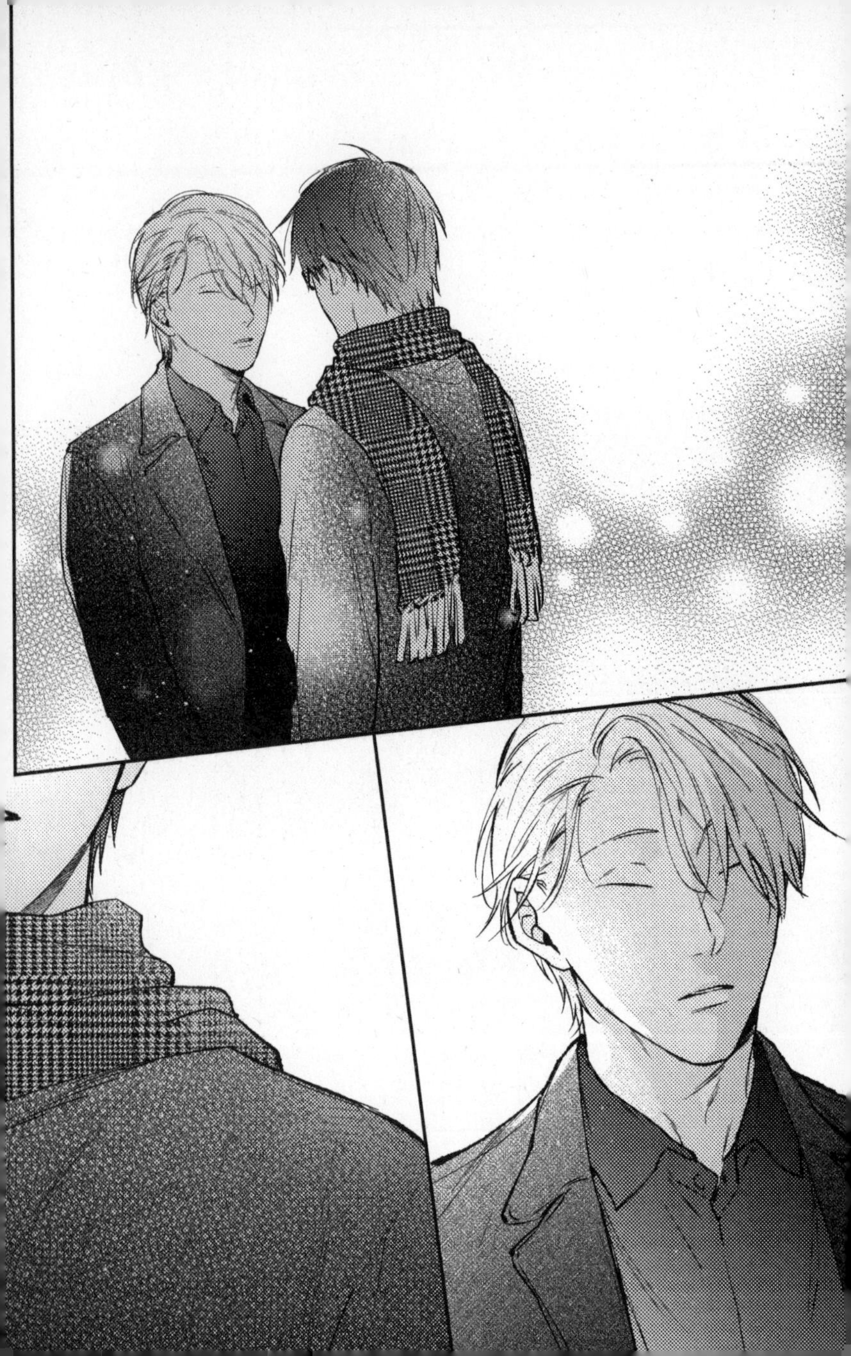

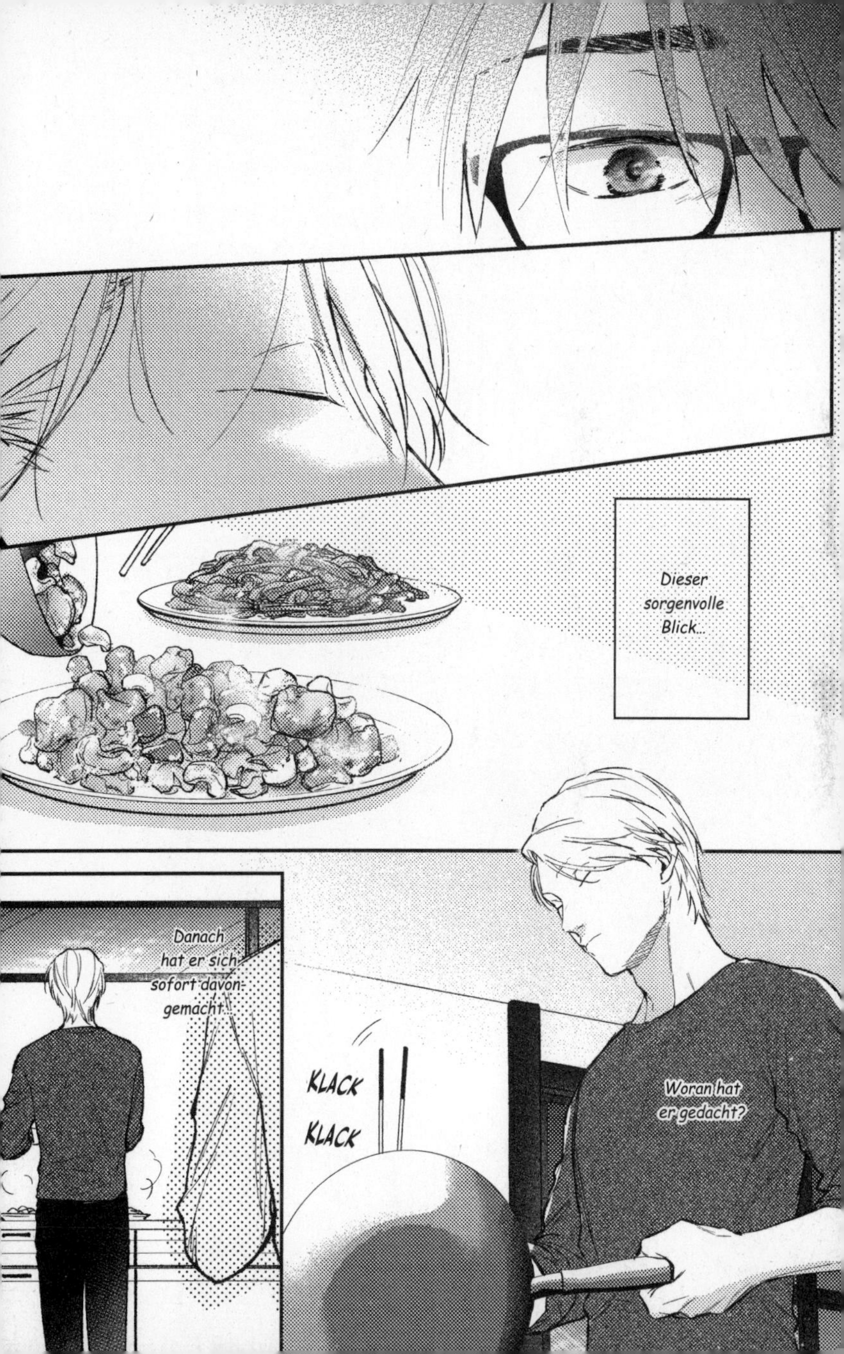
Dieser sorgenvolle Blick...
Danach hat er sich sofort davongemacht...
KLACK
KLACK
Woran hat er gedacht?

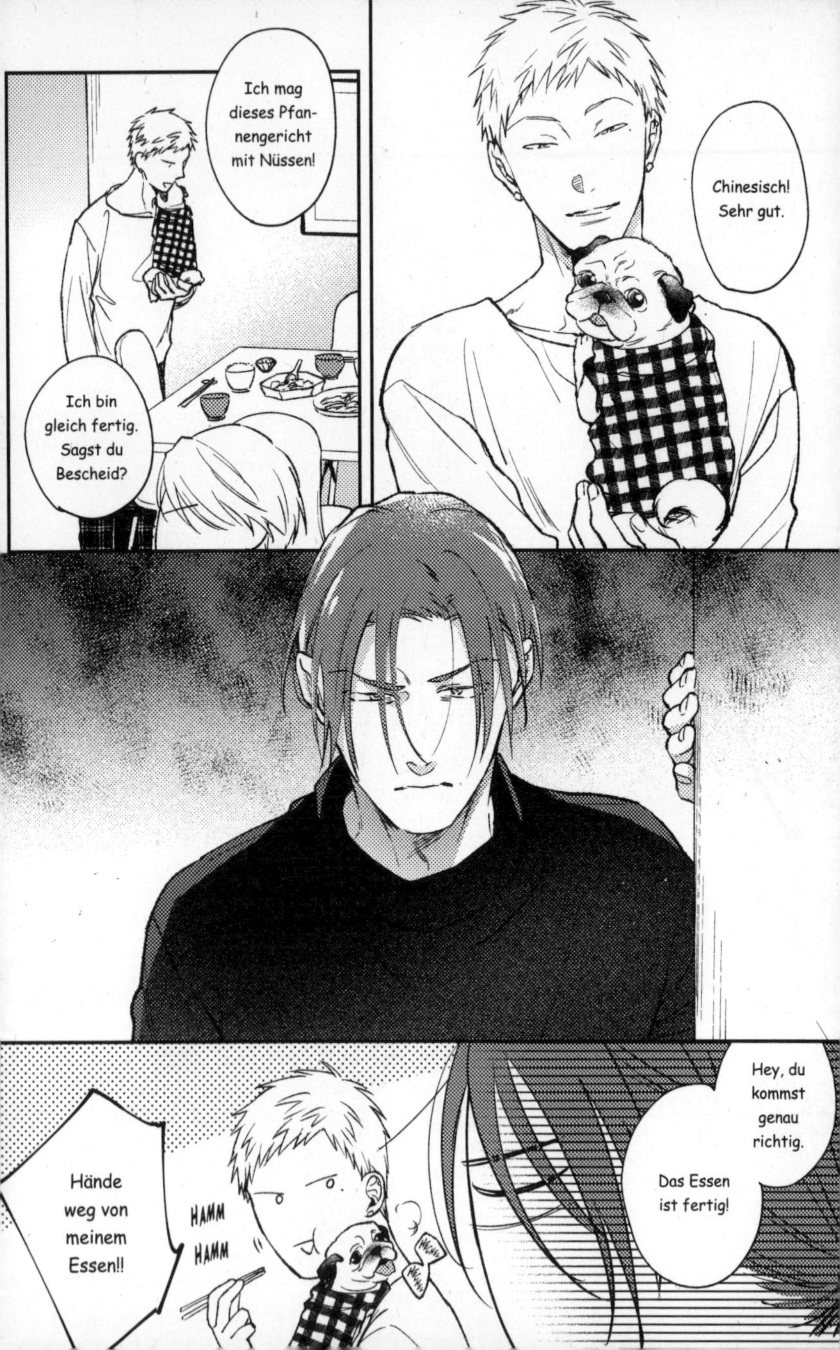
Chinesisch! Sehr gut.
Ich mag dieses Pfannengericht mit Nüssen!
Ich bin gleich fertig. Sagst du Bescheid?
Hey, du kommst genau richtig.
Das Essen ist fertig!
Hände weg von meinem Essen!!
HAMM HAMM

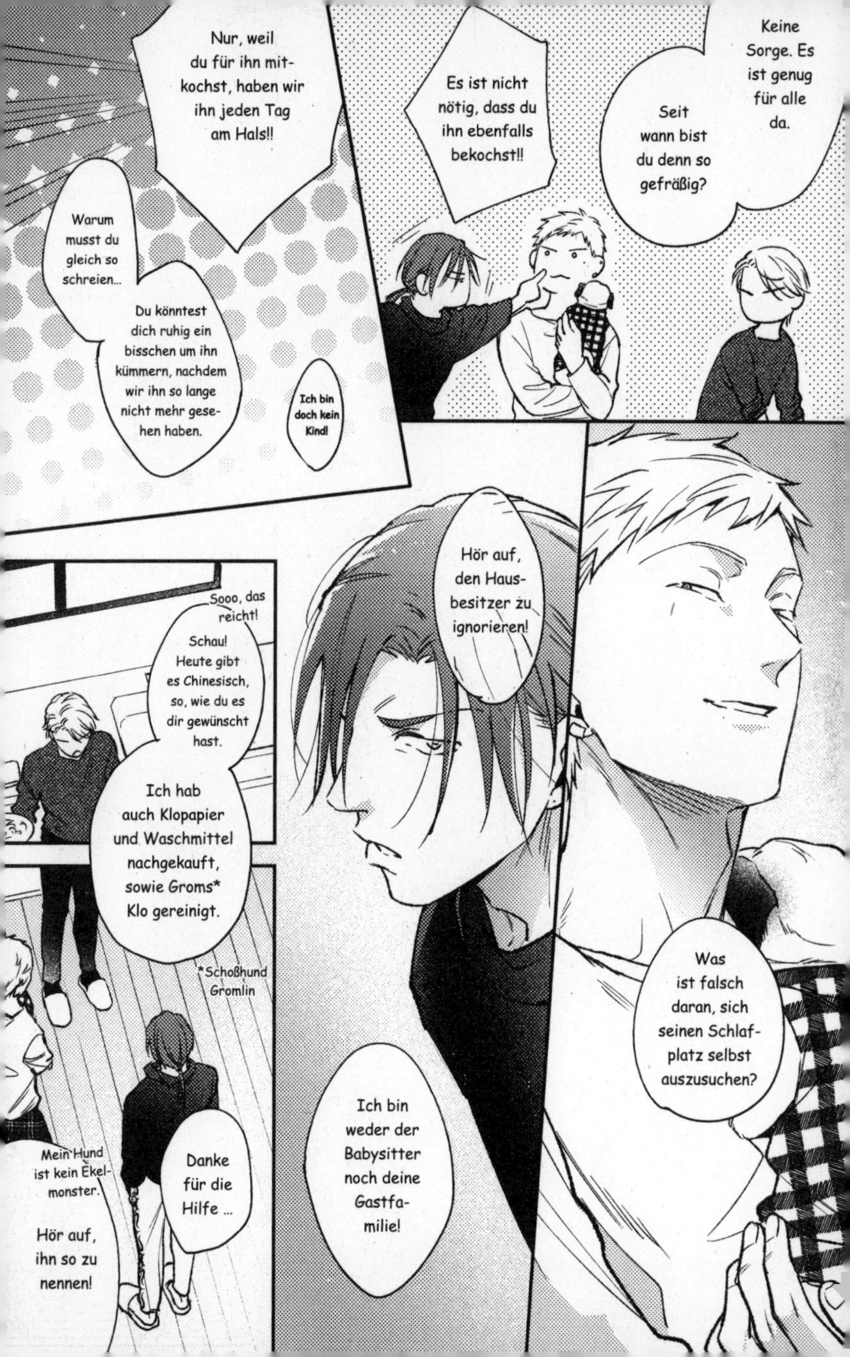
Keine Sorge. Es ist genug für alle da.
Seit wann bist du denn so gefräßig?
Es ist nicht nötig, dass du ihn ebenfalls bekochst!!
Nur, weil du für ihn mitkochst, haben wir ihn jeden Tag am Hals!!
Warum musst du gleich so schreien...
Du könntest dich ruhig ein bisschen um ihn kümmern, nachdem wir ihn so lange nicht mehr gesehen haben.
Ich bin doch kein Kind!
Was ist falsch daran, sich seinen Schlafplatz selbst auszusuchen?
Hör auf, den Hausbesitzer zu ignorieren!
Ich bin weder der Babysitter noch deine Gastfamilie!
Sooo, das reicht!
Schau! Heute gibt es Chinesisch, so, wie du es dir gewünscht hast.
Ich hab auch Klopapier und Waschmittel nachgekauft, sowie Groms* Klo gereinigt.
*Schoßhund Gromlin
Danke für die Hilfe ...
Mein Hund ist kein Ekelmonster.
Hör auf, ihn so zu nennen!

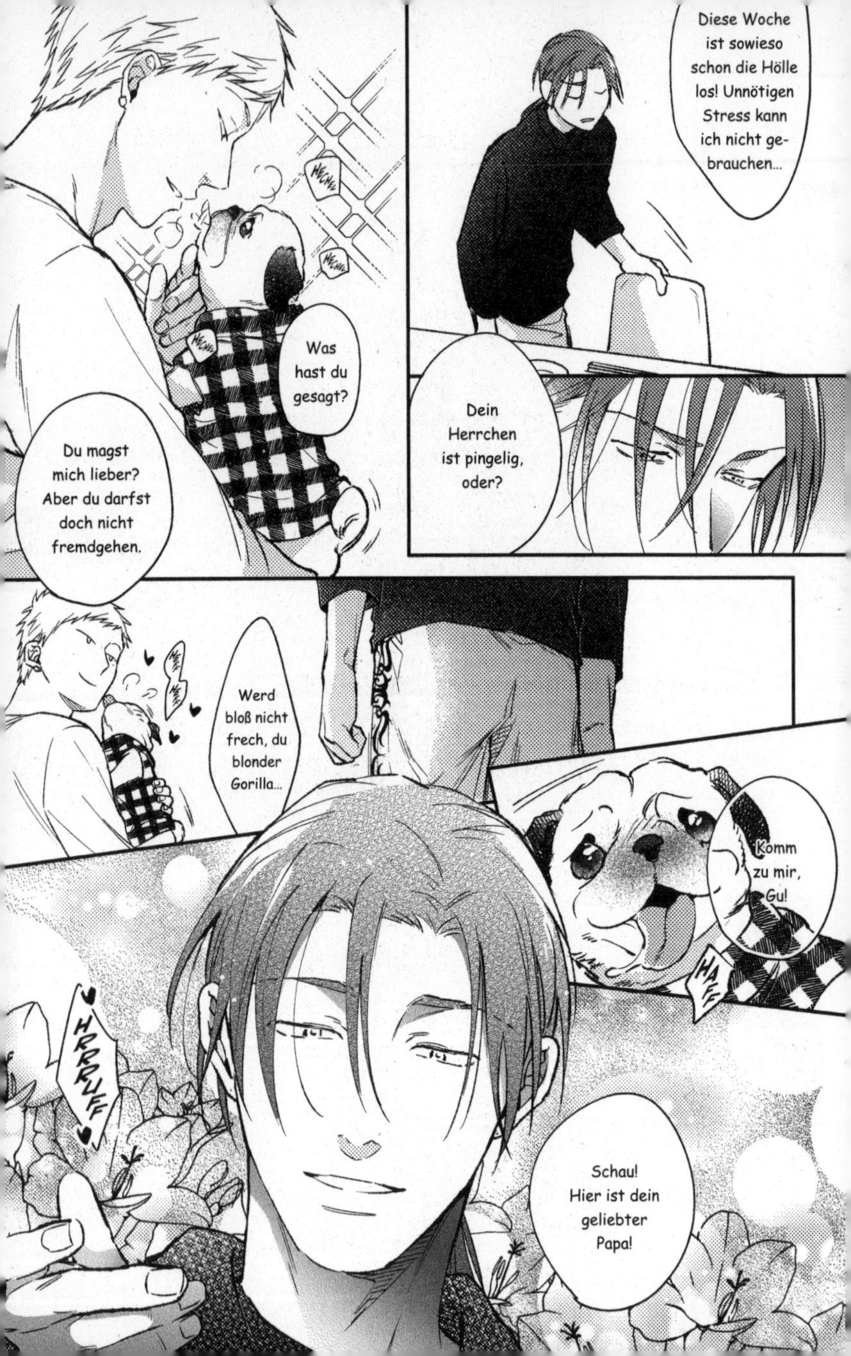
Diese Woche ist sowieso schon die Hölle los! Unnötigen Stress kann ich nicht gebrauchen...
Dein Herrchen ist pingelig, oder?
HECHEL
HECHEL
HECHEL
Was hast du gesagt?
Du magst mich lieber? Aber du darfst doch nicht fremdgehen.
Werd bloß nicht frech, du blonder Gorilla...
Komm zu mir, Gu!
HAFF
Schau! Hier ist dein geliebter Papa!
HRRRUFF

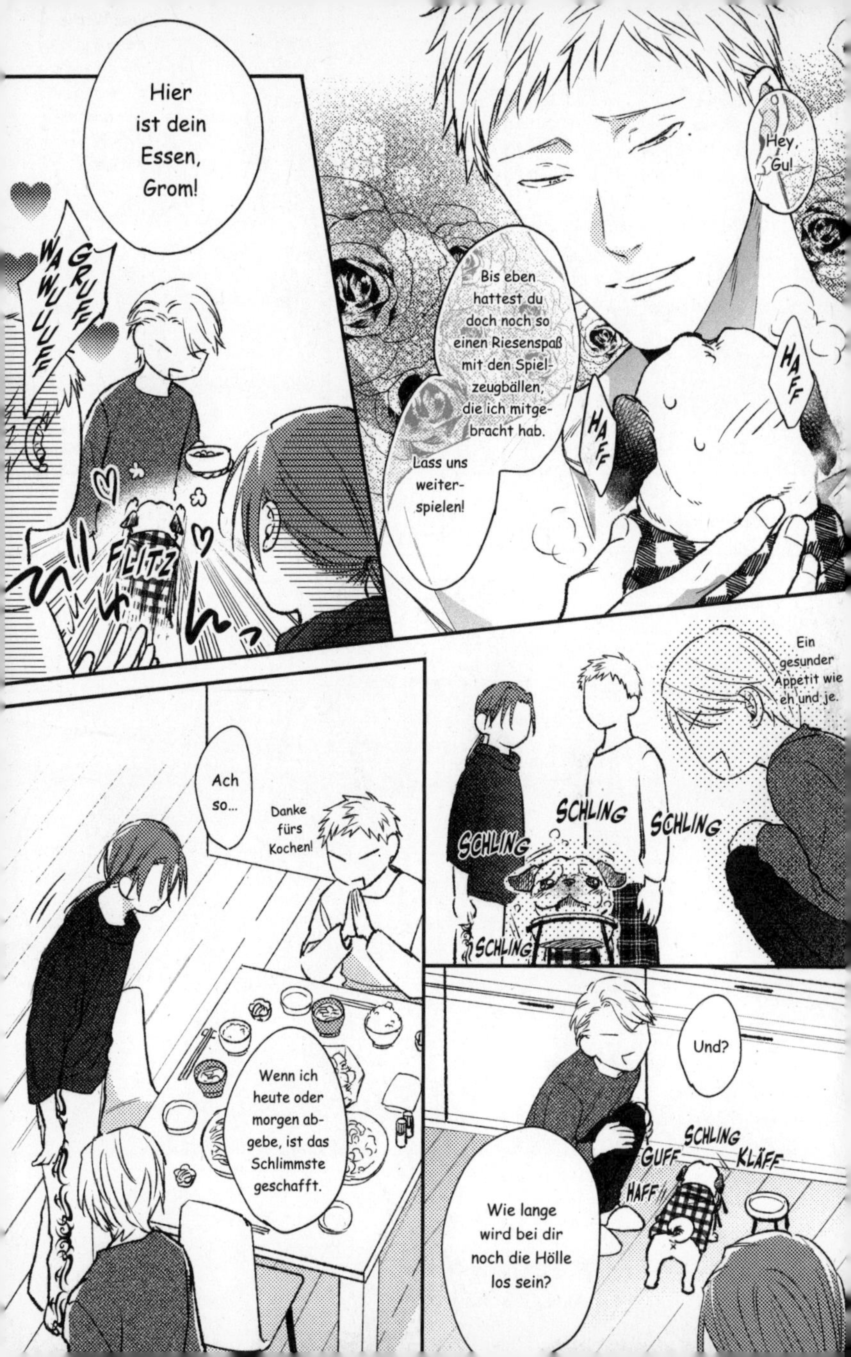

Hey, Gu!
Bis eben hattest du doch noch so einen Riesenspaß mit den Spielzeugbällen, die ich mitgebracht hab.
Lass uns weiterspielen!
HAFF
HAFF
Hier ist dein Essen, Grom!
WAWUUFF
GRUFF
FLITZ
Ein gesunder Appetit wie eh und je.
SCHLING
SCHLING
SCHLING
SCHLING
Und?
Wie lange wird bei dir noch die Hölle los sein?
SCHLING
GUFF
KLÄFF
HAFF
Ach so...
Danke fürs Kochen!
Wenn ich heute oder morgen abgebe, ist das Schlimmste geschafft.

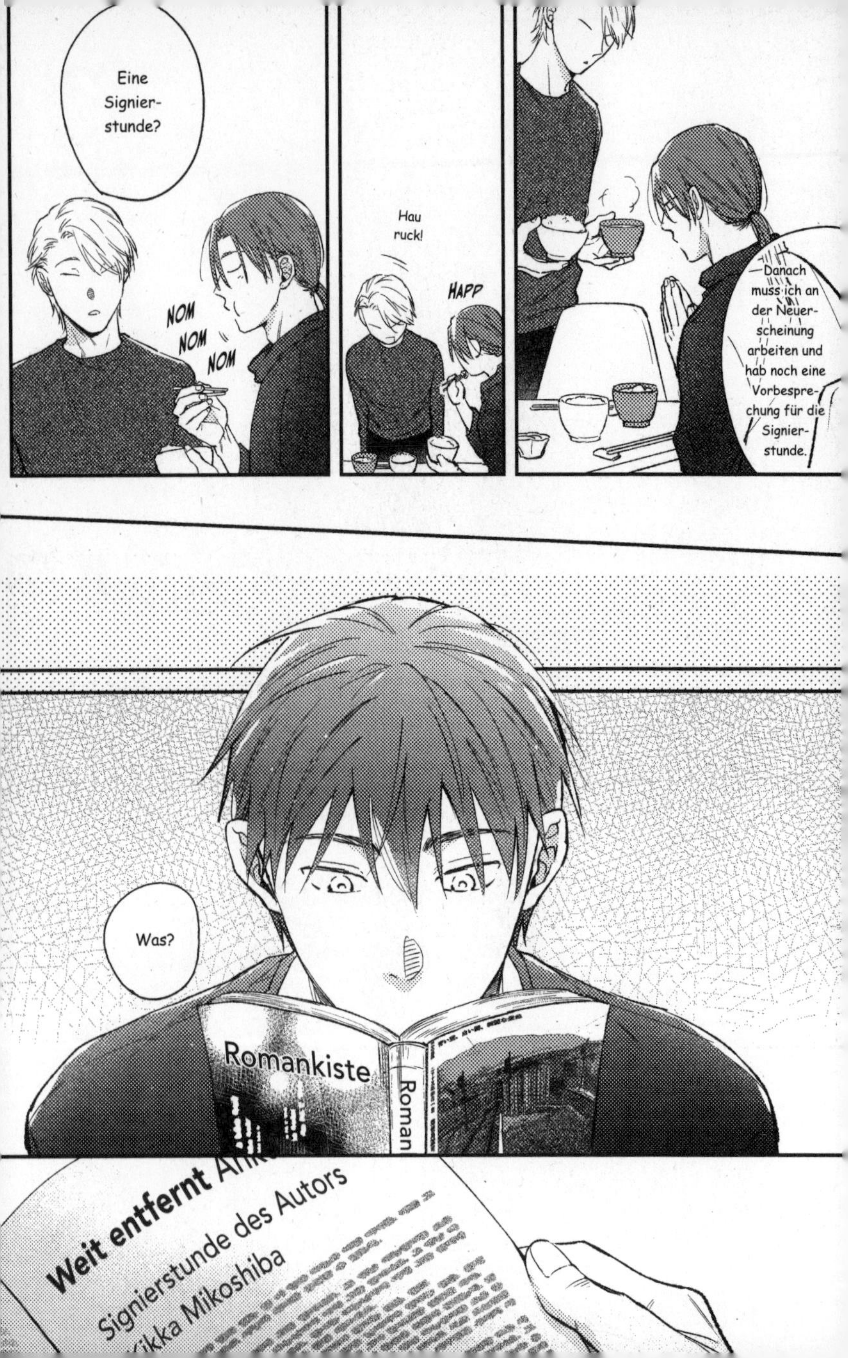
Danach muss ich an der Neuerscheinung arbeiten und hab noch eine Vorbesprechung für die Signierstunde.
HAPP
Hau ruck!
Eine Signierstunde?
NOM NOM NOM
Was?
Romankiste
Roman
Weit entfernt
Signierstunde des Autors
ikka Mikoshiba

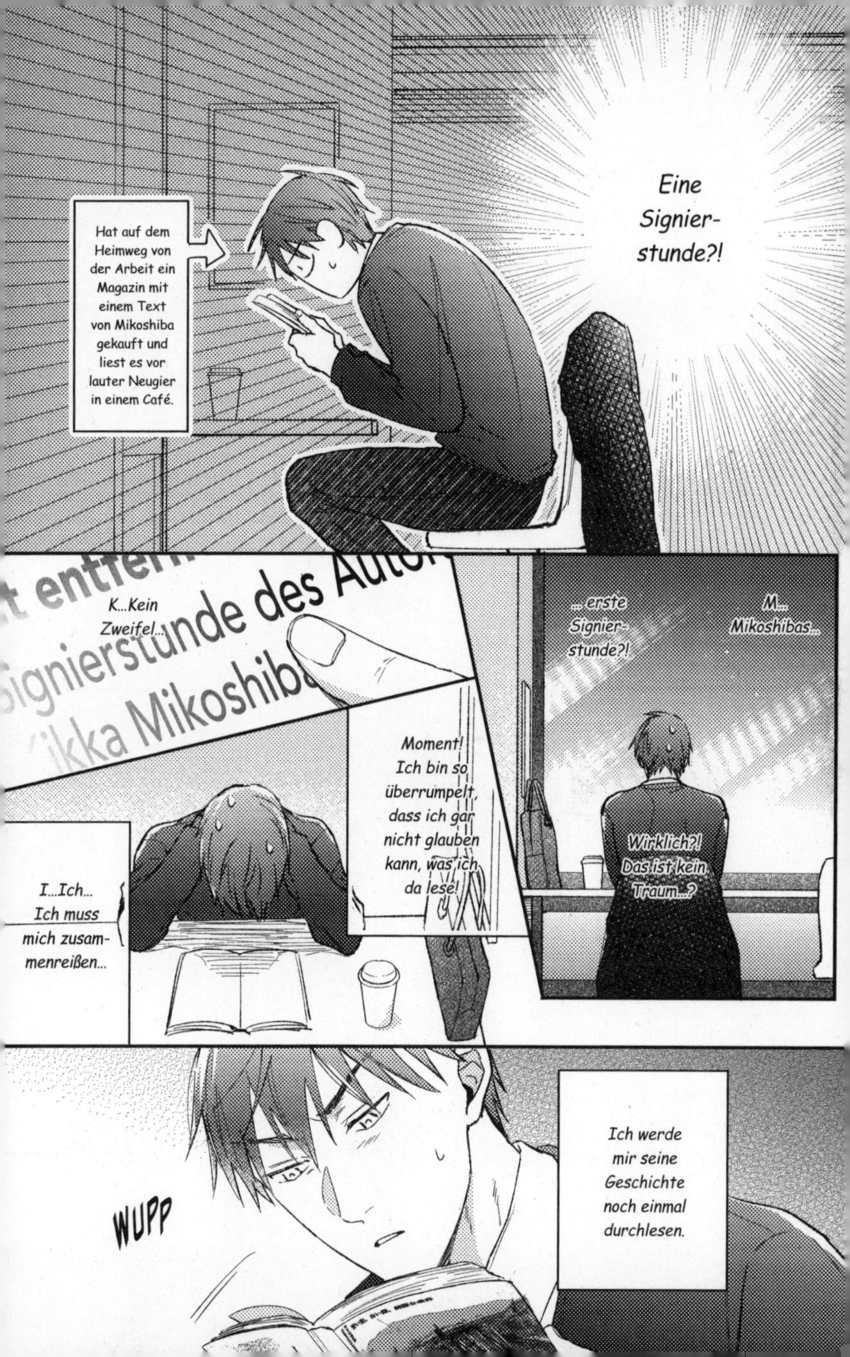
Eine Signier-stunde?!
Hat auf dem Heimweg von der Arbeit ein Magazin mit einem Text von Mikoshiba gekauft und liest es vor lauter Neugier in einem Café.
M... Mikoshibas...
...erste Signier-stunde?!
Wirklich?! Das ist kein Traum...?
t entfern
Signierstunde des Autor
ikka Mikoshiba
K...Kein Zweifel...
Moment! Ich bin so überrumpelt, dass ich gar nicht glauben kann, was ich da lese!
I...Ich... Ich muss mich zusam-menreißen...
Ich werde mir seine Geschichte noch einmal durchlesen.
WUPP

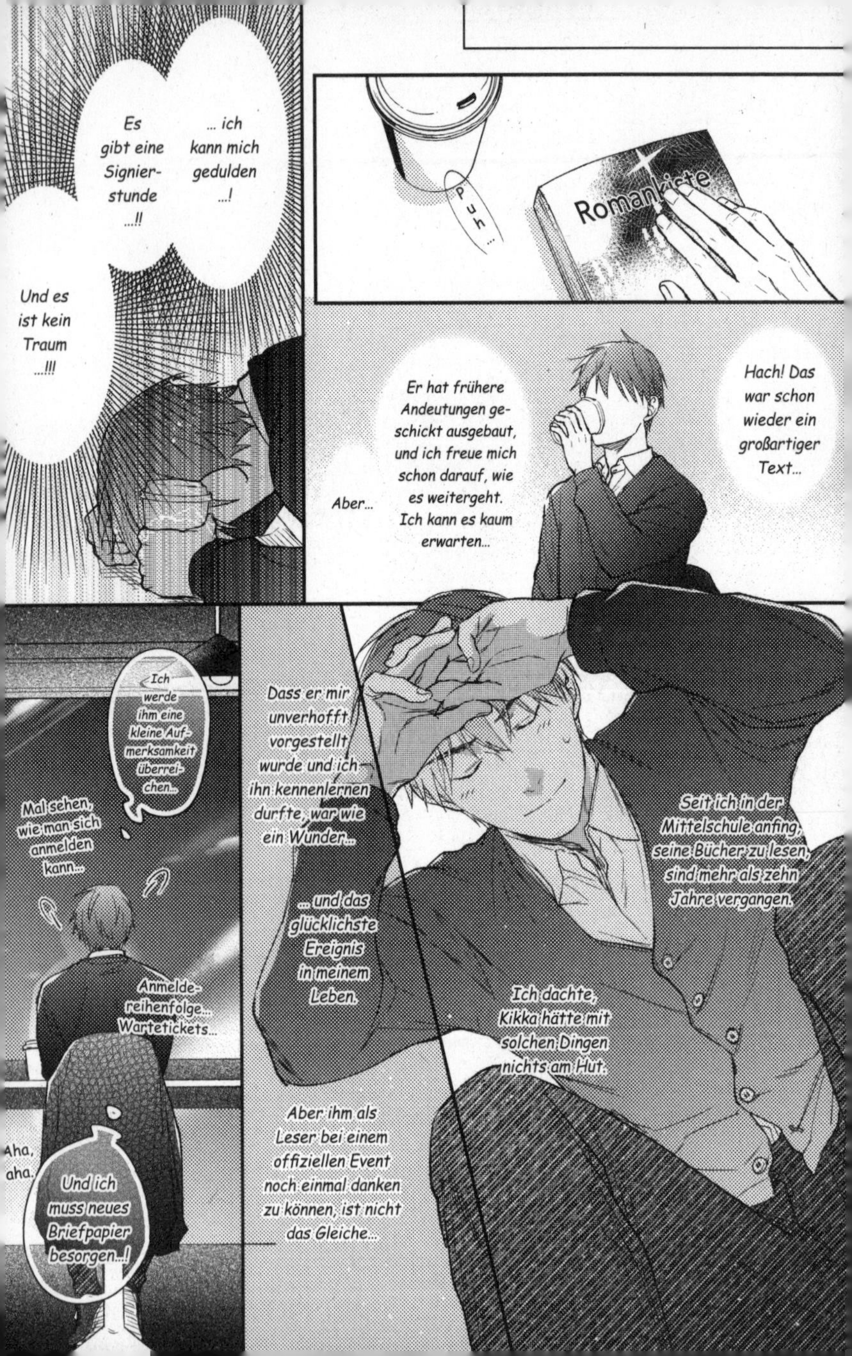
Puh ...
Romankiste
Hach! Das war schon wieder ein großartiger Text...
Er hat frühere Andeutungen geschickt ausgebaut, und ich freue mich schon darauf, wie es weitergeht. Ich kann es kaum erwarten...
Aber...
... ich kann mich gedulden ...!
Es gibt eine Signierstunde ...!!
Und es ist kein Traum ...!!!
Seit ich in der Mittelschule anfing, seine Bücher zu lesen, sind mehr als zehn Jahre vergangen.
Ich dachte, Kikka hätte mit solchen Dingen nichts am Hut.
Dass er mir unverhofft vorgestellt wurde und ich ihn kennenlernen durfte, war wie ein Wunder...
... und das glücklichste Ereignis in meinem Leben.
Aber ihm als Leser bei einem offiziellen Event noch einmal danken zu können, ist nicht das Gleiche...
Ich werde ihm eine kleine Aufmerksamkeit überreichen...
Mal sehen, wie man sich anmelden kann...
Anmeldereihenfolge... Wartetickets...
Aha, aha.
Und ich muss neues Briefpapier besorgen...!

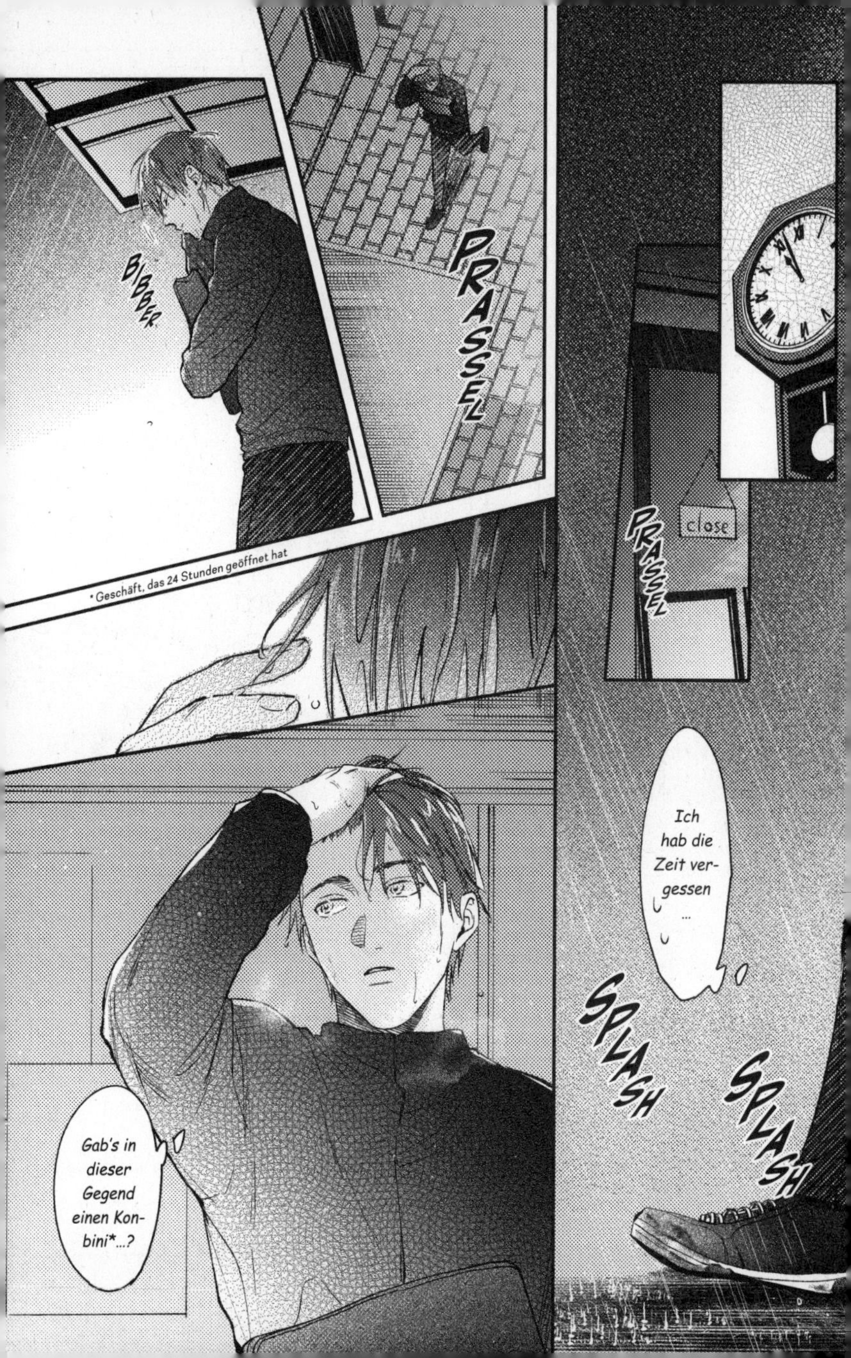
PRASSEL
close
PRASSEL
BIBBER
* Geschäft, das 24 Stunden geöffnet hat
Ich hab die Zeit vergessen ...
SPLASH
SPLASH
Gab's in dieser Gegend einen Konbini*...?

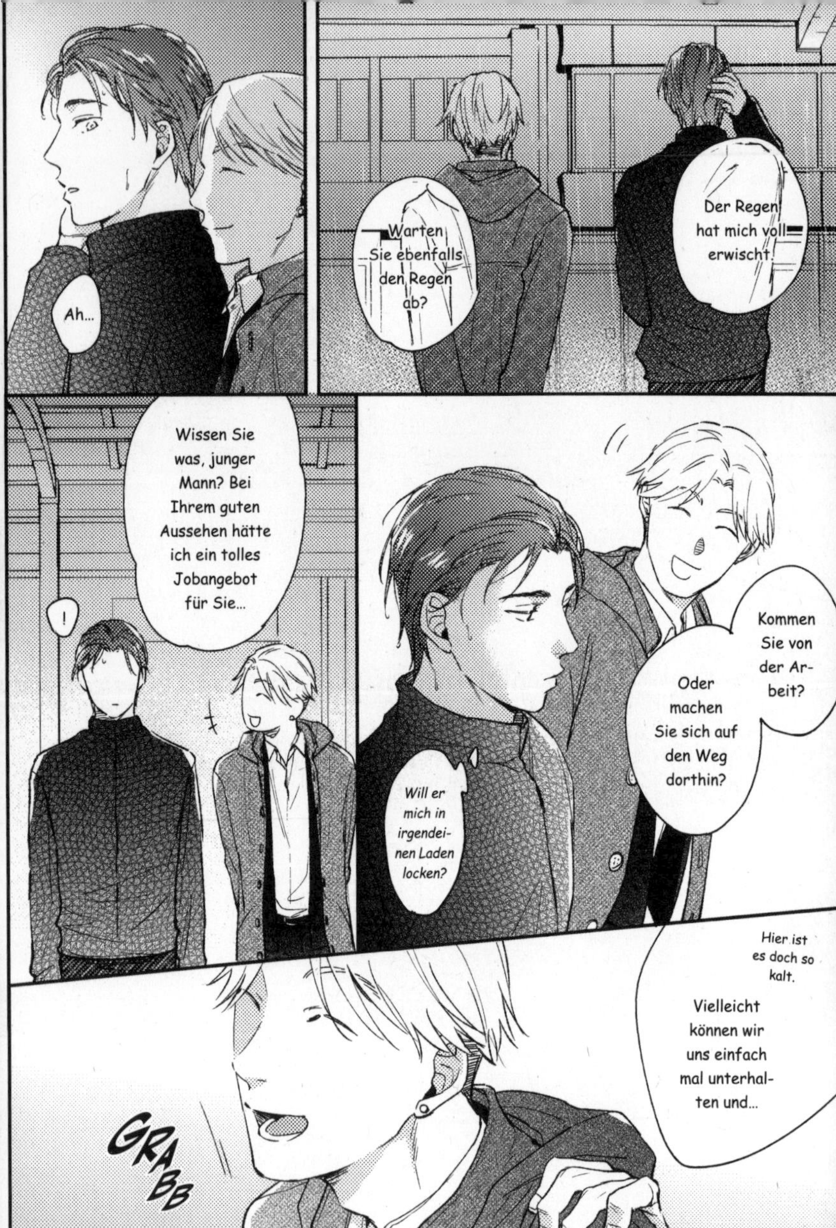

Der Regen hat mich voll erwischt.
Warten Sie ebenfalls den Regen ab?
Ah...
Kommen Sie von der Arbeit?
Oder machen Sie sich auf den Weg dorthin?
Will er mich in irgendeinen Laden locken?
Wissen Sie was, junger Mann? Bei Ihrem guten Aussehen hätte ich ein tolles Jobangebot für Sie...
!
Hier ist es doch so kalt.
Vielleicht können wir uns einfach mal unterhalten und...
GRABB

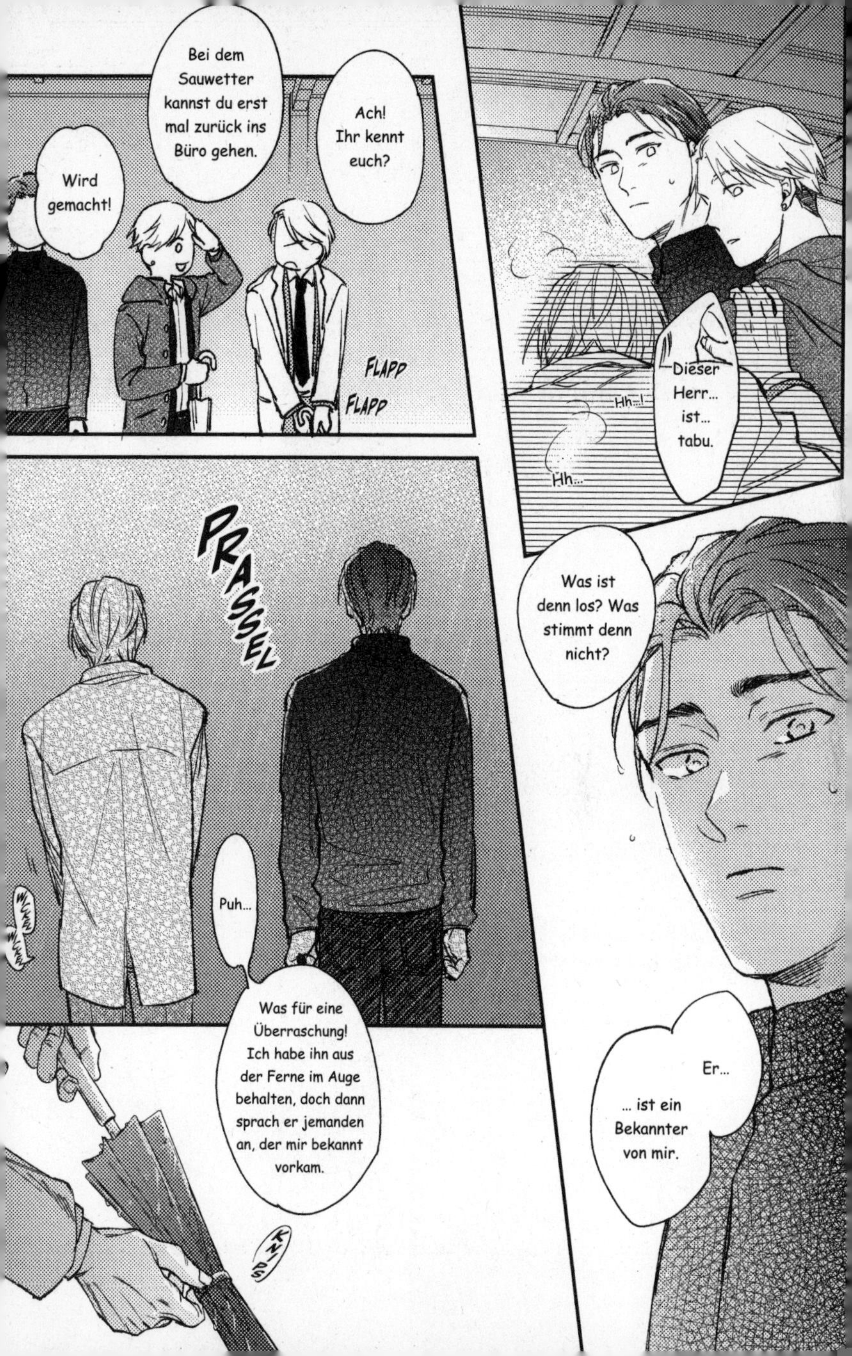
Dieser Herr... ist... tabu.
Hh...!
Hh...
Ach! Ihr kennt euch?
Bei dem Sauwetter kannst du erst mal zurück ins Büro gehen.
Wird gemacht!
FLAPP
FLAPP
Was ist denn los? Was stimmt denn nicht?
Er...
... ist ein Bekannter von mir.
PRASSEL
Puh...
Was für eine Überraschung! Ich habe ihn aus der Ferne im Auge behalten, doch dann sprach er jemanden an, der mir bekannt vorkam.
KNIPS

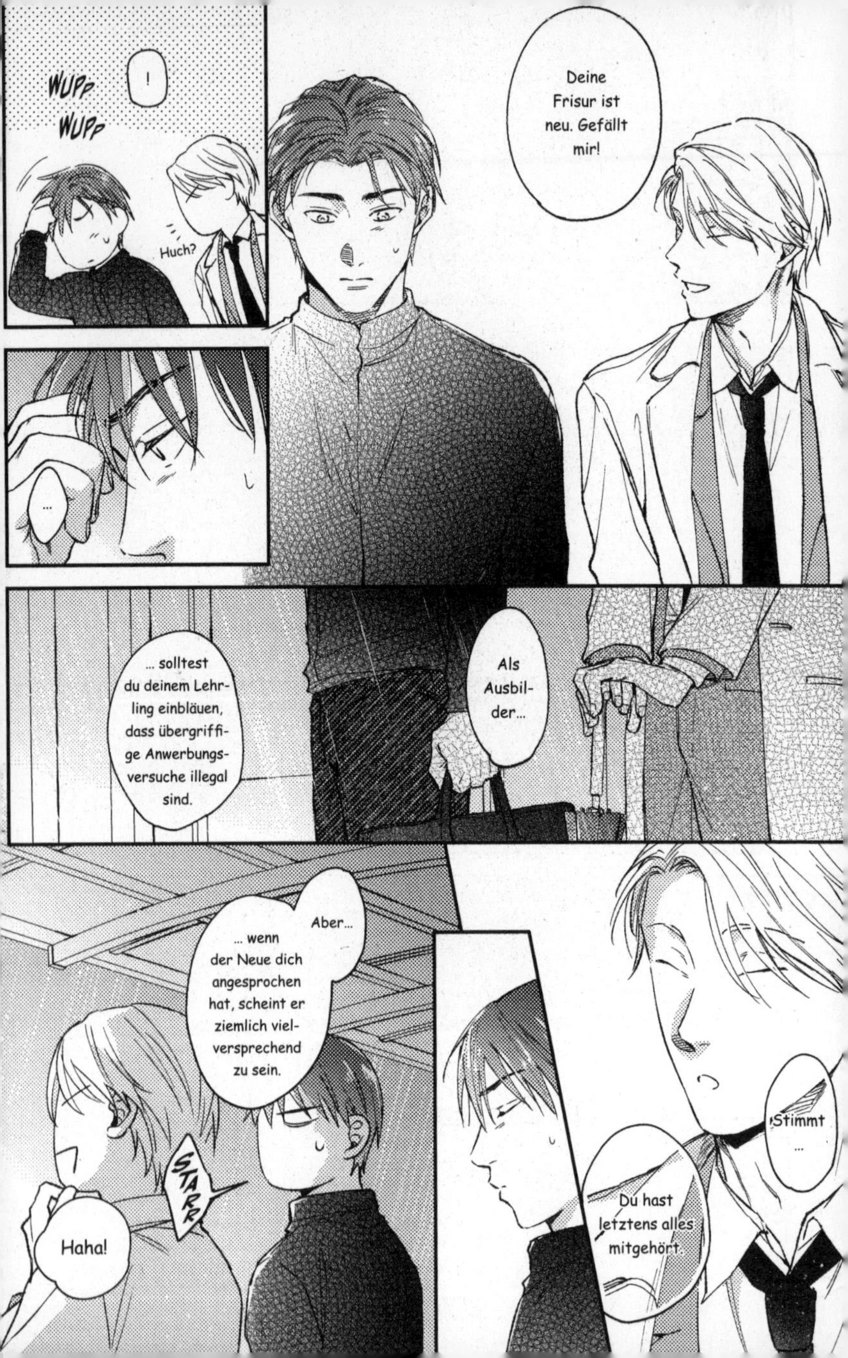
Deine Frisur ist neu. Gefällt mir!
!
WUPP WUPP
Huch?
...
Als Ausbilder...
... solltest du deinem Lehrling einbläuen, dass übergriffige Anwerbungsversuche illegal sind.
Stimmt ...
Du hast letztens alles mitgehört.
Aber...
... wenn der Neue dich angesprochen hat, scheint er ziemlich vielversprechend zu sein.
STARR
Haha!

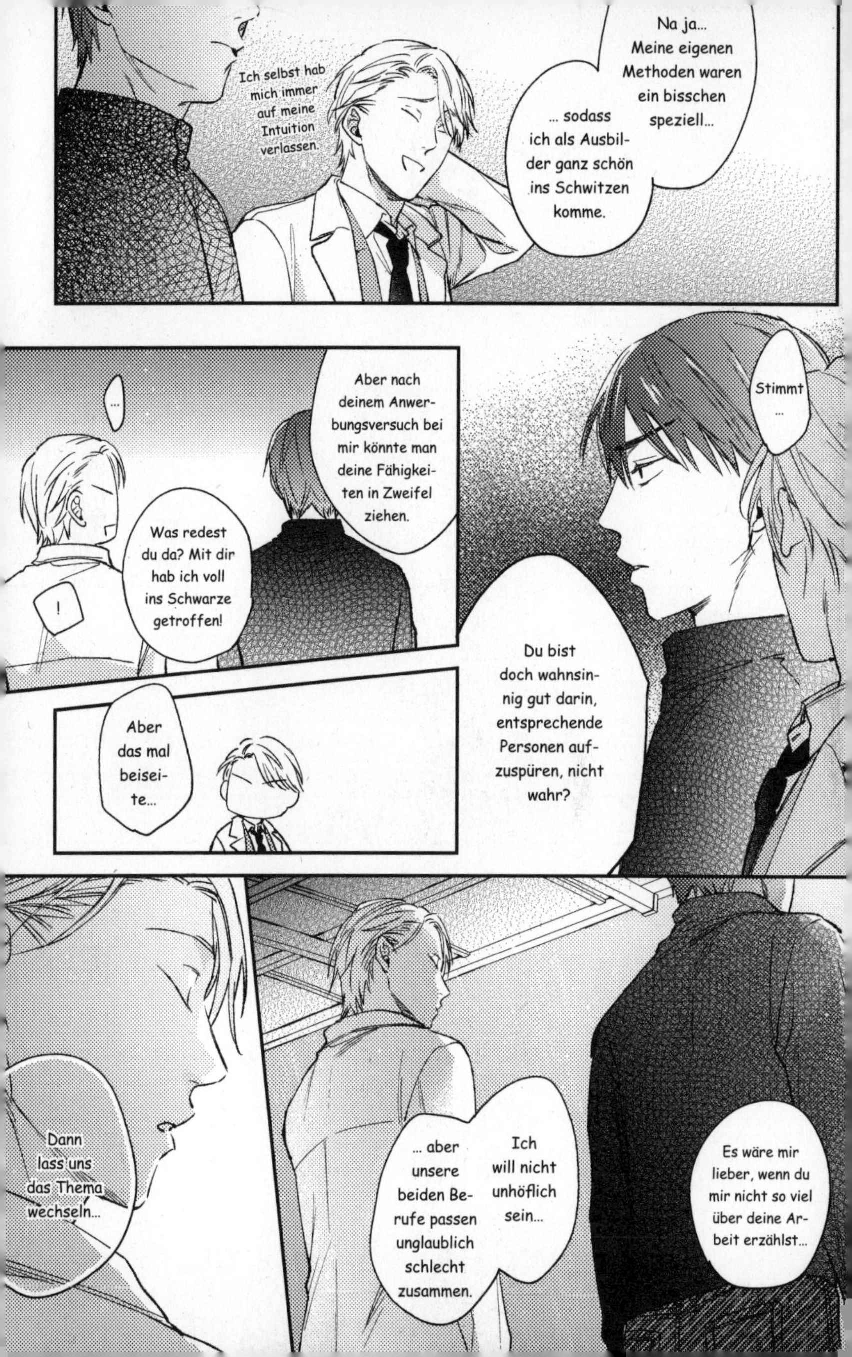
Na ja... Meine eigenen Methoden waren ein bisschen speziell...
... sodass ich als Ausbilder ganz schön ins Schwitzen komme.
Ich selbst hab mich immer auf meine Intuition verlassen.
Stimmt ...
Du bist doch wahnsinnig gut darin, entsprechende Personen aufzuspüren, nicht wahr?
Aber nach deinem Anwerbungsversuch bei mir könnte man deine Fähigkeiten in Zweifel ziehen.
...
Was redest du da? Mit dir hab ich voll ins Schwarze getroffen!
!
Aber das mal beiseite...
Es wäre mir lieber, wenn du mir nicht so viel über deine Arbeit erzählst...
Ich will nicht unhöflich sein...
... aber unsere beiden Berufe passen unglaublich schlecht zusammen.
Dann lass uns das Thema wechseln...

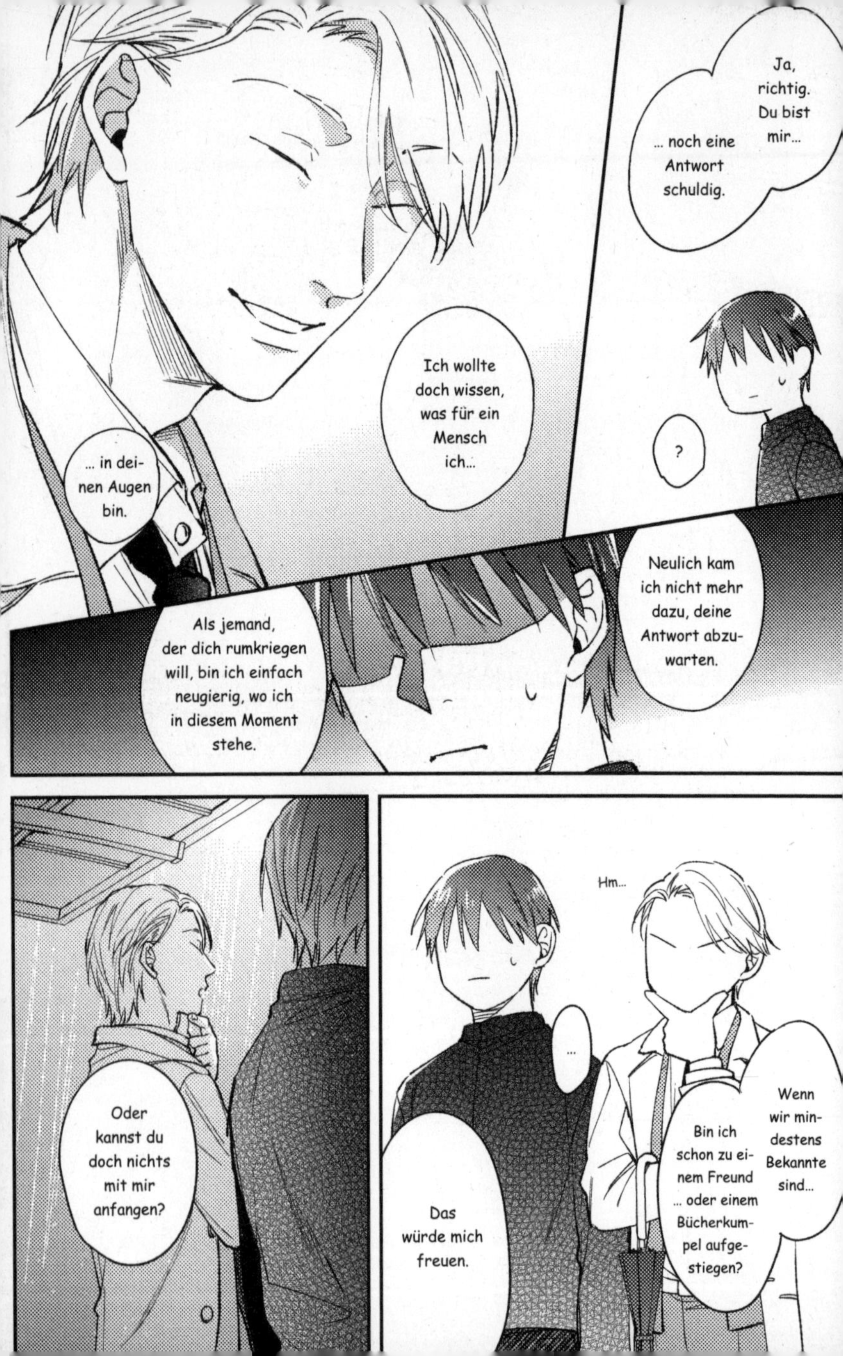
Ja, richtig. Du bist mir...
... noch eine Antwort schuldig.
?
Ich wollte doch wissen, was für ein Mensch ich...
... in deinen Augen bin.
Neulich kam ich nicht mehr dazu, deine Antwort abzuwarten.
Als jemand, der dich rumkriegen will, bin ich einfach neugierig, wo ich in diesem Moment stehe.
Hm...
Wenn wir mindestens Bekannte sind...
Bin ich schon zu einem Freund ... oder einem Bücherkumpel aufgestiegen?
...
Das würde mich freuen.
Oder kannst du doch nichts mit mir anfangen?

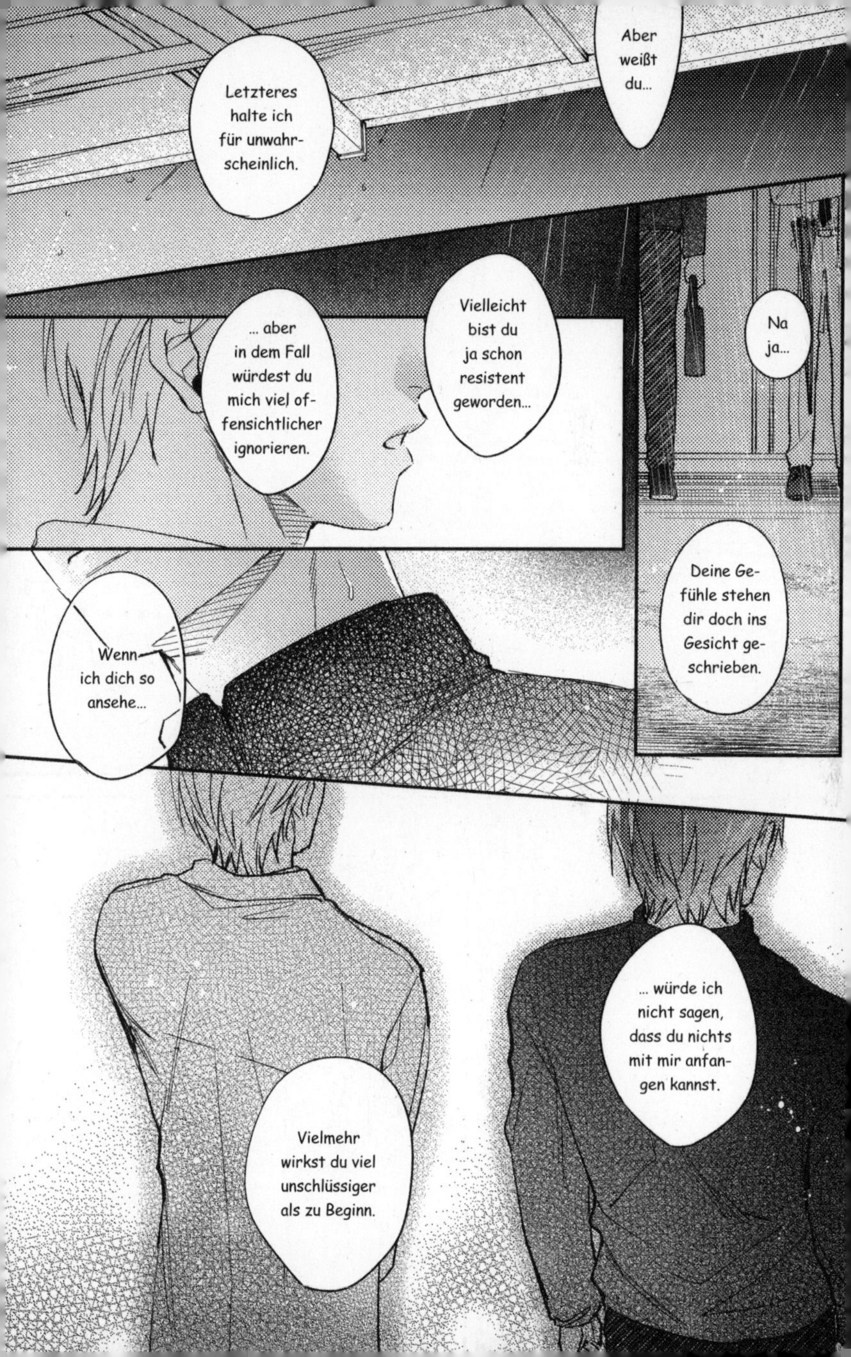
Aber weißt du...
Letzteres halte ich für unwahrscheinlich.
Na ja...
Vielleicht bist du ja schon resistent geworden...
... aber in dem Fall würdest du mich viel offensichtlicher ignorieren.
Deine Gefühle stehen dir doch ins Gesicht geschrieben.
Wenn ich dich so ansehe...
... würde ich nicht sagen, dass du nichts mit mir anfangen kannst.
Vielmehr wirkst du viel unschlüssiger als zu Beginn.

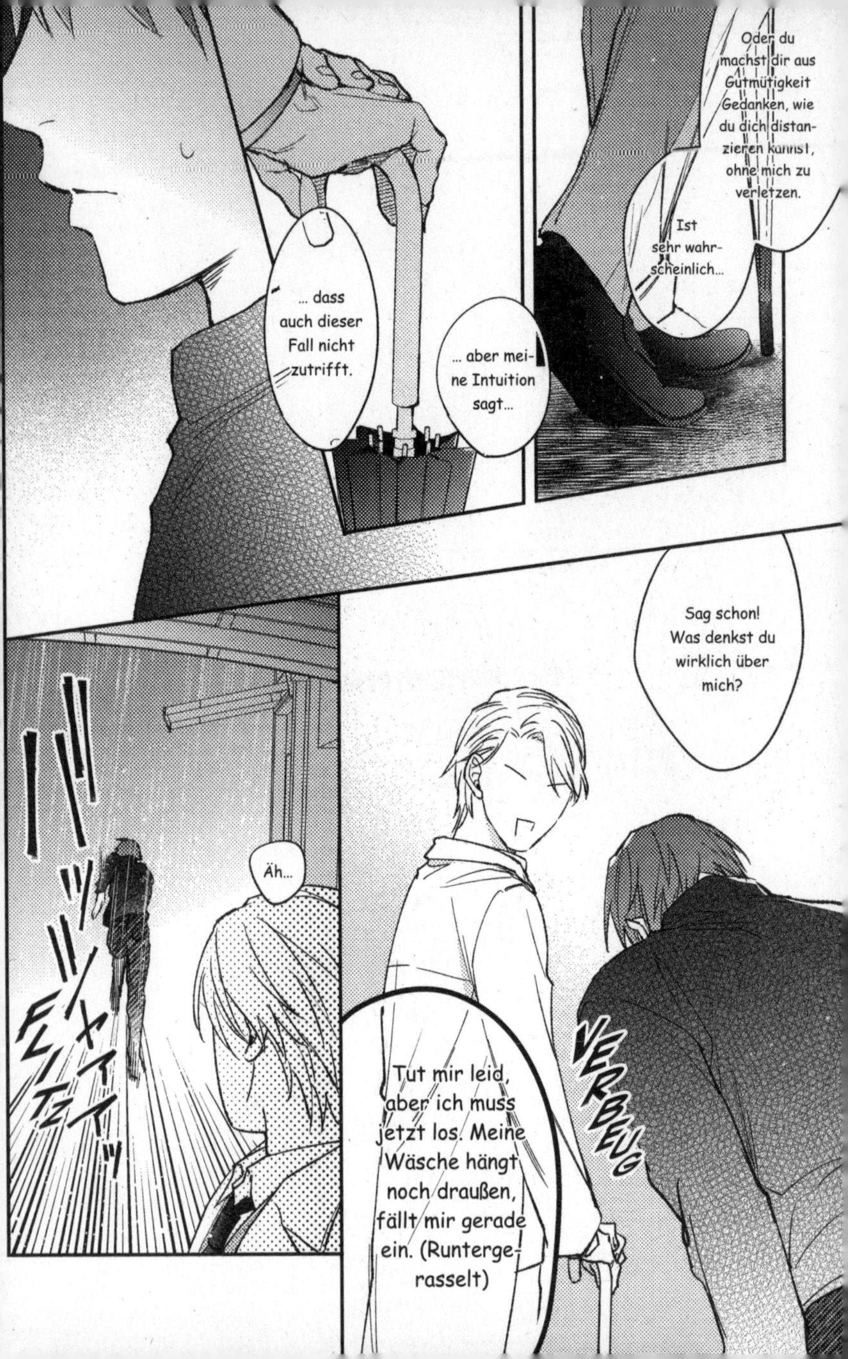
Oder du machst dir aus Gutmütigkeit Gedanken, wie du dich distanzieren kannst, ohne mich zu verletzen.
Ist sehr wahrscheinlich...
... aber meine Intuition sagt...
... dass auch dieser Fall nicht zutrifft.
Sag schon! Was denkst du wirklich über mich?
VERBEUG
Tut mir leid, aber ich muss jetzt los. Meine Wäsche hängt noch draußen, fällt mir gerade ein. (Runtergerasselt)
Äh...
FLITZ

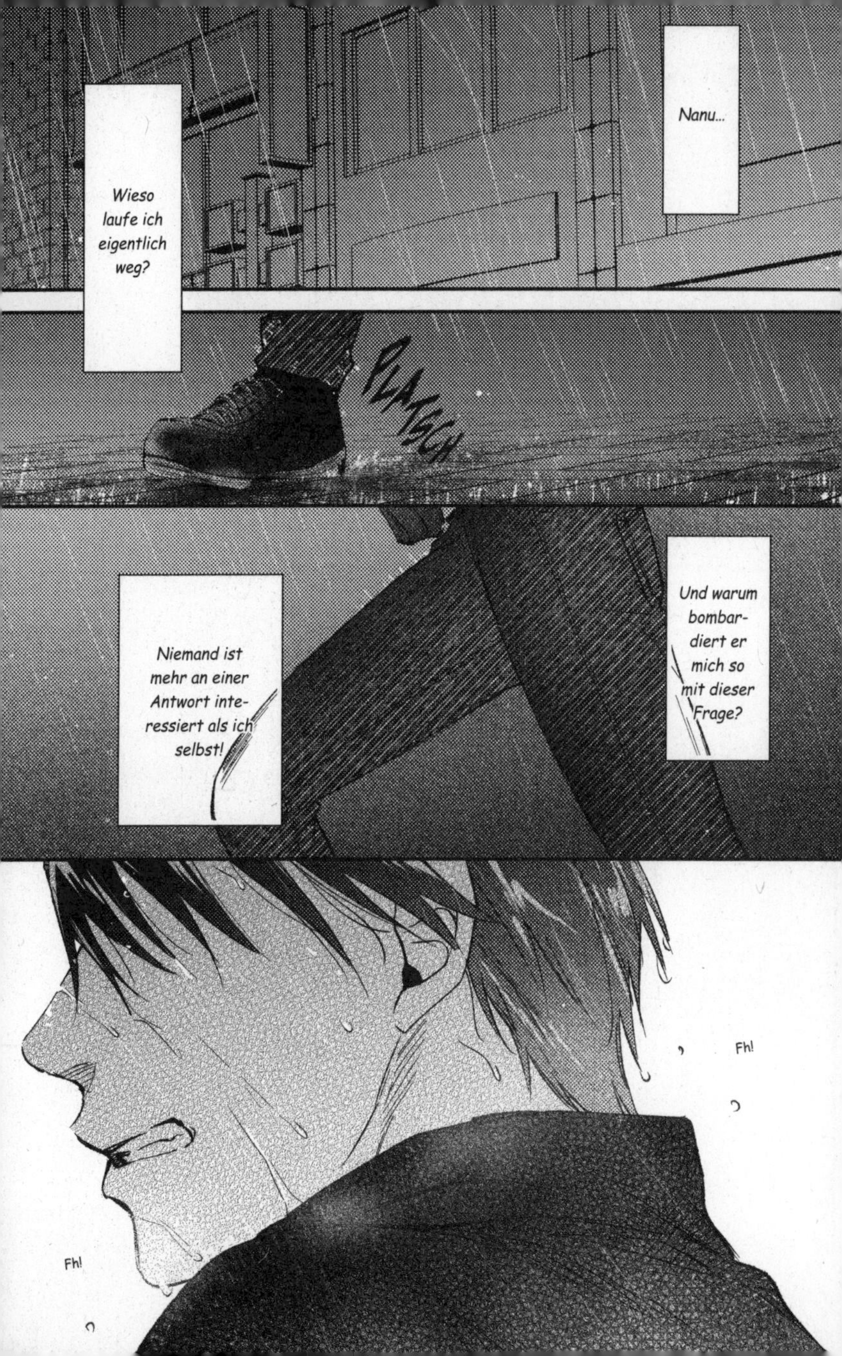
Nanu...
Wieso laufe ich eigentlich weg?
PLATSCH
Und warum bombardiert er mich so mit dieser Frage?
Niemand ist mehr an einer Antwort interessiert als ich selbst!
Fh!
Fh!

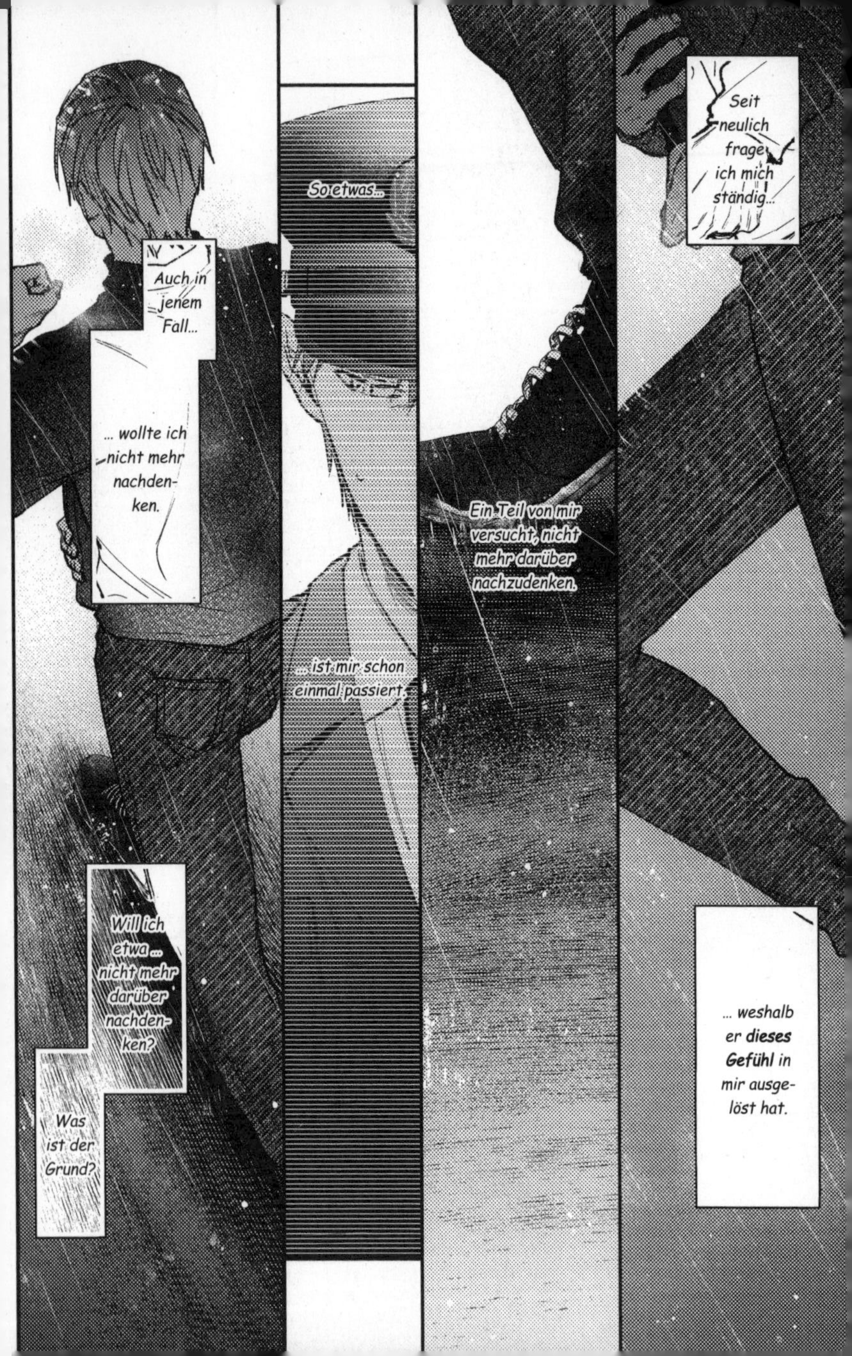

Seit neulich frage ich mich ständig...
... weshalb er dieses Gefühl in mir ausgelöst hat.
Ein Teil von mir versucht, nicht mehr darüber nachzudenken.
So etwas...
... ist mir schon einmal passiert.
Auch in jenem Fall...
... wollte ich nicht mehr nachdenken.
Will ich etwa ... nicht mehr darüber nachdenken?
Was ist der Grund?

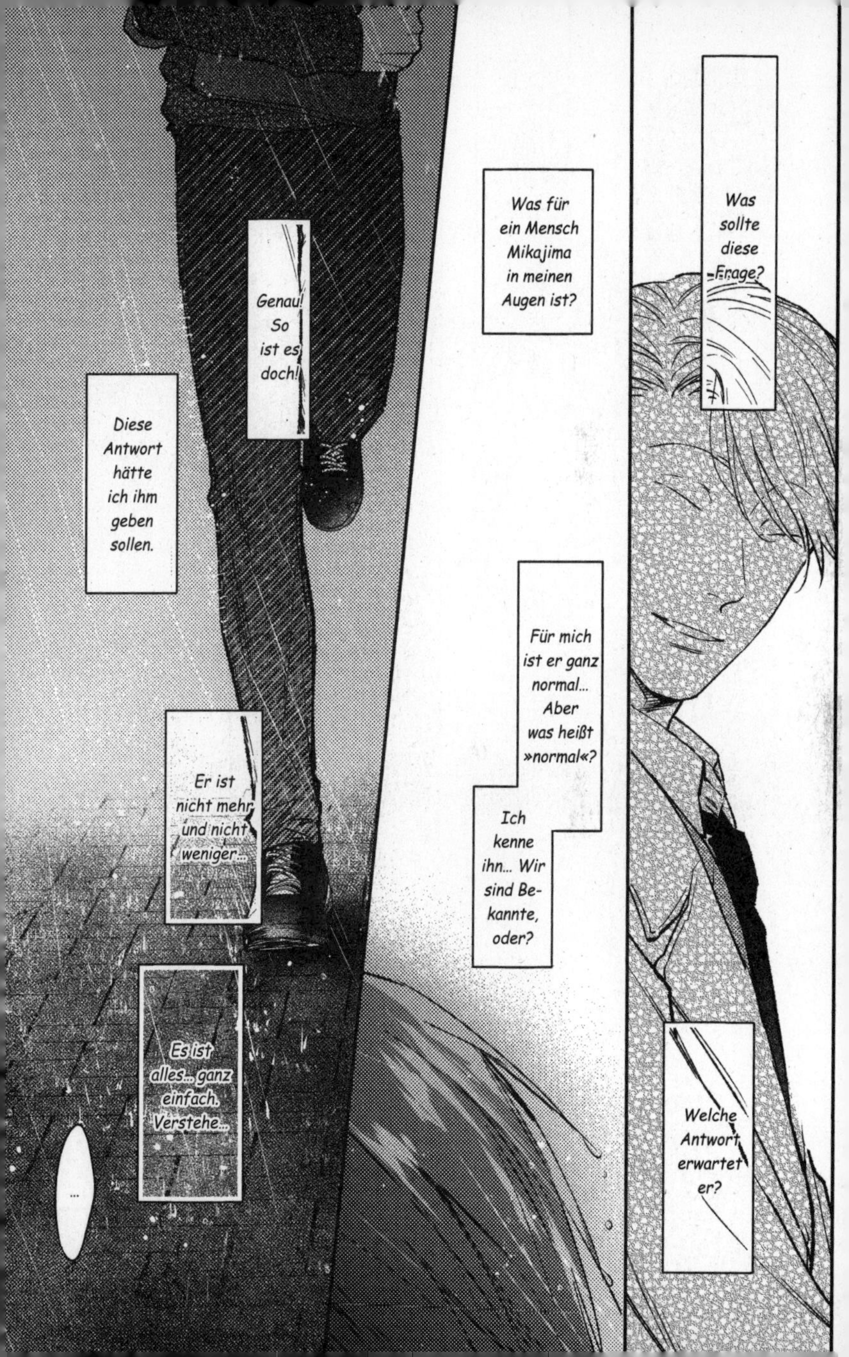
Was sollte diese Frage?
Was für ein Mensch Mikajima in meinen Augen ist?
Für mich ist er ganz normal… Aber was heißt »normal«?
Ich kenne ihn… Wir sind Bekannte, oder?
Welche Antwort erwartet er?
Genau! So ist es doch!
Diese Antwort hätte ich ihm geben sollen.
Er ist nicht mehr und nicht weniger…
Es ist alles… ganz einfach. Verstehe…
…

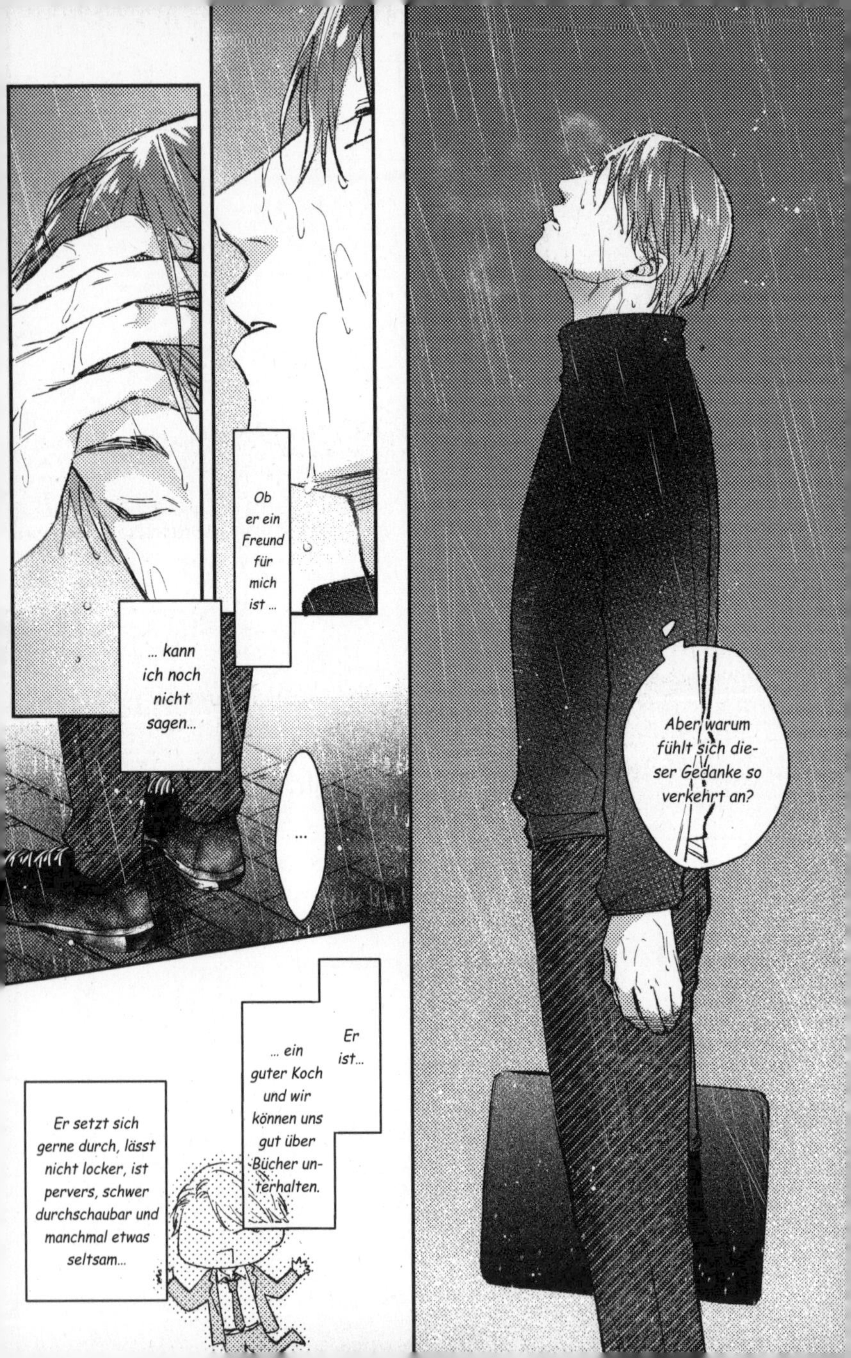
Aber warum fühlt sich dieser Gedanke so verkehrt an?
Ob er ein Freund für mich ist ...
... kann ich noch nicht sagen...
...
Er ist...
... ein guter Koch und wir können uns gut über Bücher unterhalten.
Er setzt sich gerne durch, lässt nicht locker, ist pervers, schwer durchschaubar und manchmal etwas seltsam...

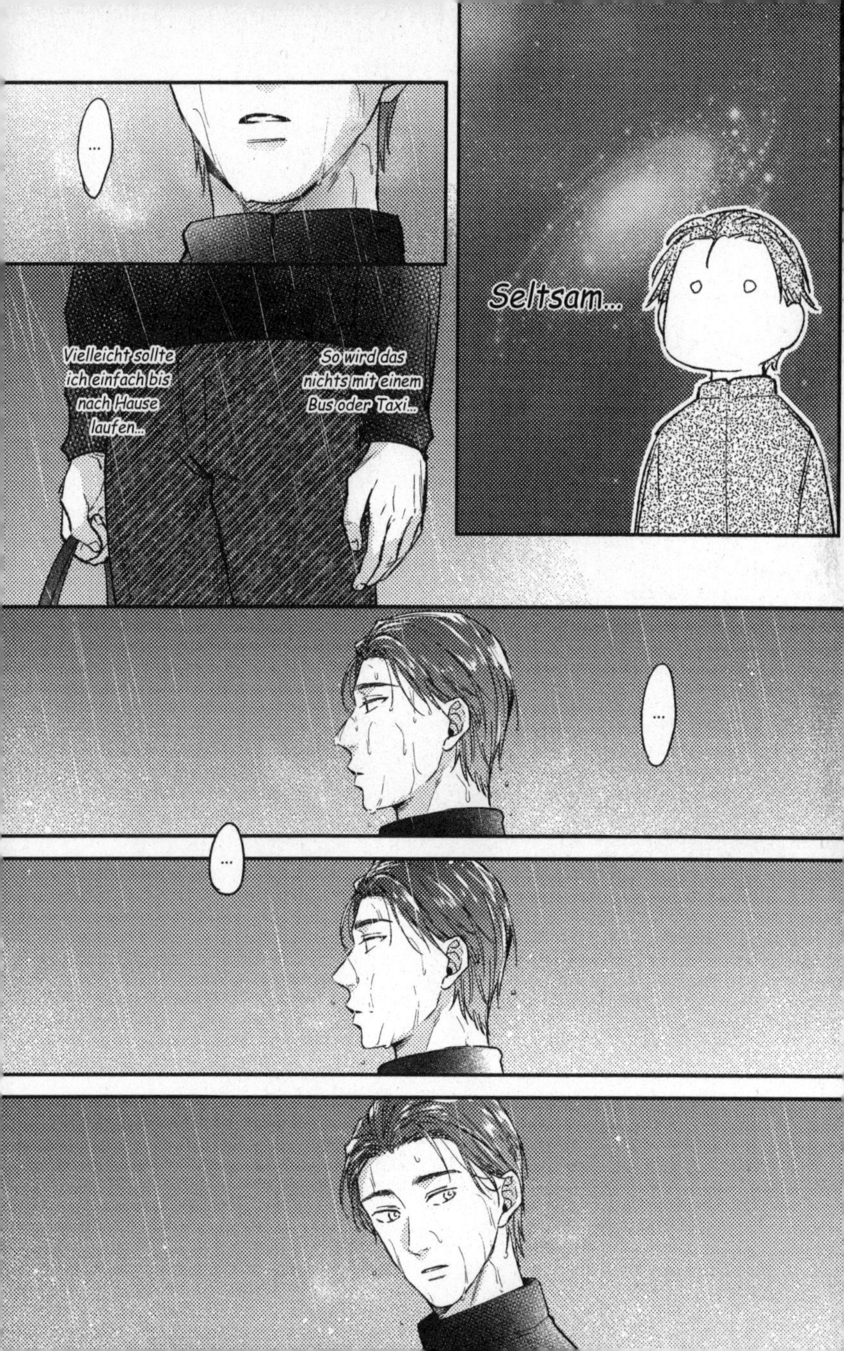
Seltsam...
...
So wird das nichts mit einem Bus oder Taxi...
Vielleicht sollte ich einfach bis nach Hause laufen...
...
...

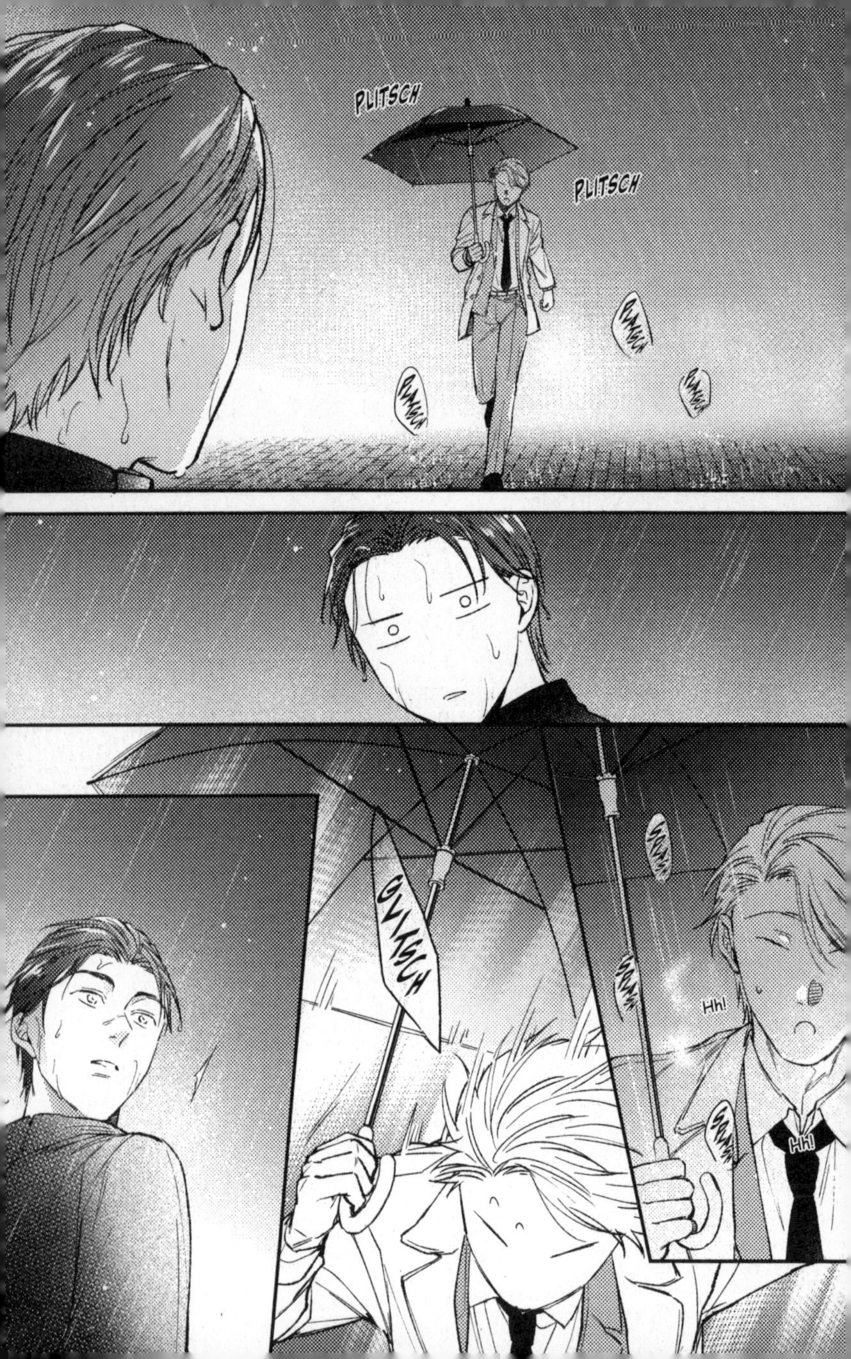
PLITSCH
PLITSCH
GWISCH
Hh!
Hh!

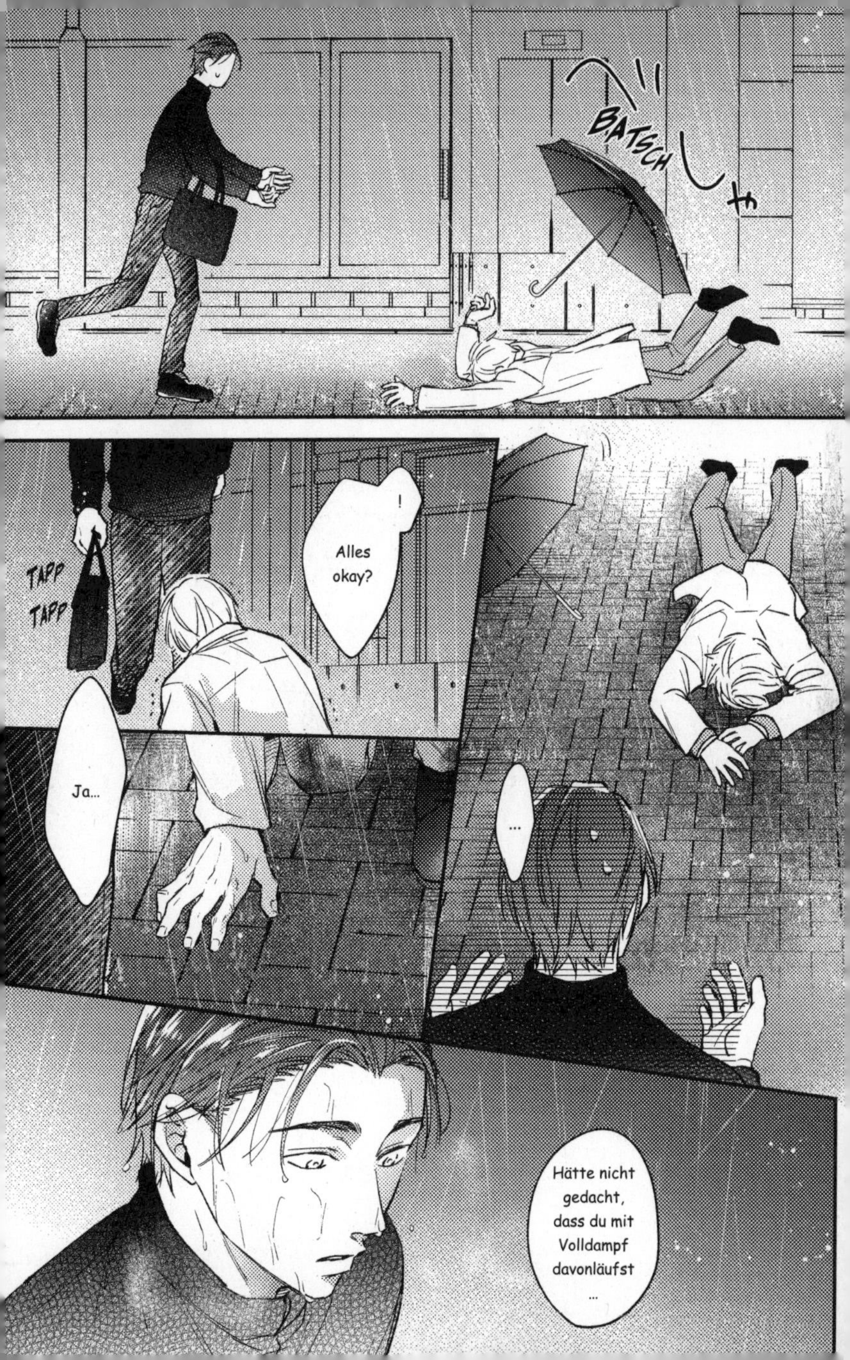
BATSCH
...
!
Alles okay?
TAPP
TAPP
Ja...
Hätte nicht gedacht, dass du mit Volldampf davonläufst
...

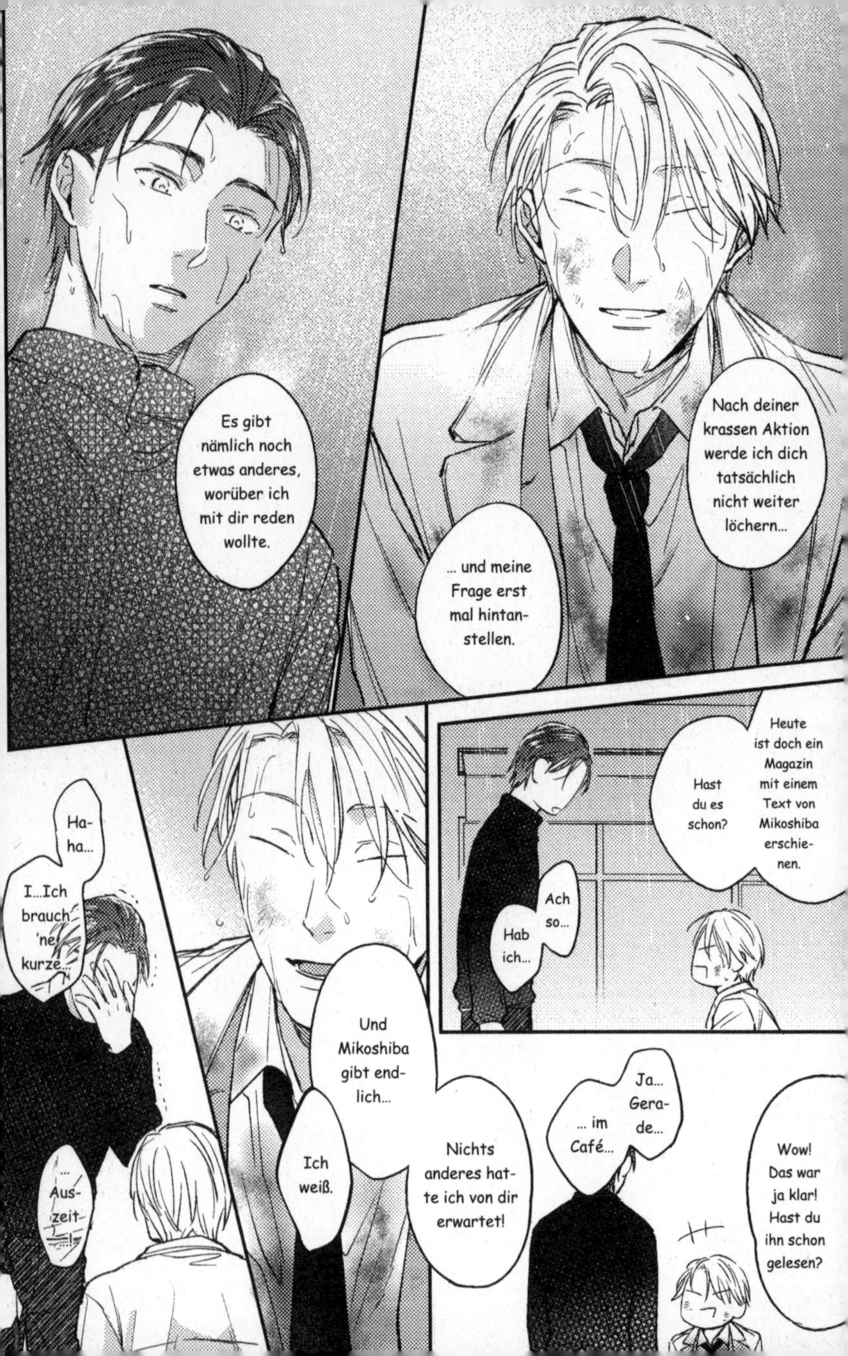
Nach deiner krassen Aktion werde ich dich tatsächlich nicht weiter löchern...
... und meine Frage erst mal hintanstellen.
Es gibt nämlich noch etwas anderes, worüber ich mit dir reden wollte.
Heute ist doch ein Magazin mit einem Text von Mikoshiba erschienen.
Hast du es schon?
Ach so...
Hab ich...
Wow! Das war ja klar! Hast du ihn schon gelesen?
Ja... Gerade...
... im Café...
Und Mikoshiba gibt endlich...
Nichts anderes hatte ich von dir erwartet!
Ich weiß.
Haha...
I...Ich brauch 'ne kurze...
... Auszeit...!

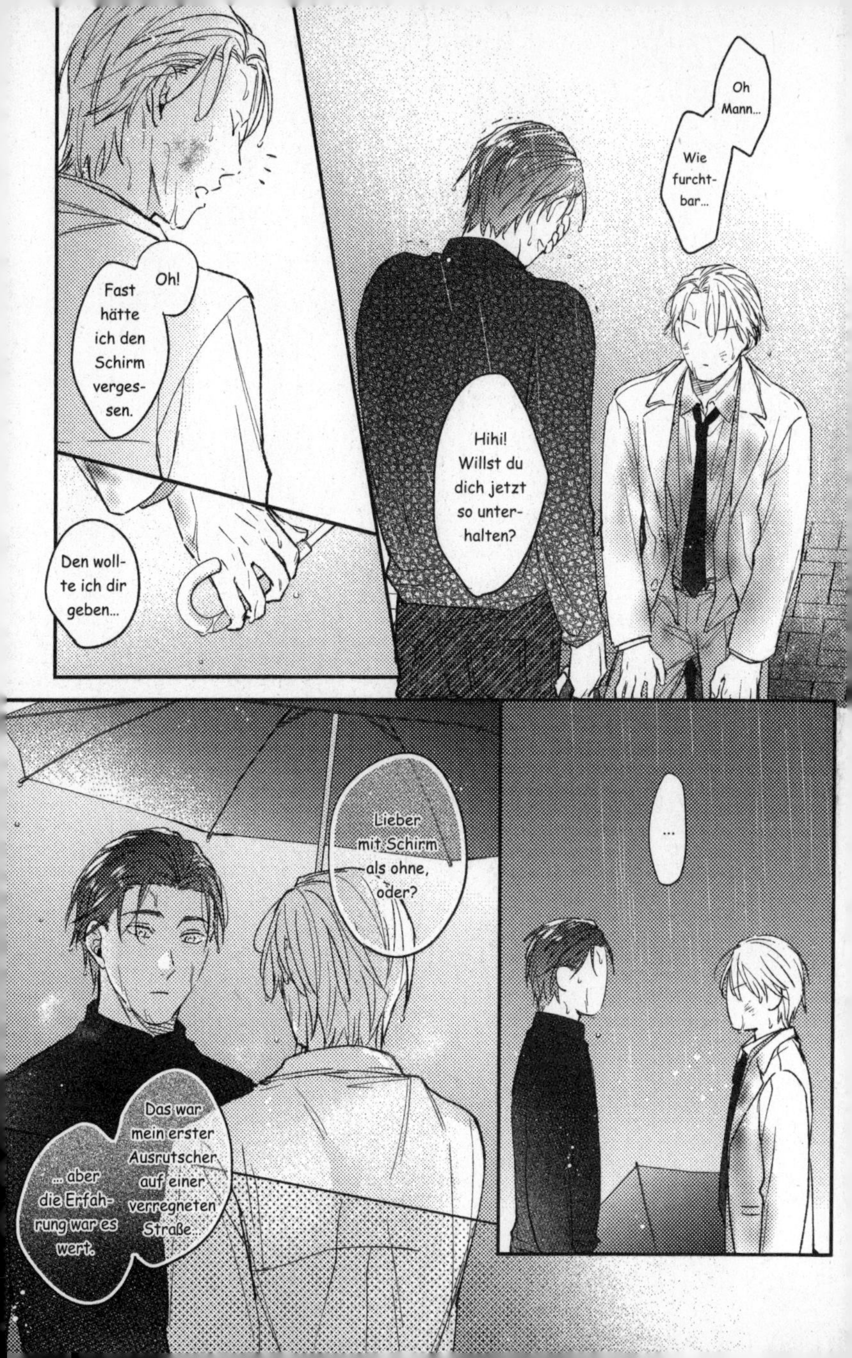
Oh Mann... Wie furchtbar...
Hihi! Willst du dich jetzt so unterhalten?
Oh! Fast hätte ich den Schirm vergessen.
Den wollte ich dir geben...
...
Lieber mit Schirm als ohne, oder?
Das war mein erster Ausrutscher auf einer verregneten Straße...
... aber die Erfahrung war es wert.

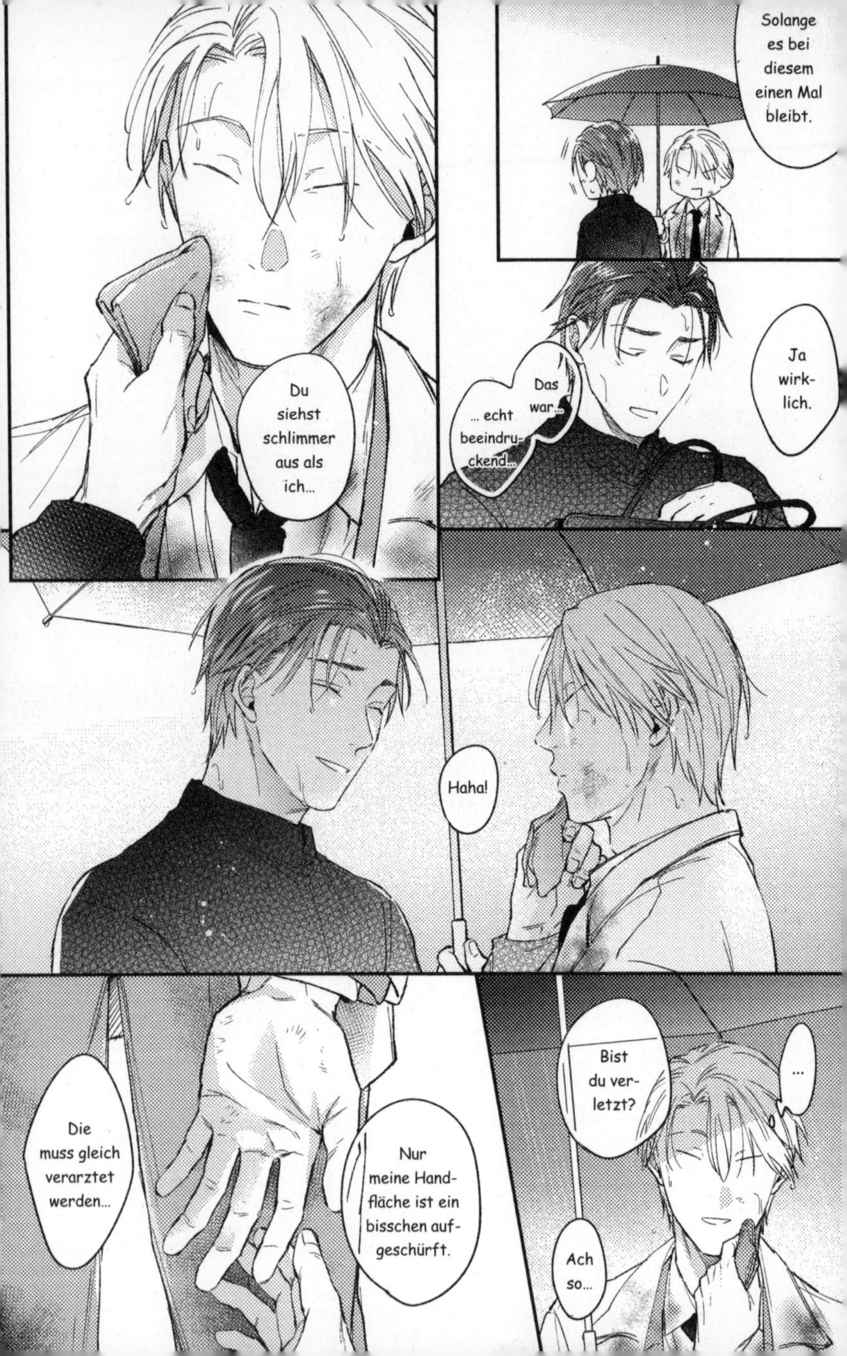

Solange es bei diesem einen Mal bleibt.
Du siehst schlimmer aus als ich...
Ja wirk-lich.
Das war...
... echt beeindru-ckend...
Haha!
...
Bist du ver-letzt?
Ach so...
Nur meine Hand-fläche ist ein bisschen auf-geschürft.
Die muss gleich verarztet werden...

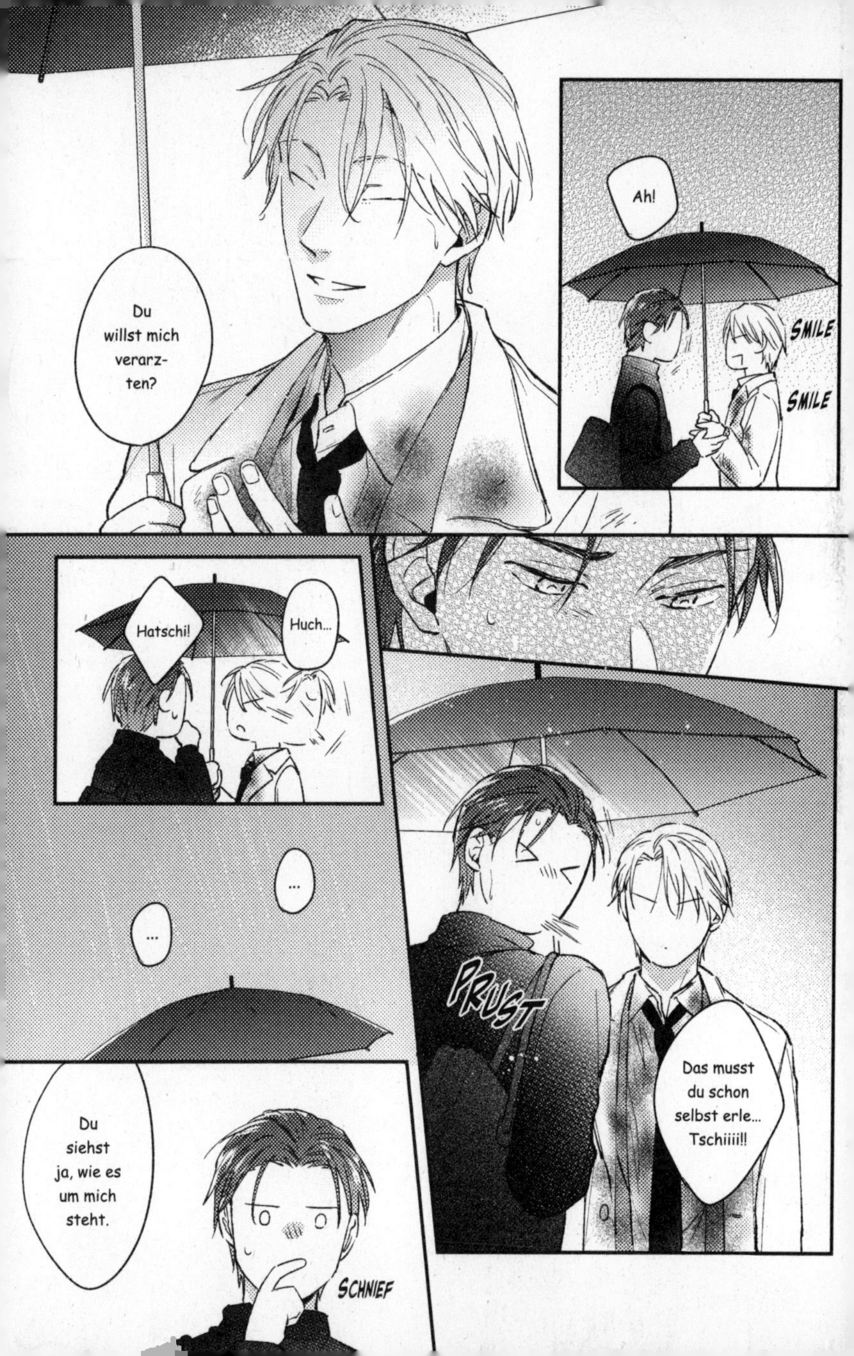
Ah!
SMILE
SMILE
Du willst mich verarz-ten?
Huch...
Hatschi!
...
...
PRUST
Das musst du schon selbst erle... Tschiiii!!
Du siehst ja, wie es um mich steht.
SCHNIEF

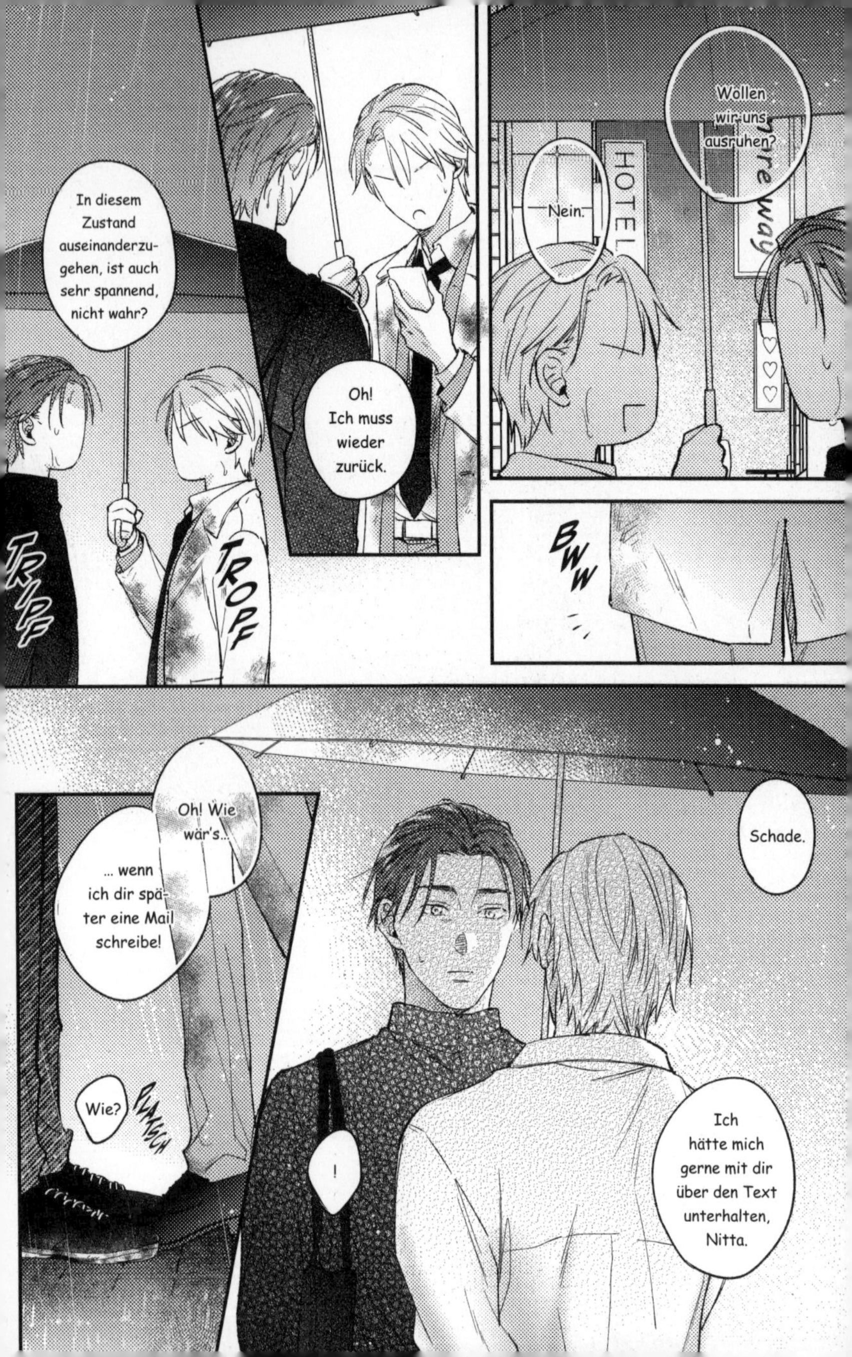

Wollen wir uns ausruhen?
HOTEL
Nein.
BWW
Oh! Ich muss wieder zurück.
In diesem Zustand auseinanderzugehen, ist auch sehr spannend, nicht wahr?
TROPF
TRIPF
Schade.
Ich hätte mich gerne mit dir über den Text unterhalten, Nitta.
!
Oh! Wie wär's...
... wenn ich dir später eine Mail schreibe!
Wie?
PLANSCH

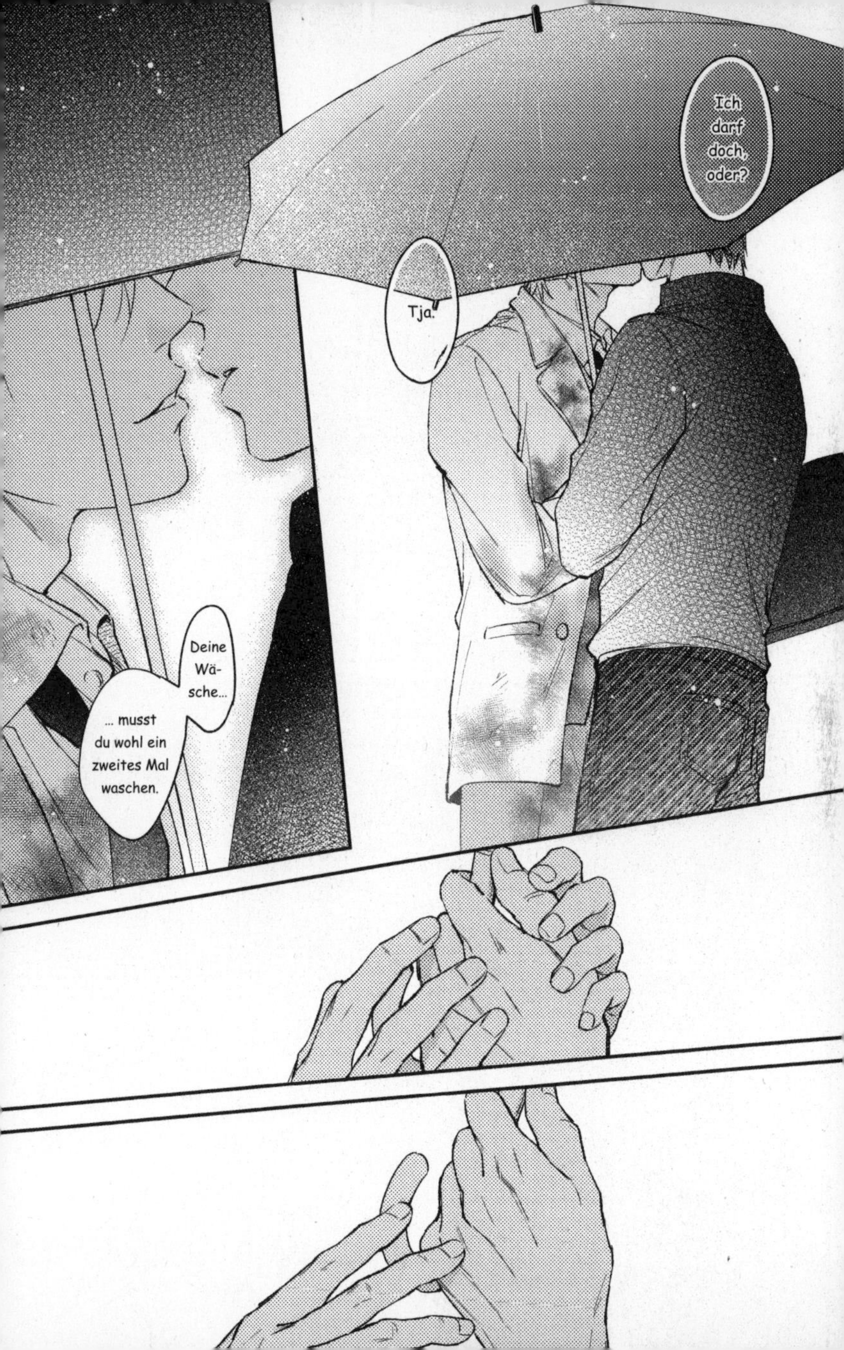
Ich darf doch, oder?
Tja.
Deine Wä-sche...
... musst du wohl ein zweites Mal waschen.

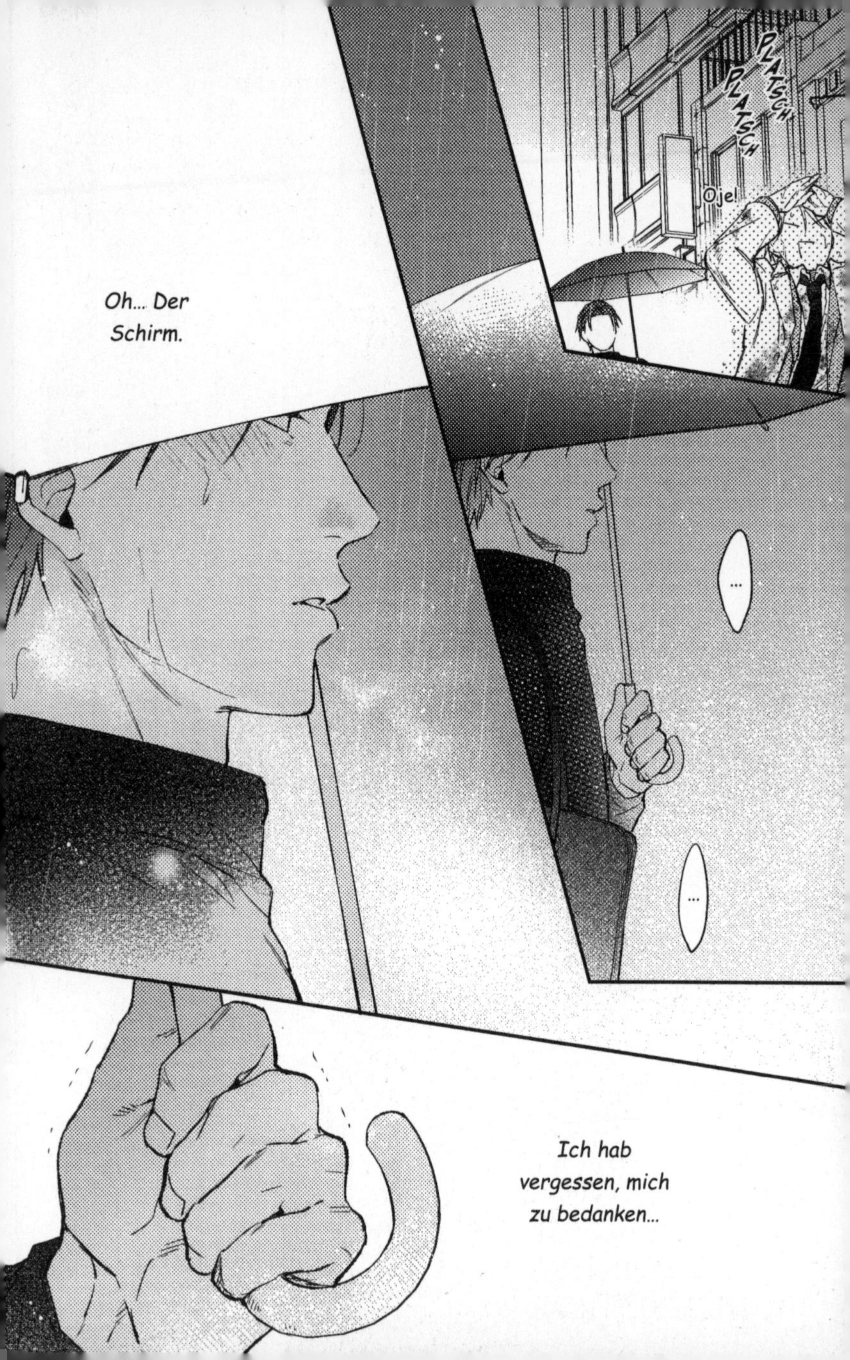
PLATSCH
PLATSCH
Oje!
Oh... Der Schirm.
...
...
Ich hab vergessen, mich zu bedanken...

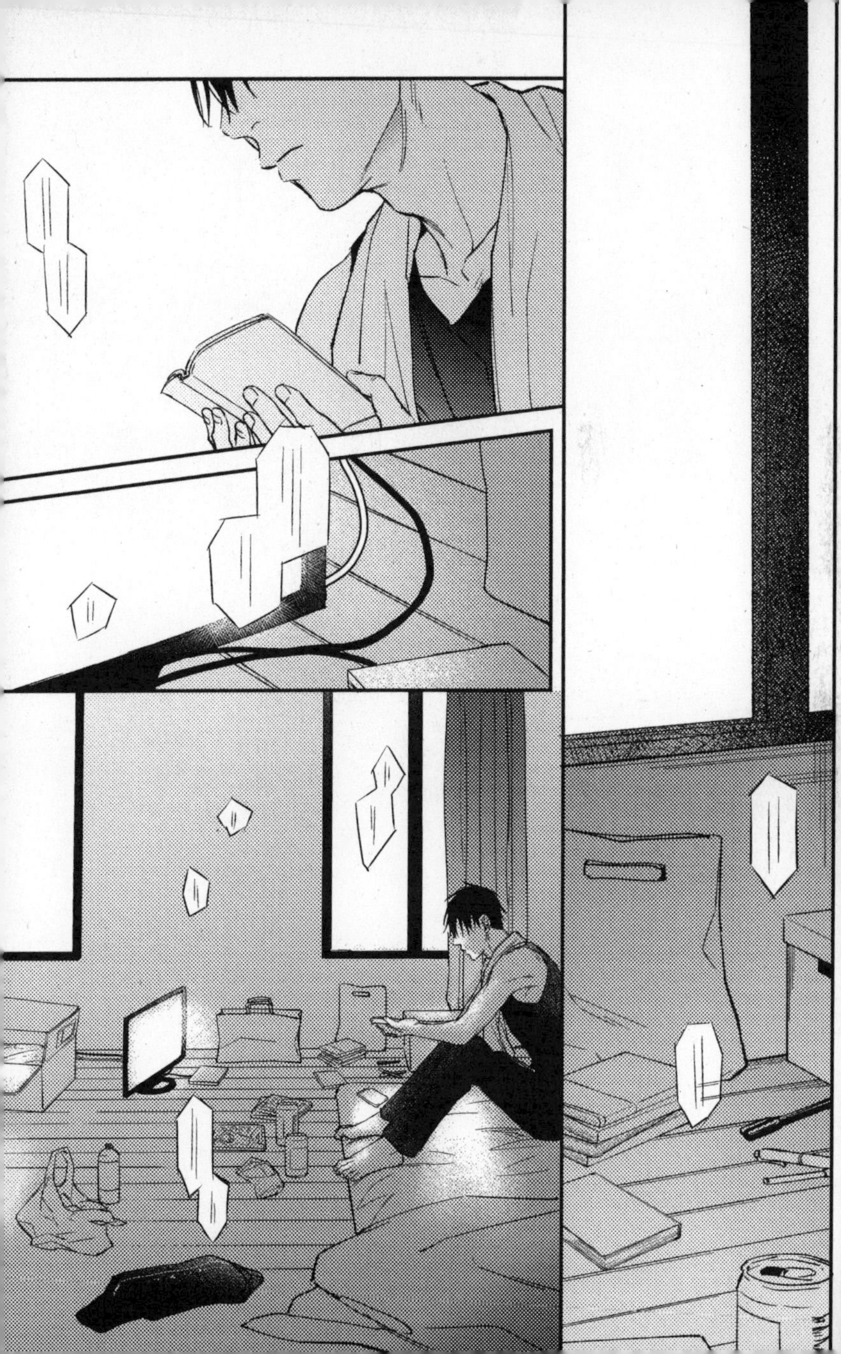

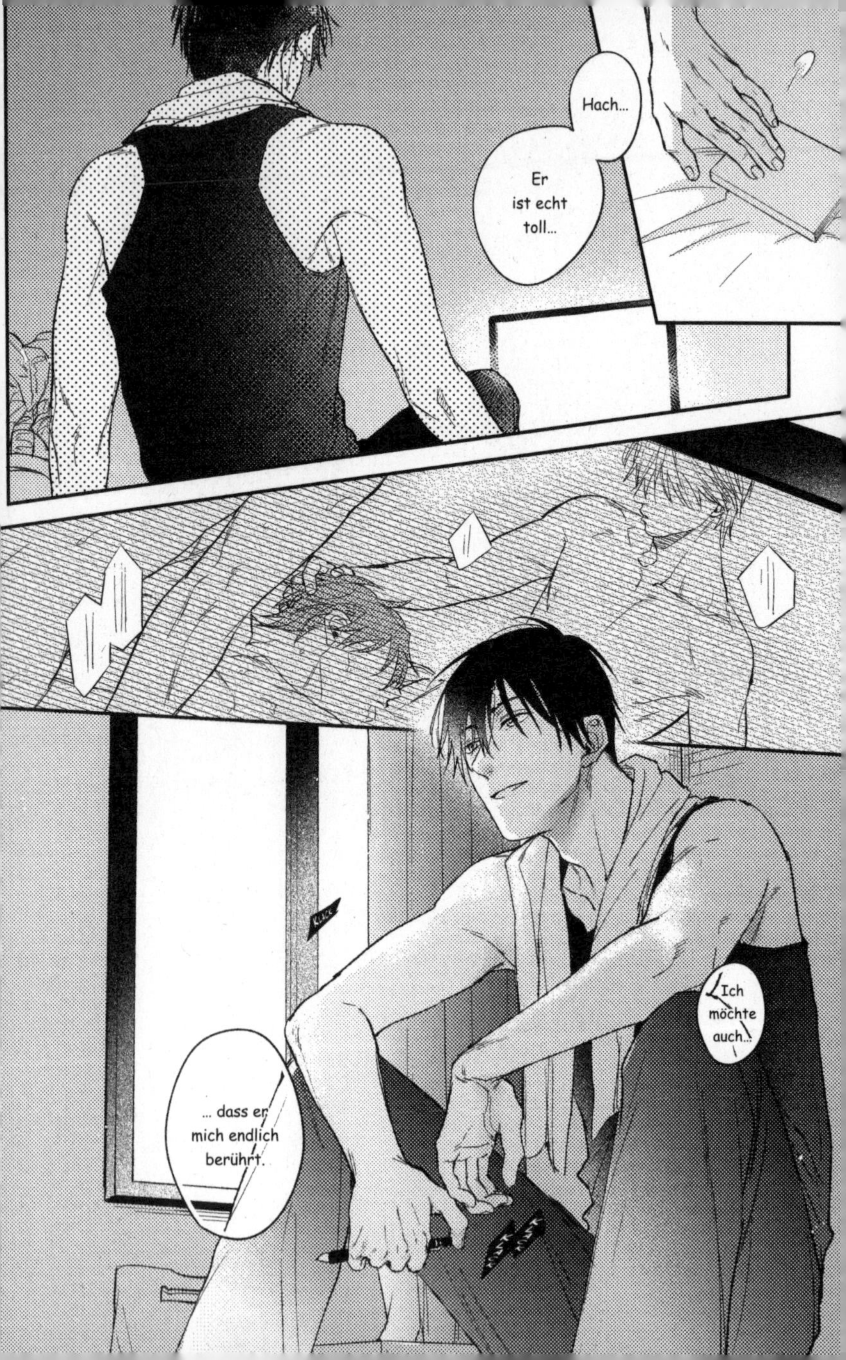
Hach...
Er ist echt toll...
Ich möchte auch...
... dass er mich endlich berührt.

Du kannst mir nicht widerstehen

Du kannst mir nicht widerstehen

Kapitel 11

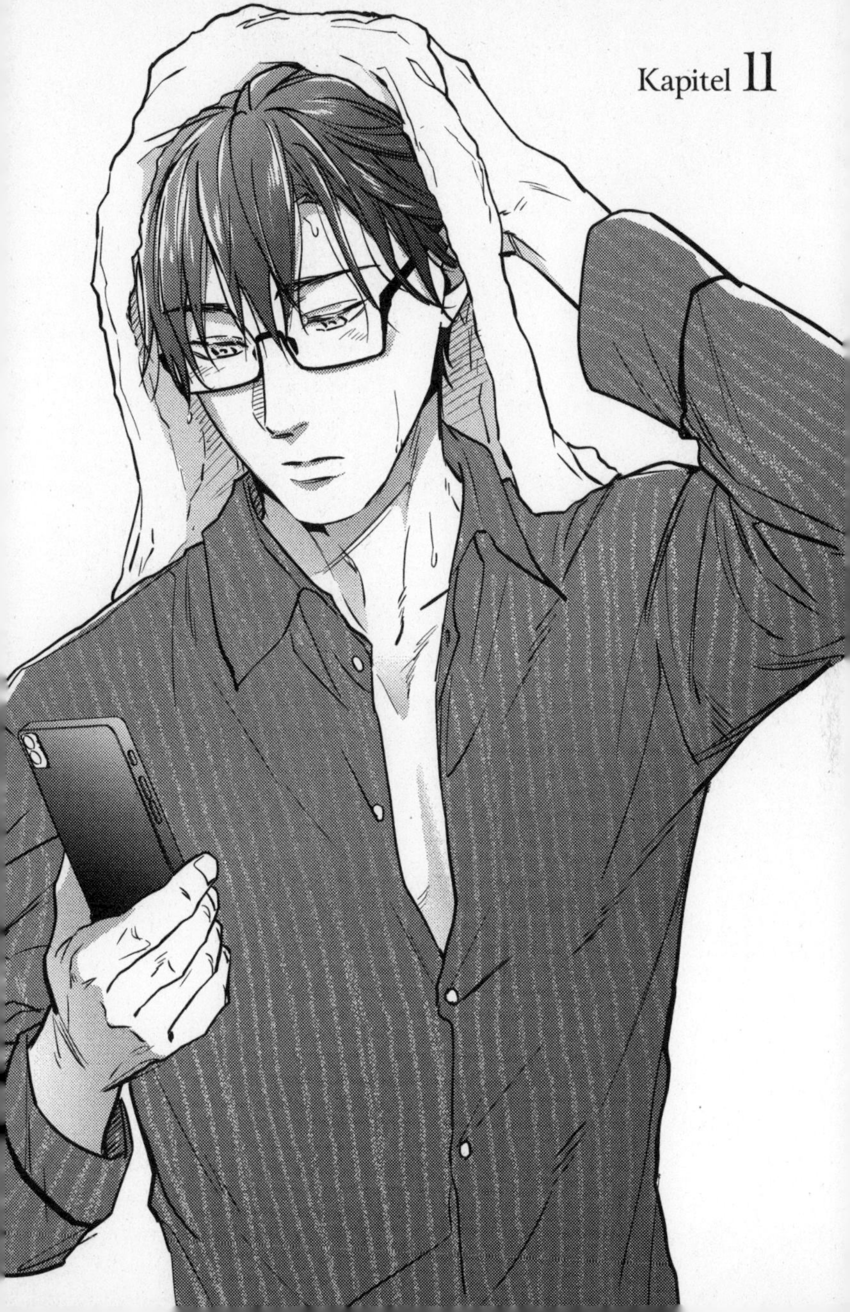

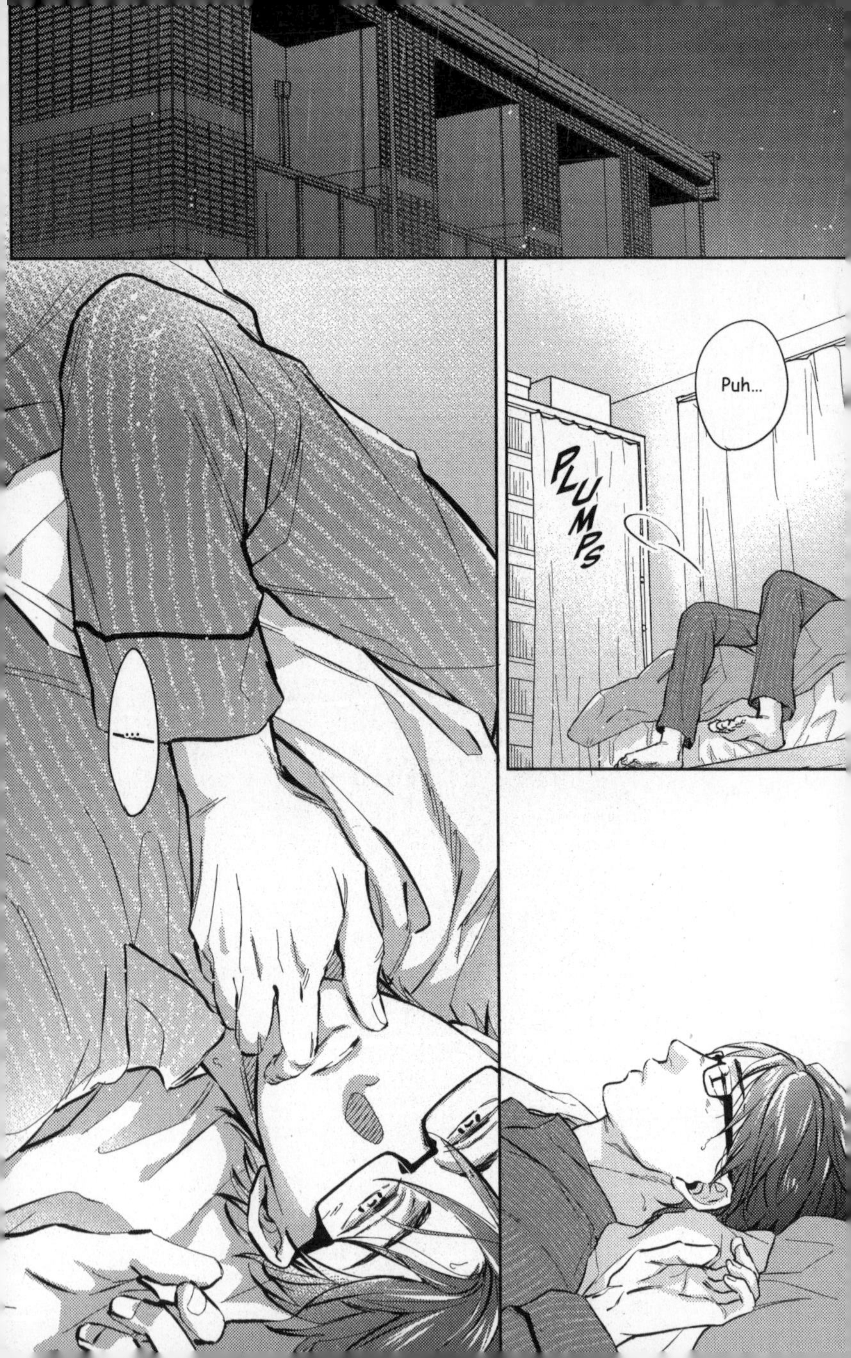
PLUMPS
Puh...
...

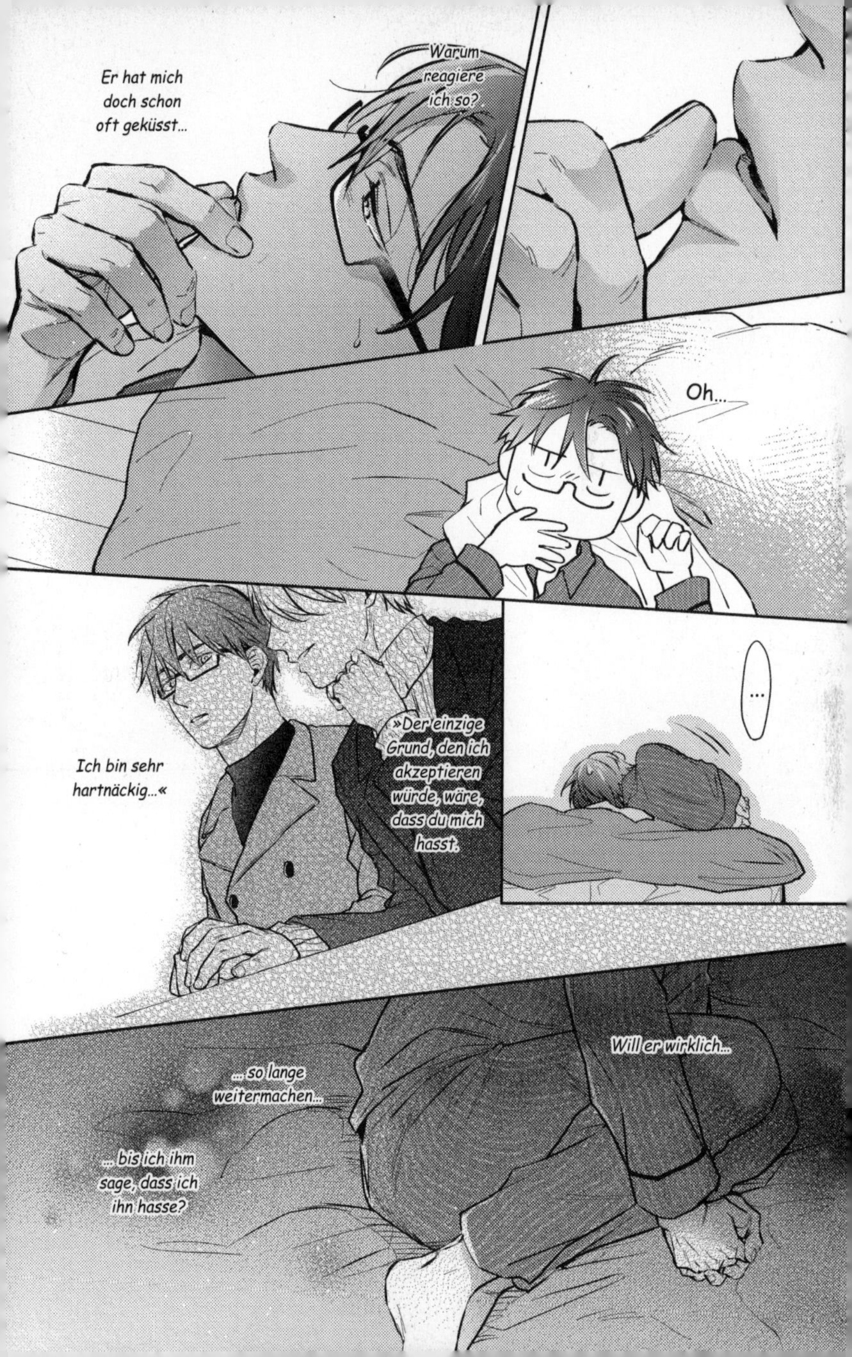
Warum reagiere ich so?
Er hat mich doch schon oft geküsst...
Oh...
...
»Der einzige Grund, den ich akzeptieren würde, wäre, dass du mich hasst.
Ich bin sehr hartnäckig...«
Will er wirklich...
... so lange weitermachen...
... bis ich ihm sage, dass ich ihn hasse?

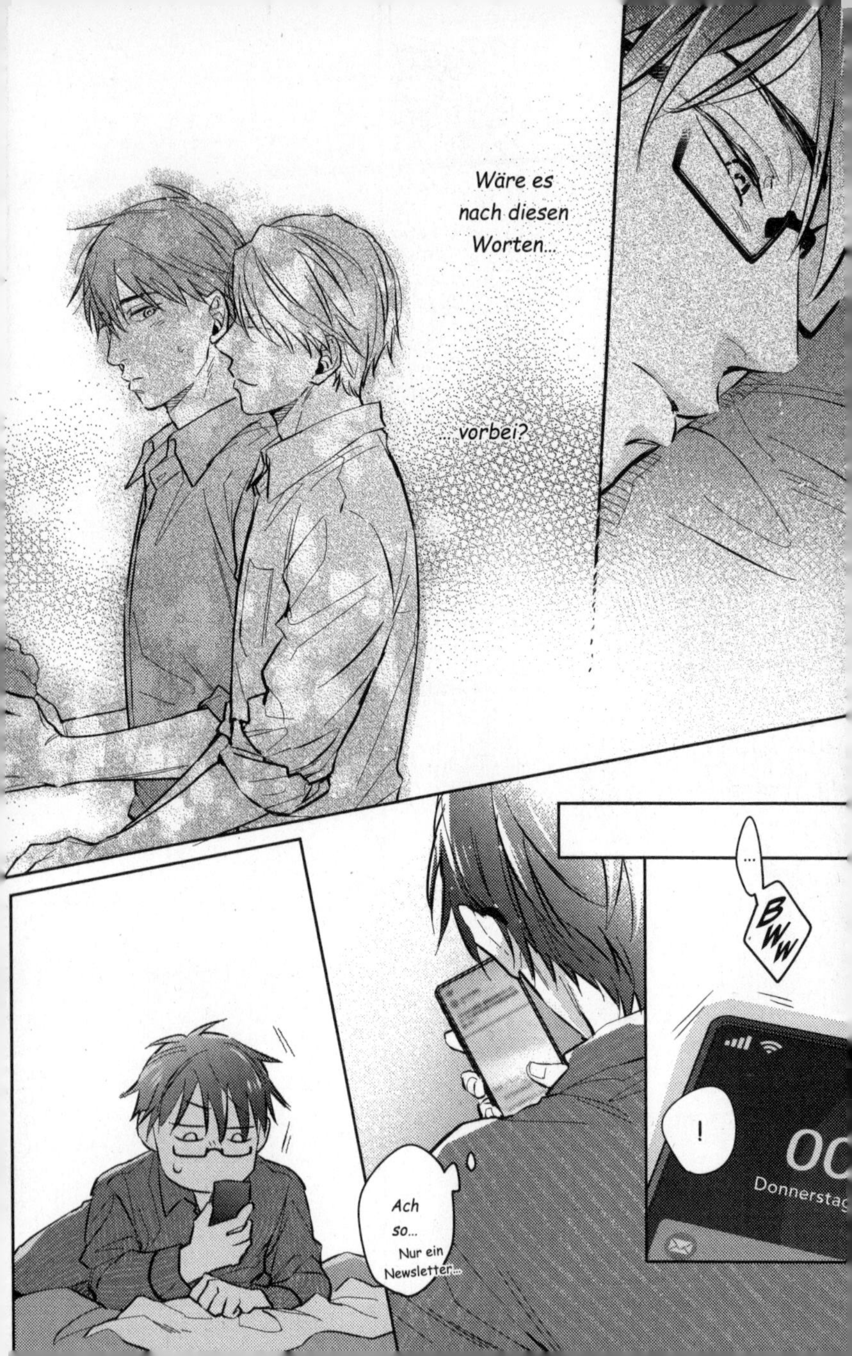
Wäre es nach diesen Worten…
… vorbei?
…
BWW
!
00
Donnerstag
Ach so… Nur ein Newsletter…

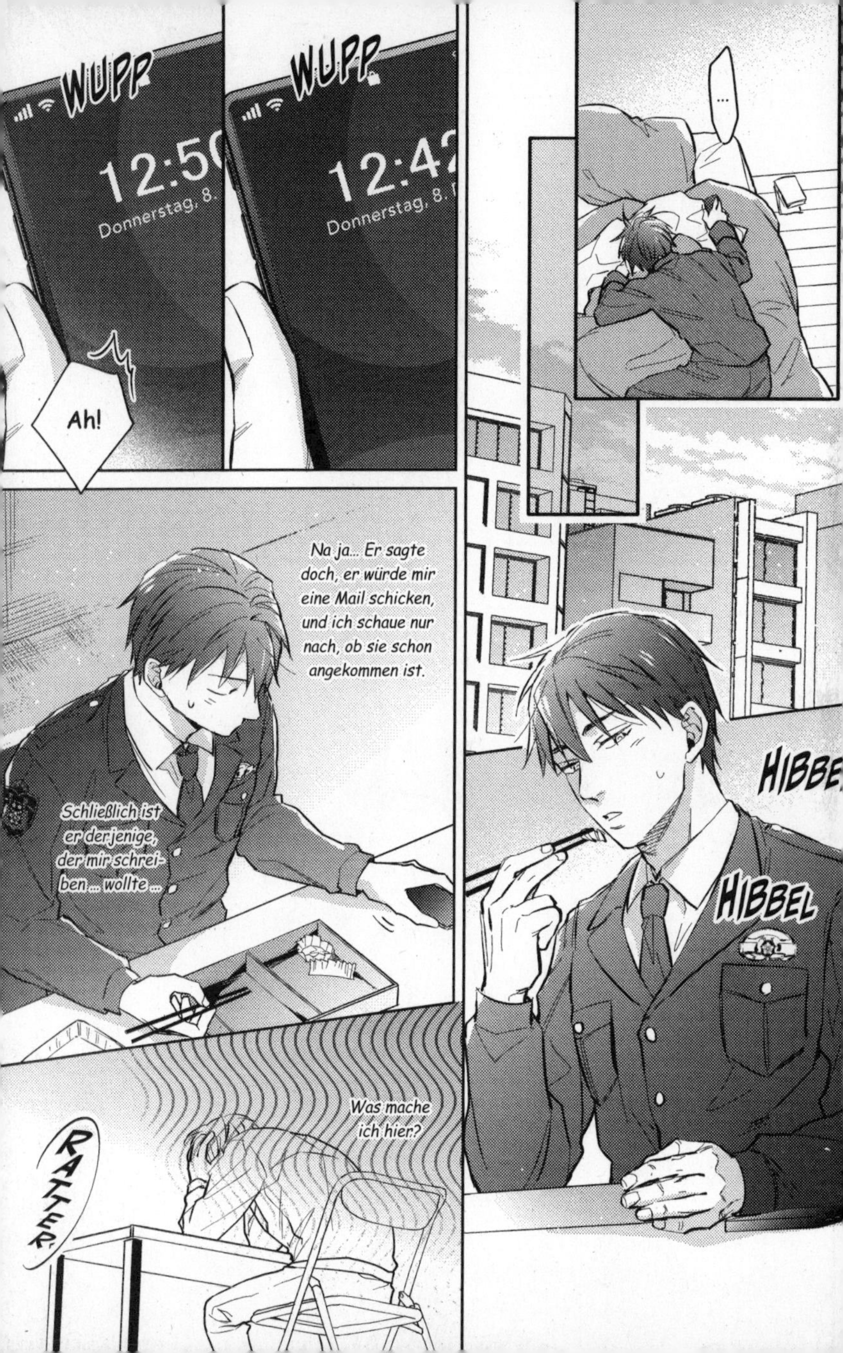

…
WUPP
12:42
Donnerstag, 8.
WUPP
12:50
Donnerstag, 8.
Ah!
HIBBE
HIBBEL
Na ja... Er sagte doch, er würde mir eine Mail schicken, und ich schaue nur nach, ob sie schon angekommen ist.
Schließlich ist er derjenige, der mir schreiben ... wollte ...
Was mache ich hier?
RATTER

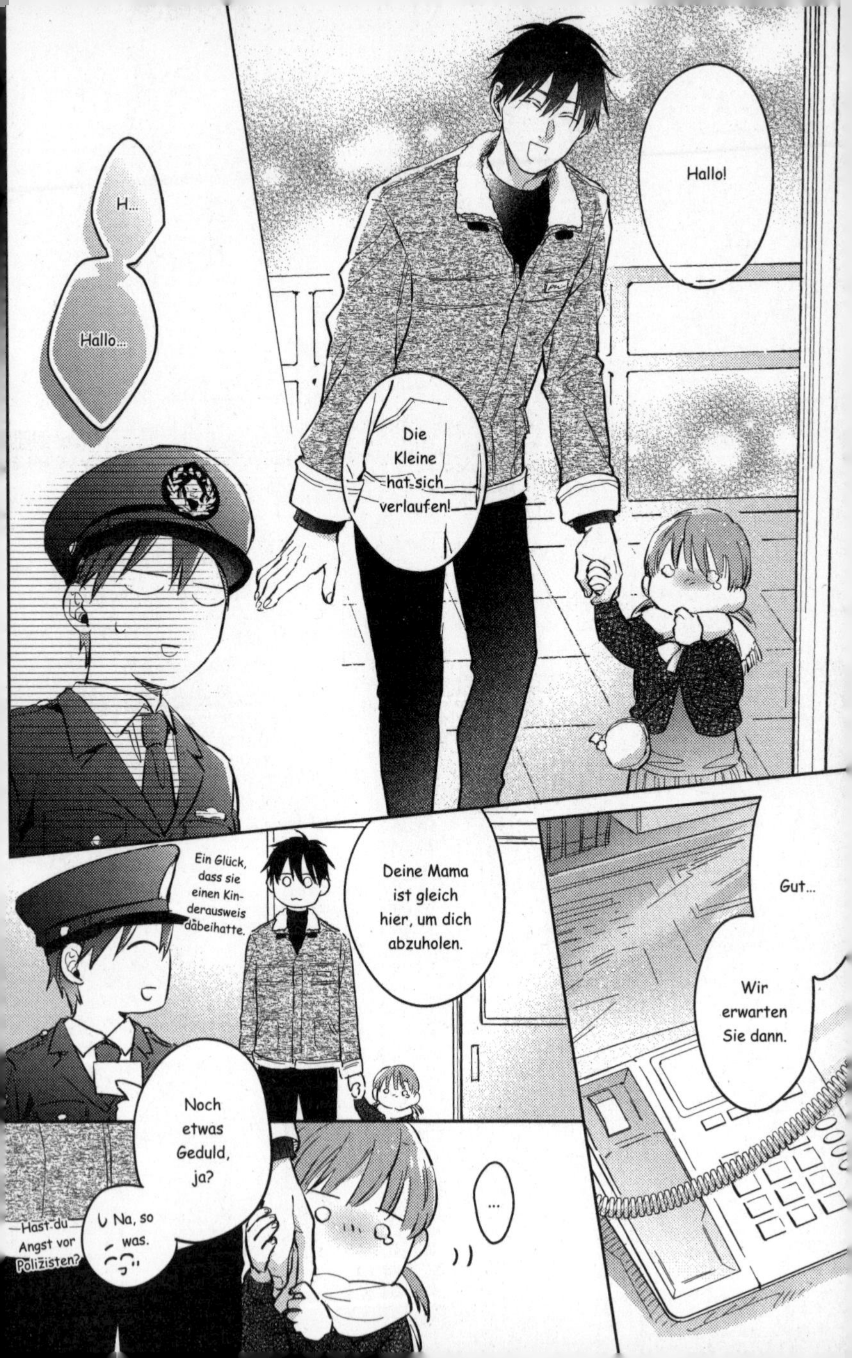
Hallo!
Die Kleine hat sich verlaufen!
H...
Hallo...
Gut...
Wir erwarten Sie dann.
Deine Mama ist gleich hier, um dich abzuholen.
Ein Glück, dass sie einen Kinderausweis dabeihatte.
...
Noch etwas Geduld, ja?
Na, so was.
Hast du Angst vor Polizisten?

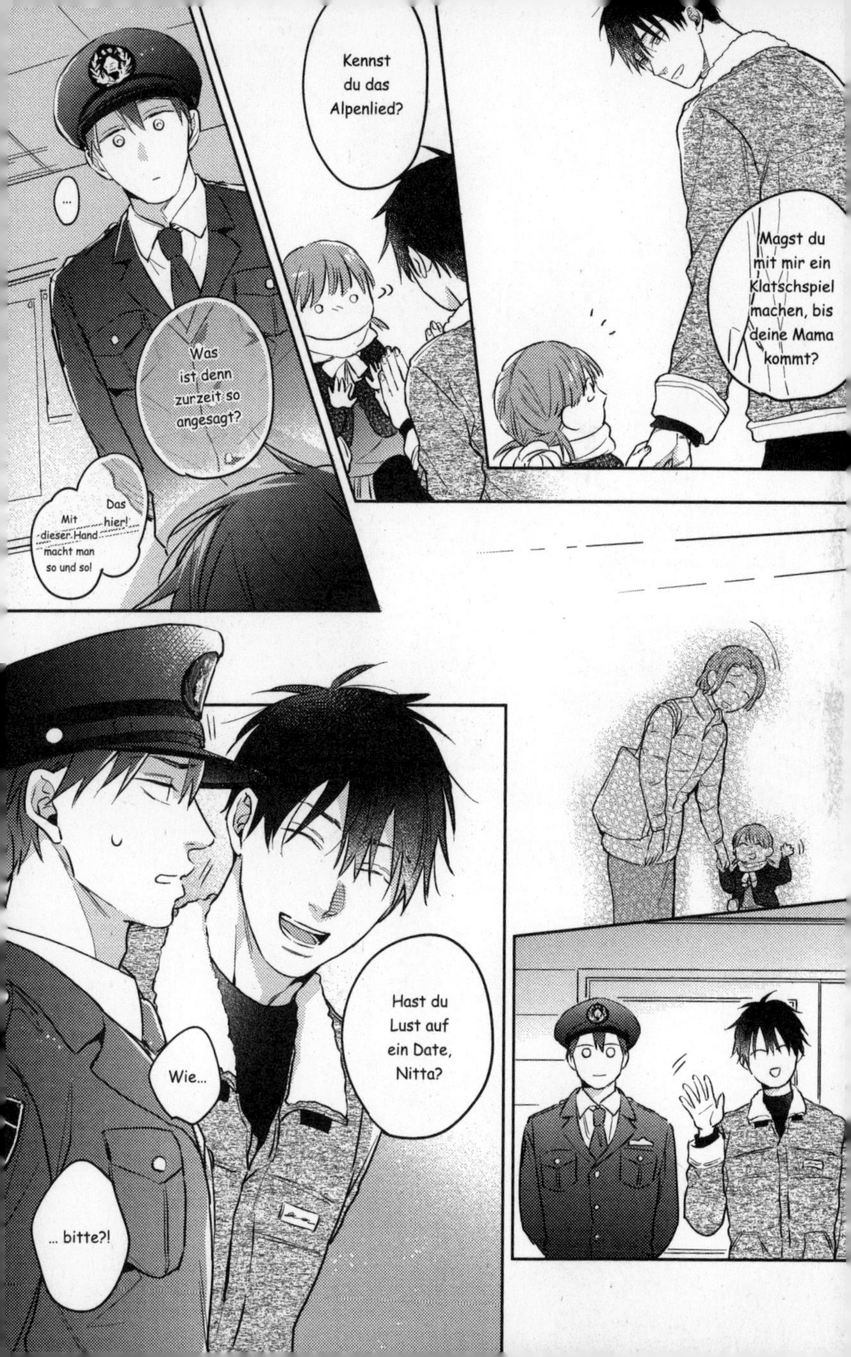
Magst du mit mir ein Klatschspiel machen, bis deine Mama kommt?
Kennst du das Alpenlied?
...
Was ist denn zurzeit so angesagt?
Das hier! Mit dieser Hand macht man so und so!
Hast du Lust auf ein Date, Nitta?
Wie...
... bitte?!

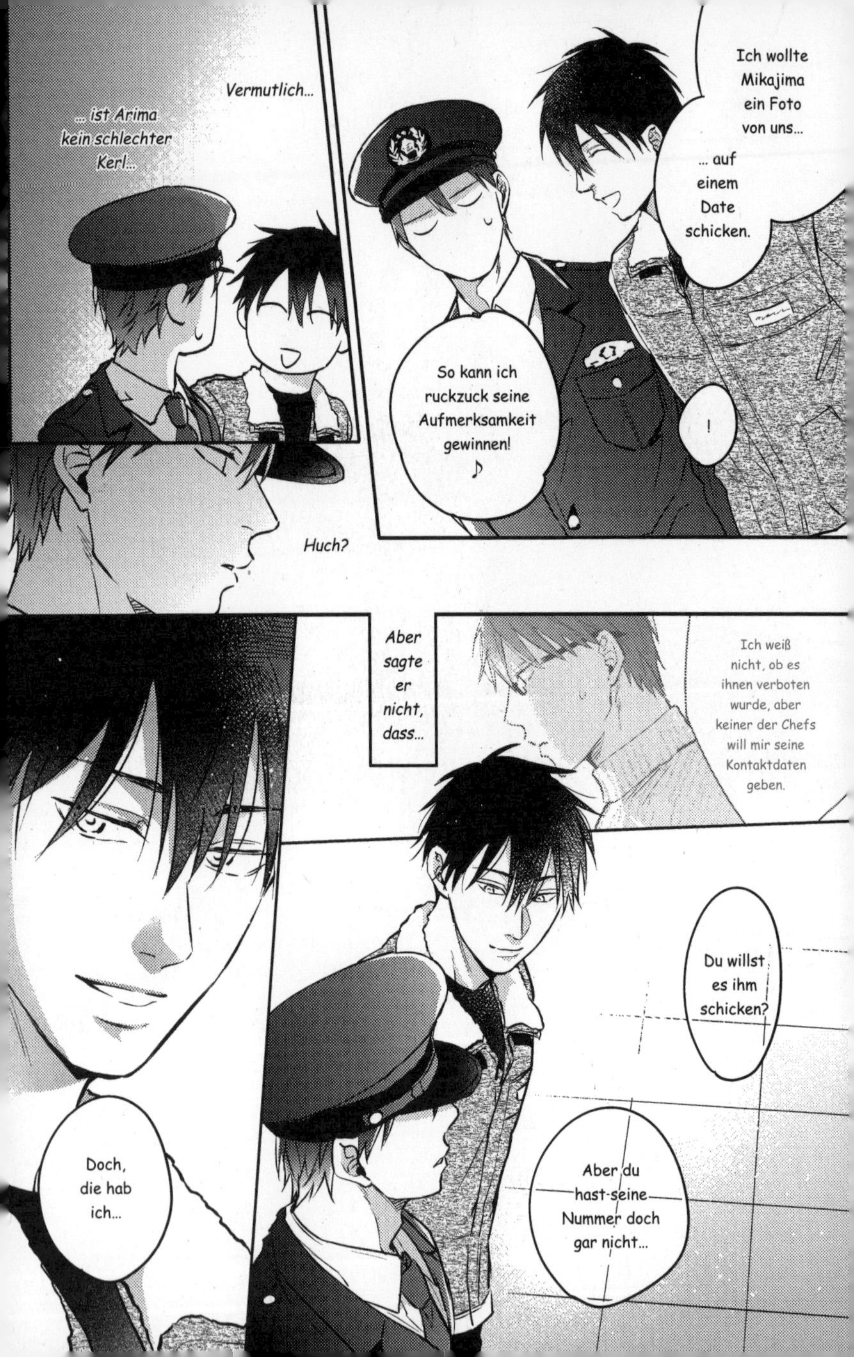
Ich wollte Mikajima ein Foto von uns...
... auf einem Date schicken.
!
So kann ich ruckzuck seine Aufmerksamkeit gewinnen! ♪
Vermutlich...
... ist Arima kein schlechter Kerl...
Huch?
Ich weiß nicht, ob es ihnen verboten wurde, aber keiner der Chefs will mir seine Kontaktdaten geben.
Aber sagte er nicht, dass...
Du willst es ihm schicken?
Aber du hast seine Nummer doch gar nicht...
Doch, die hab ich...

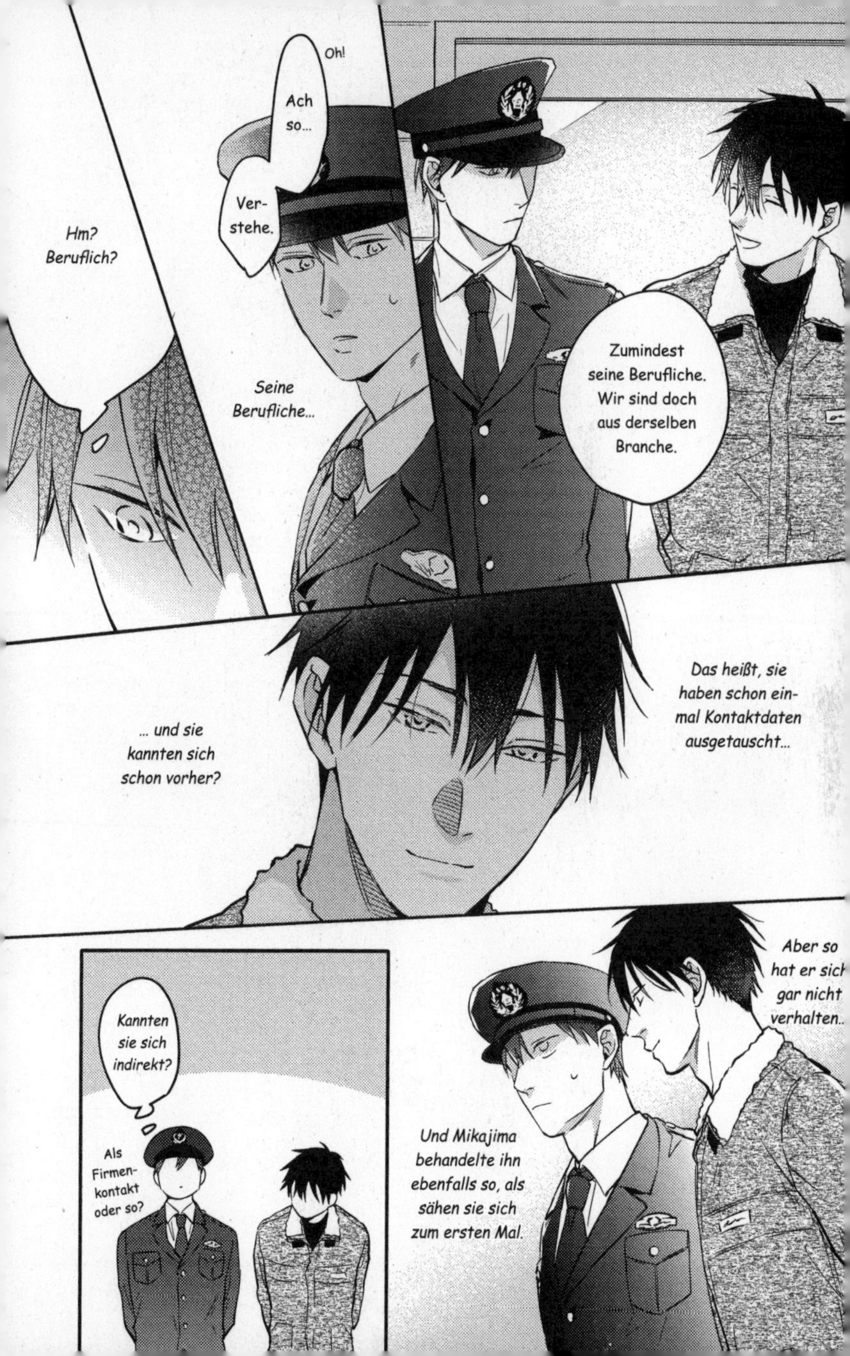
Zumindest seine Berufliche. Wir sind doch aus derselben Branche.
Oh!
Ach so...
Verstehe.
Seine Berufliche...
Hm? Beruflich?
Das heißt, sie haben schon einmal Kontaktdaten ausgetauscht...
... und sie kannten sich schon vorher?
Aber so hat er sic gar nicht verhalten..
Und Mikajima behandelte ihn ebenfalls so, als sähen sie sich zum ersten Mal.
Kannten sie sich indirekt?
Als Firmenkontakt oder so?

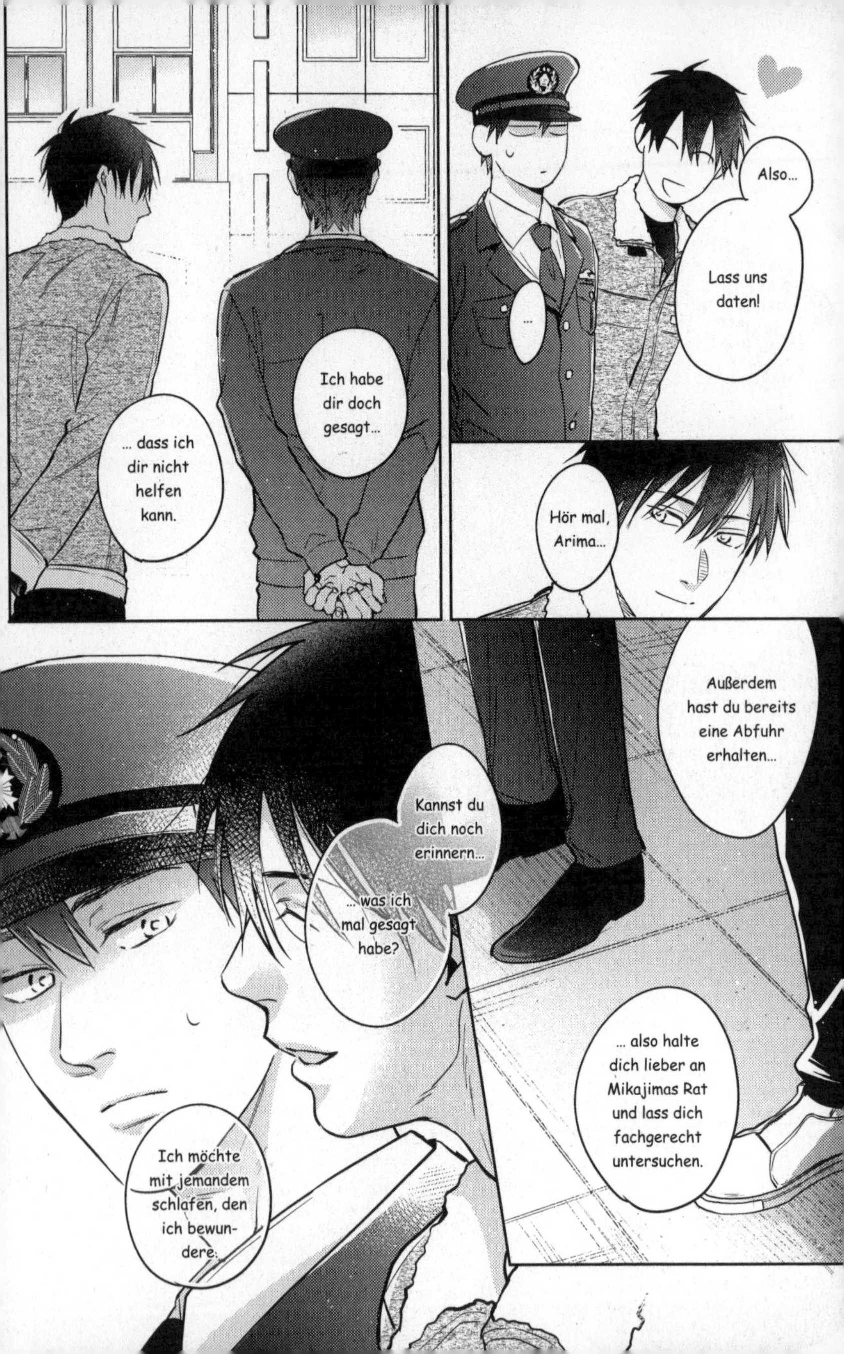

Also...
Lass uns daten!
...
Hör mal, Arima...
Ich habe dir doch gesagt...
... dass ich dir nicht helfen kann.
Außerdem hast du bereits eine Abfuhr erhalten...
... also halte dich lieber an Mikajimas Rat und lass dich fachgerecht untersuchen.
Kannst du dich noch erinnern...
... was ich mal gesagt habe?
Ich möchte mit jemandem schlafen, den ich bewundere.

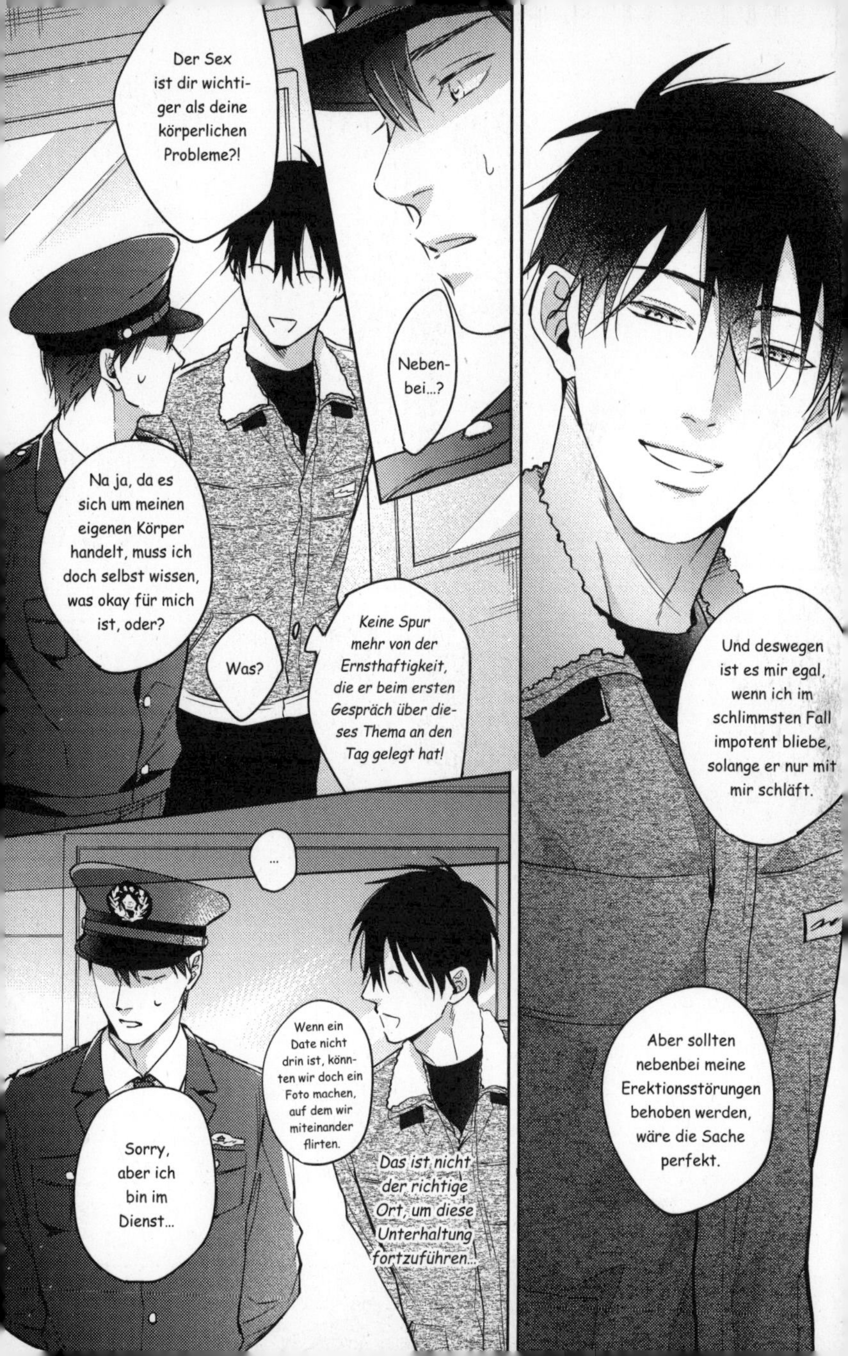
Und deswegen ist es mir egal, wenn ich im schlimmsten Fall impotent bliebe, solange er nur mit mir schläft.
Aber sollten nebenbei meine Erektionsstörungen behoben werden, wäre die Sache perfekt.
Neben-bei...?
Der Sex ist dir wichti-ger als deine körperlichen Probleme?!
Na ja, da es sich um meinen eigenen Körper handelt, muss ich doch selbst wissen, was okay für mich ist, oder?
Was?
Keine Spur mehr von der Ernsthaftigkeit, die er beim ersten Gespräch über die-ses Thema an den Tag gelegt hat!
...
Wenn ein Date nicht drin ist, könn-ten wir doch ein Foto machen, auf dem wir miteinander flirten.
Sorry, aber ich bin im Dienst...
Das ist nicht der richtige Ort, um diese Unterhaltung fortzuführen...

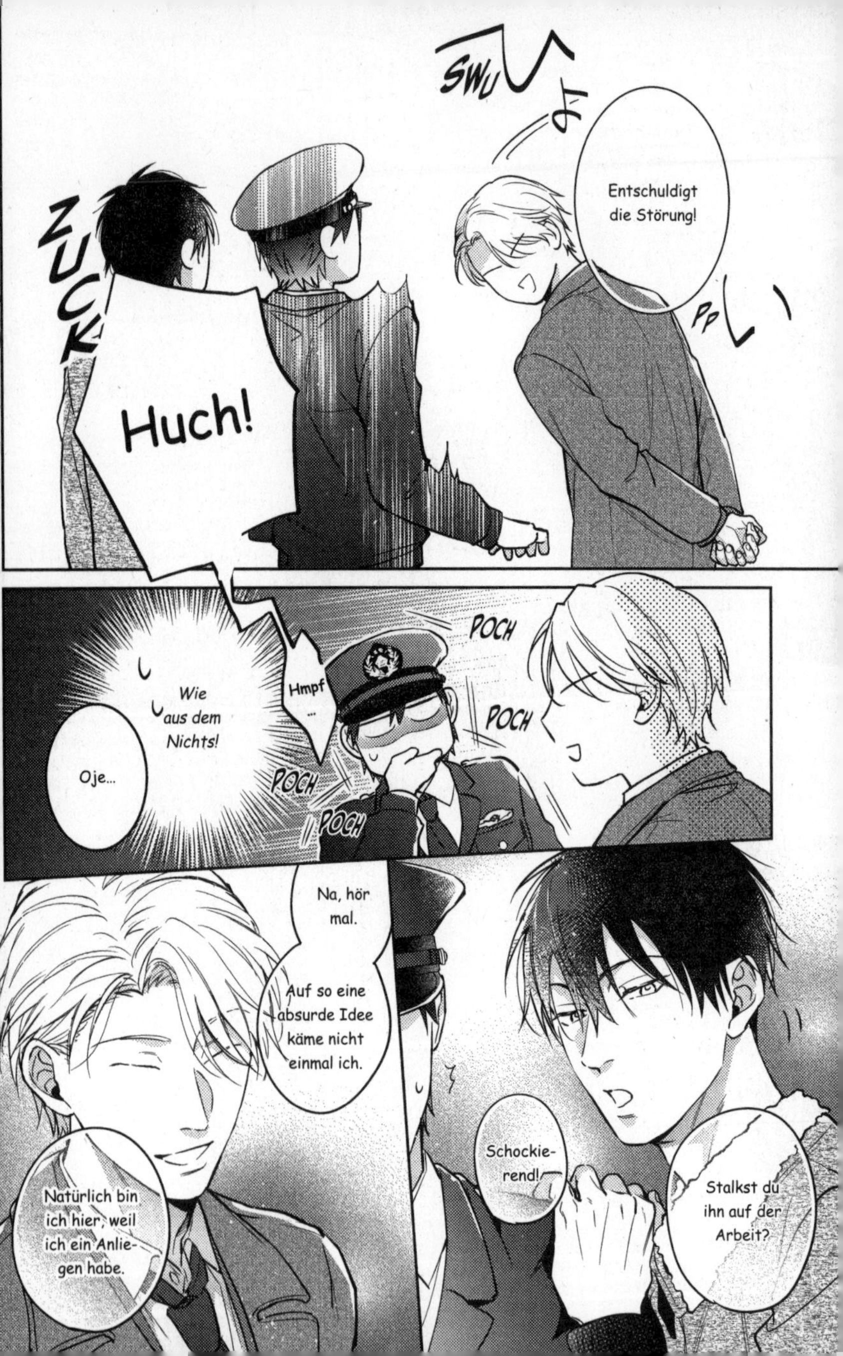
SWU
Entschuldigt die Störung!
PP
ZUCK
Huch!
POCH
POCH
Hmpf ...
Wie aus dem Nichts!
Oje...
POCH
POCH
Stalkst du ihn auf der Arbeit?
Schockierend!
Na, hör mal.
Auf so eine absurde Idee käme nicht einmal ich.
Natürlich bin ich hier, weil ich ein Anliegen habe.

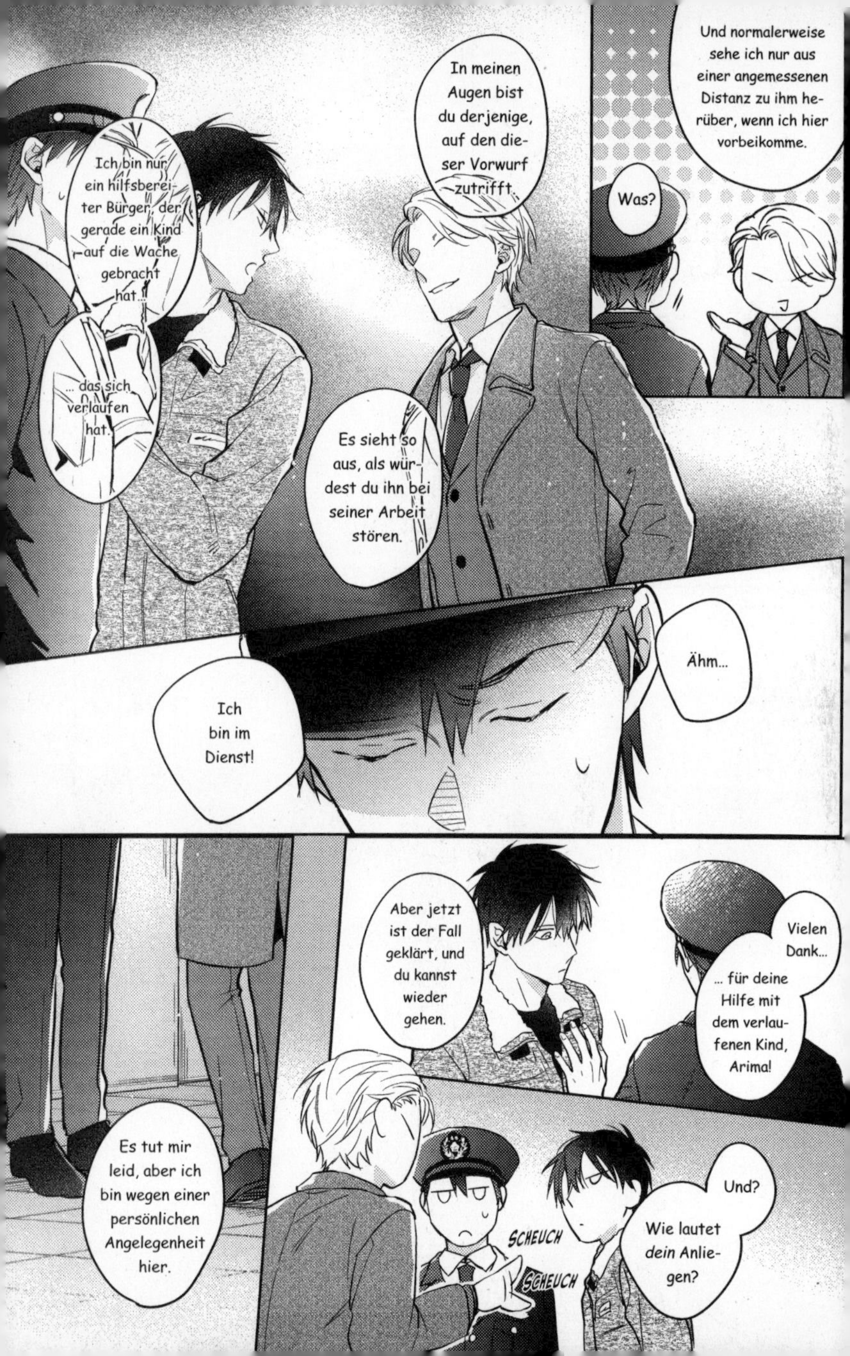
Und normalerweise sehe ich nur aus einer angemessenen Distanz zu ihm herüber, wenn ich hier vorbeikomme.
Was?
In meinen Augen bist du derjenige, auf den dieser Vorwurf zutrifft.
Ich bin nur ein hilfsbereiter Bürger, der gerade ein Kind auf die Wache gebracht hat...
... das sich verlaufen hat.
Es sieht so aus, als würdest du ihn bei seiner Arbeit stören.
Ähm...
Ich bin im Dienst!
Vielen Dank...
... für deine Hilfe mit dem verlaufenen Kind, Arima!
Aber jetzt ist der Fall geklärt, und du kannst wieder gehen.
Und?
Wie lautet dein Anliegen?
SCHEUCH
SCHEUCH
Es tut mir leid, aber ich bin wegen einer persönlichen Angelegenheit hier.

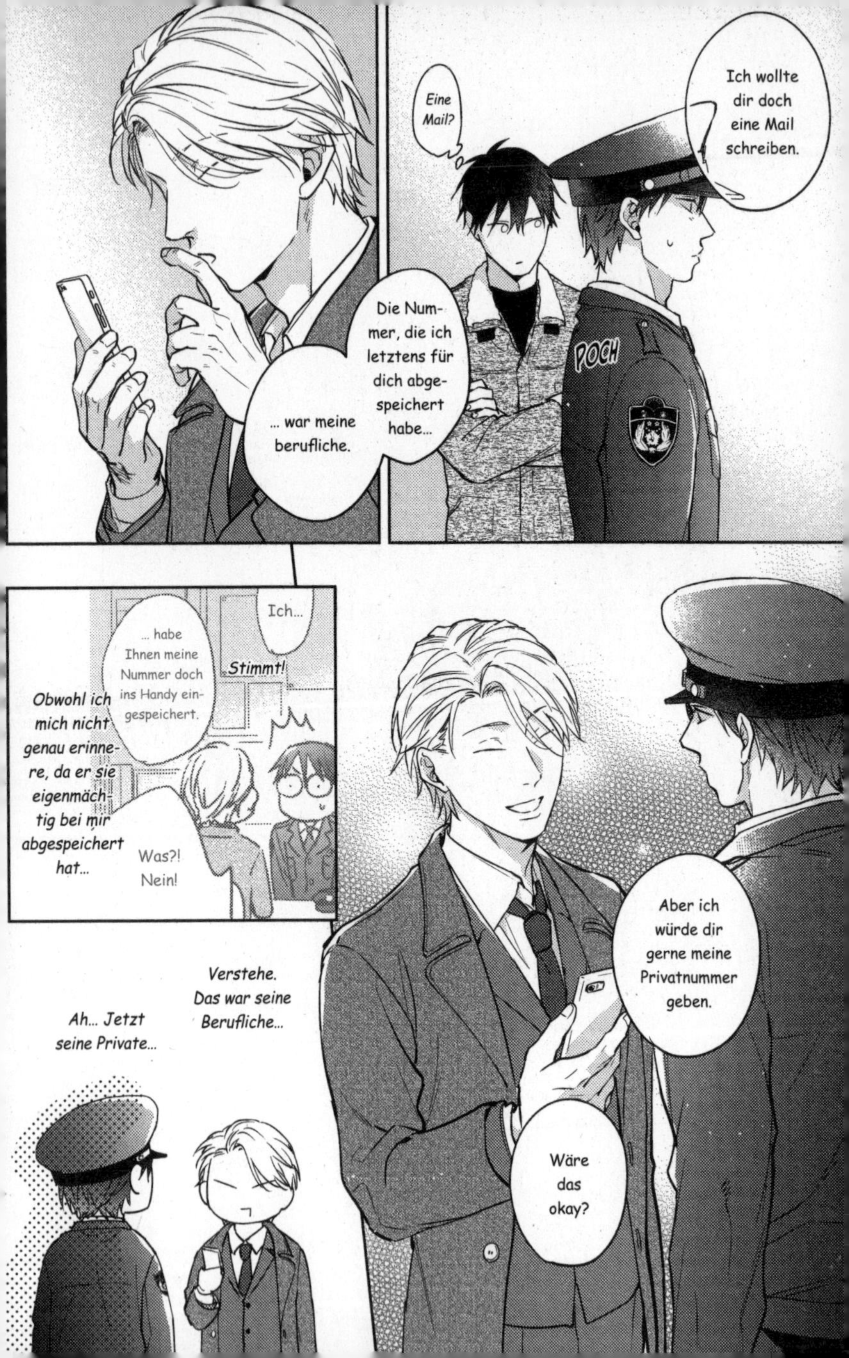
Ich wollte dir doch eine Mail schreiben.
Eine Mail?
Die Nummer, die ich letztens für dich abgespeichert habe...
POCH
... war meine berufliche.
Aber ich würde dir gerne meine Privatnummer geben.
Wäre das okay?
Ich...
Stimmt!
... habe Ihnen meine Nummer doch ins Handy eingespeichert.
Obwohl ich mich nicht genau erinnere, da er sie eigenmächtig bei mir abgespeichert hat...
Was?! Nein!
Verstehe. Das war seine Berufliche...
Ah... Jetzt seine Private...

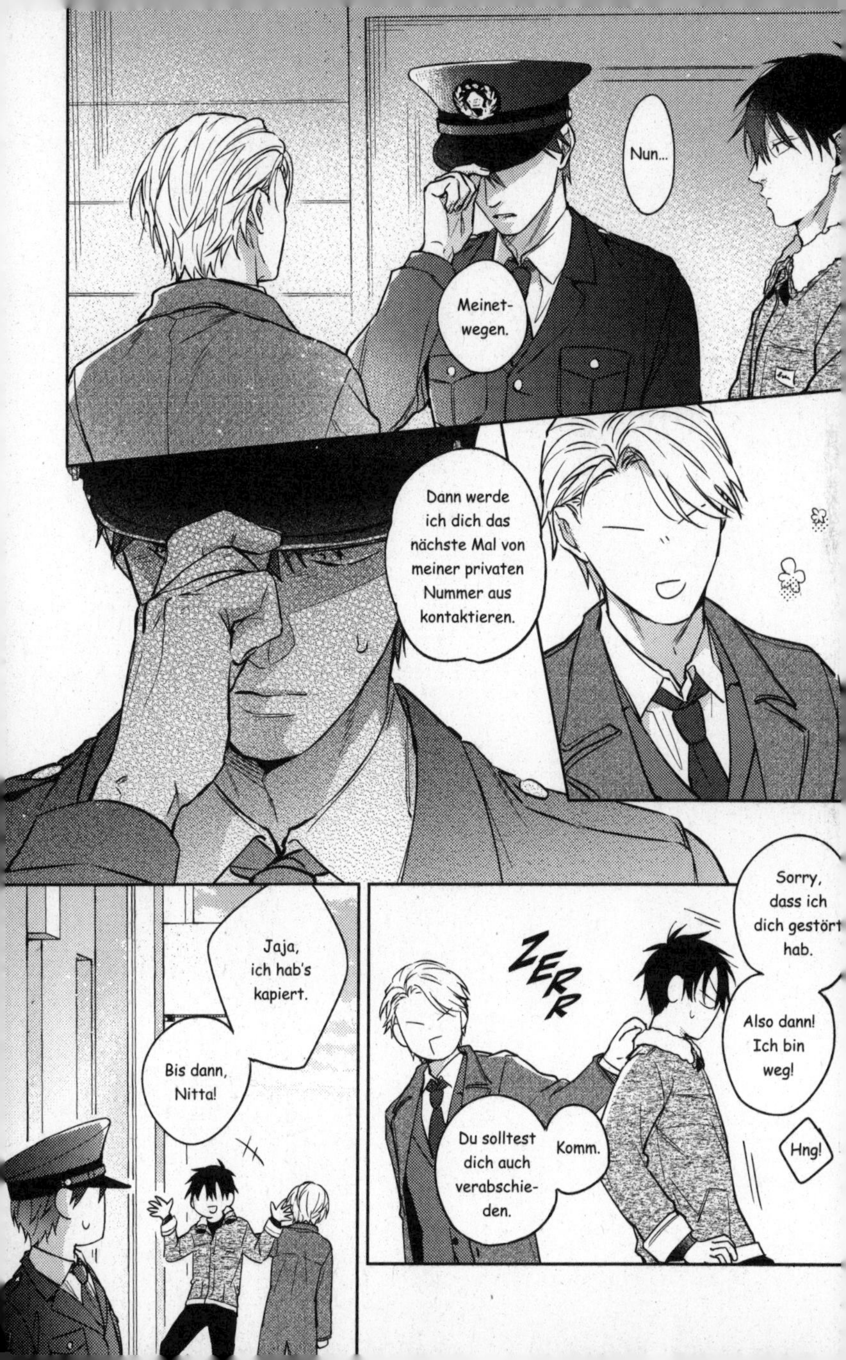
Nun...
Meinetwegen.
Dann werde ich dich das nächste Mal von meiner privaten Nummer aus kontaktieren.
Sorry, dass ich dich gestört hab.
Also dann! Ich bin weg!
Hng!
ZERR
Komm.
Du solltest dich auch verabschieden.
Jaja, ich hab's kapiert.
Bis dann, Nitta!

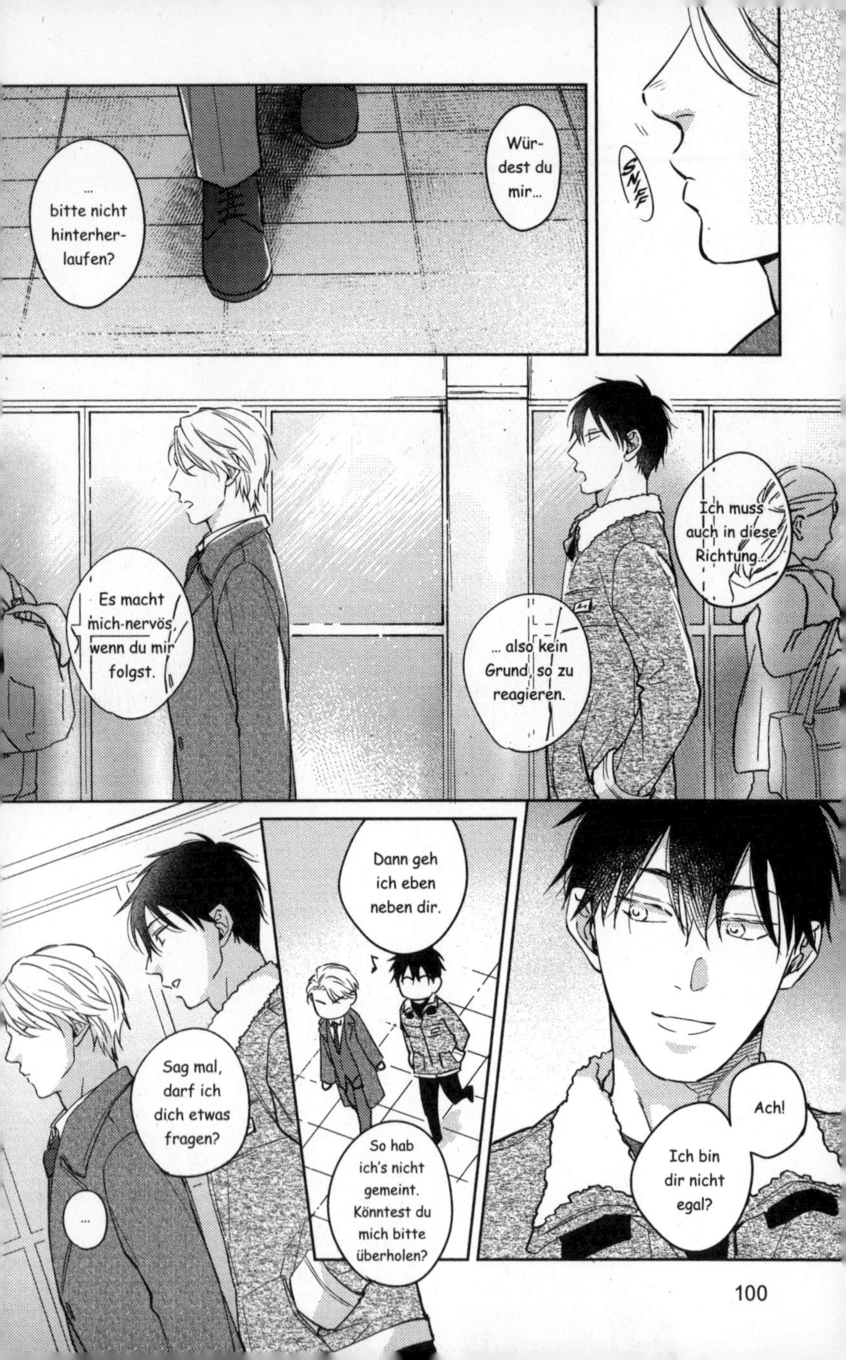
SNIFF
Würdest du mir...
... bitte nicht hinterherlaufen?
Ich muss auch in diese Richtung...
... also kein Grund, so zu reagieren.
Es macht mich nervös, wenn du mir folgst.
Ach!
Ich bin dir nicht egal?
Dann geh ich eben neben dir.
So hab ich's nicht gemeint. Könntest du mich bitte überholen?
Sag mal, darf ich dich etwas fragen?
...

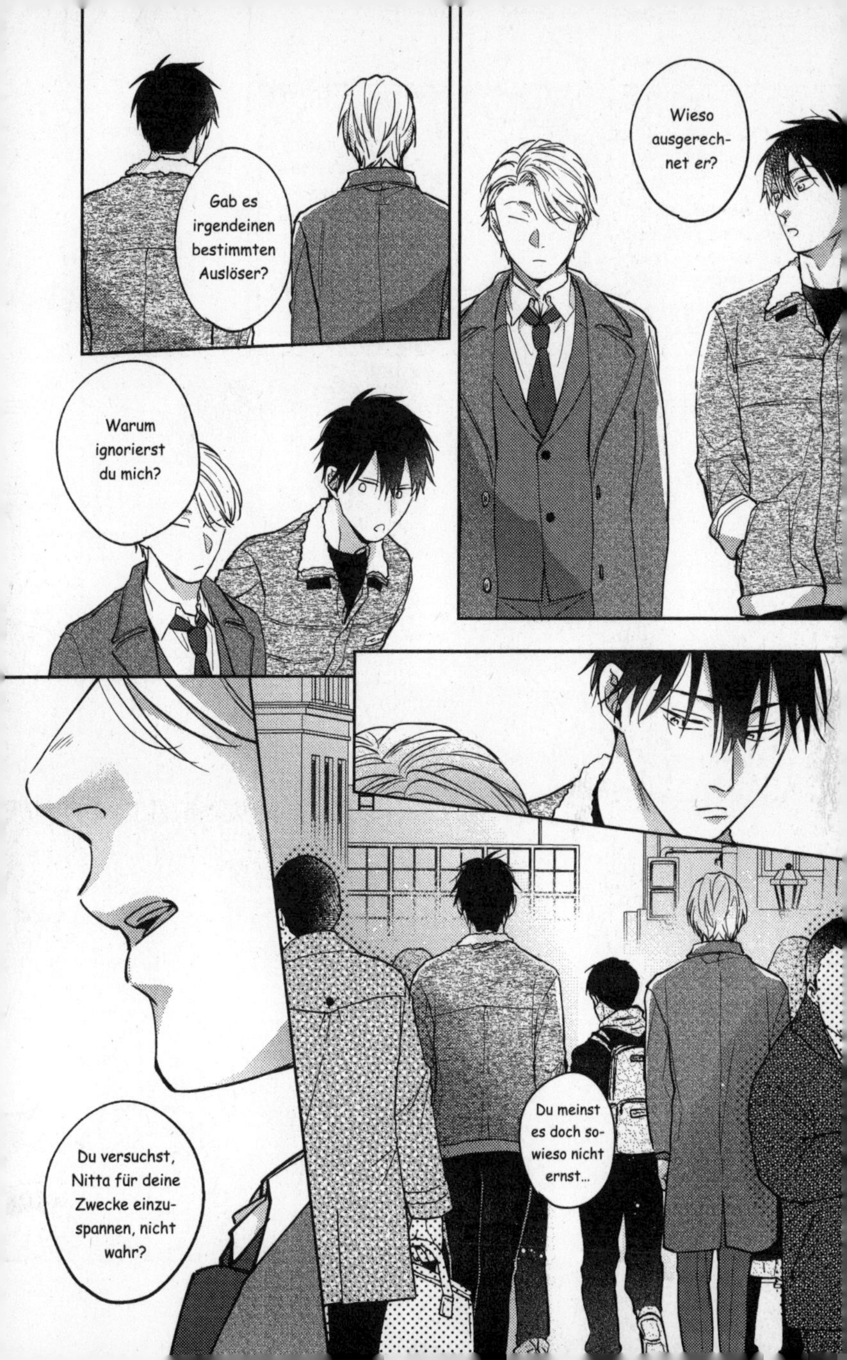
Wieso ausgerech-net er?
Gab es irgendeinen bestimmten Auslöser?
Warum ignorierst du mich?
Du meinst es doch so-wieso nicht ernst...
Du versuchst, Nitta für deine Zwecke einzu-spannen, nicht wahr?

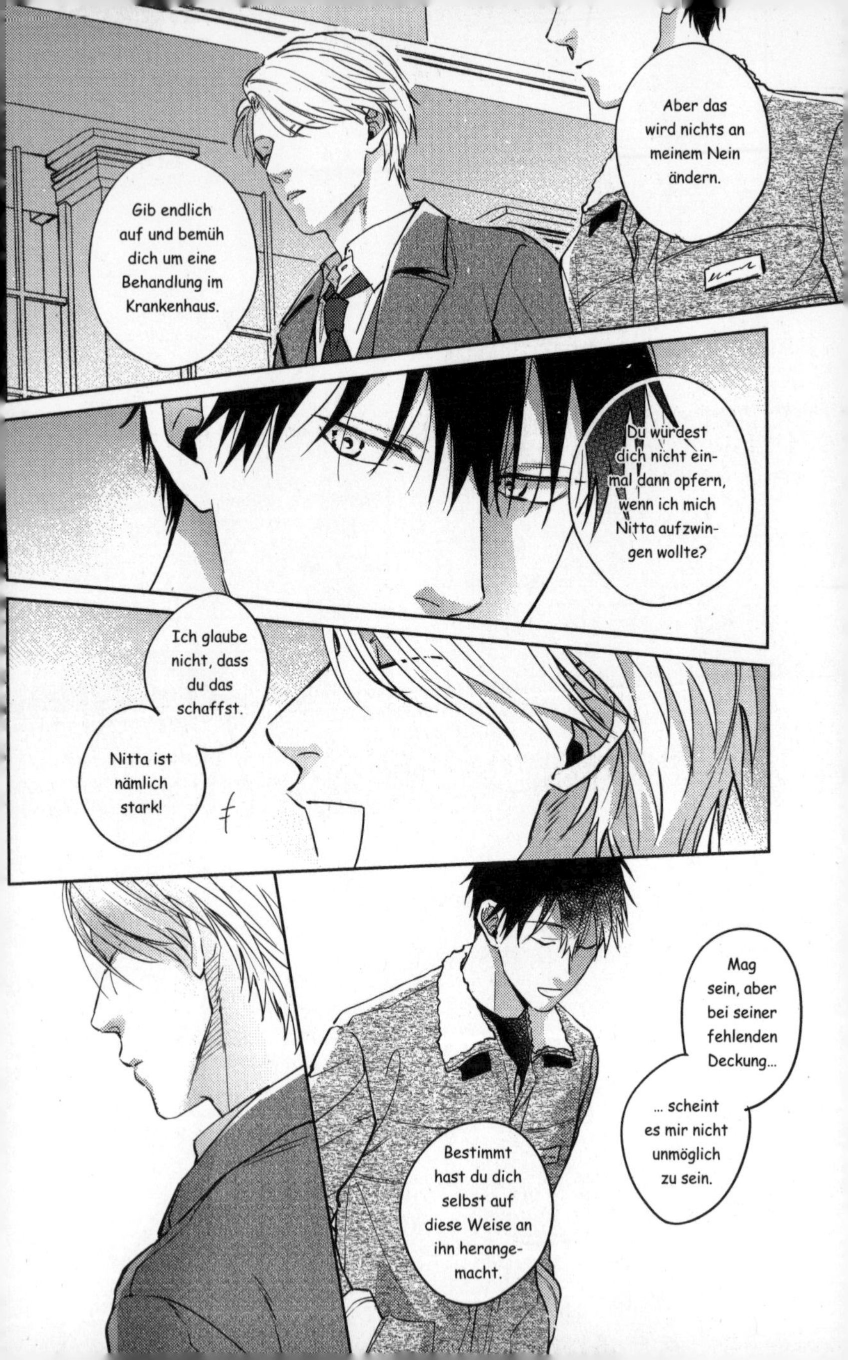
Aber das wird nichts an meinem Nein ändern.
Gib endlich auf und bemüh dich um eine Behandlung im Krankenhaus.
Du würdest dich nicht einmal dann opfern, wenn ich mich Nitta aufzwingen wollte?
Ich glaube nicht, dass du das schaffst.
Nitta ist nämlich stark!
Mag sein, aber bei seiner fehlenden Deckung...
... scheint es mir nicht unmöglich zu sein.
Bestimmt hast du dich selbst auf diese Weise an ihn herangemacht.

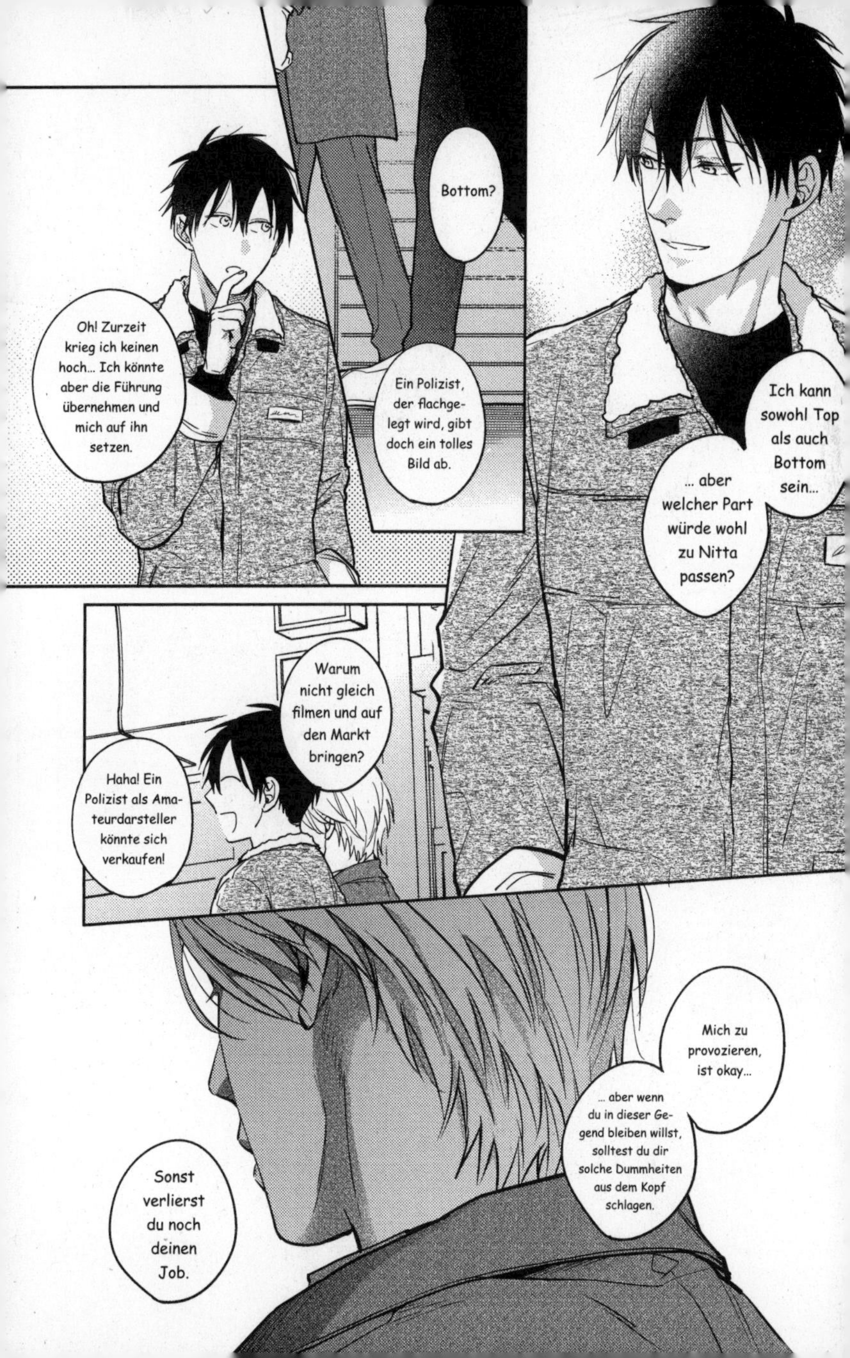
Ich kann sowohl Top als auch Bottom sein...
... aber welcher Part würde wohl zu Nitta passen?
Bottom?
Ein Polizist, der flachgelegt wird, gibt doch ein tolles Bild ab.
Oh! Zurzeit krieg ich keinen hoch... Ich könnte aber die Führung übernehmen und mich auf ihn setzen.
Warum nicht gleich filmen und auf den Markt bringen?
Haha! Ein Polizist als Amateurdarsteller könnte sich verkaufen!
Mich zu provozieren, ist okay...
... aber wenn du in dieser Gegend bleiben willst, solltest du dir solche Dummheiten aus dem Kopf schlagen.
Sonst verlierst du noch deinen Job.

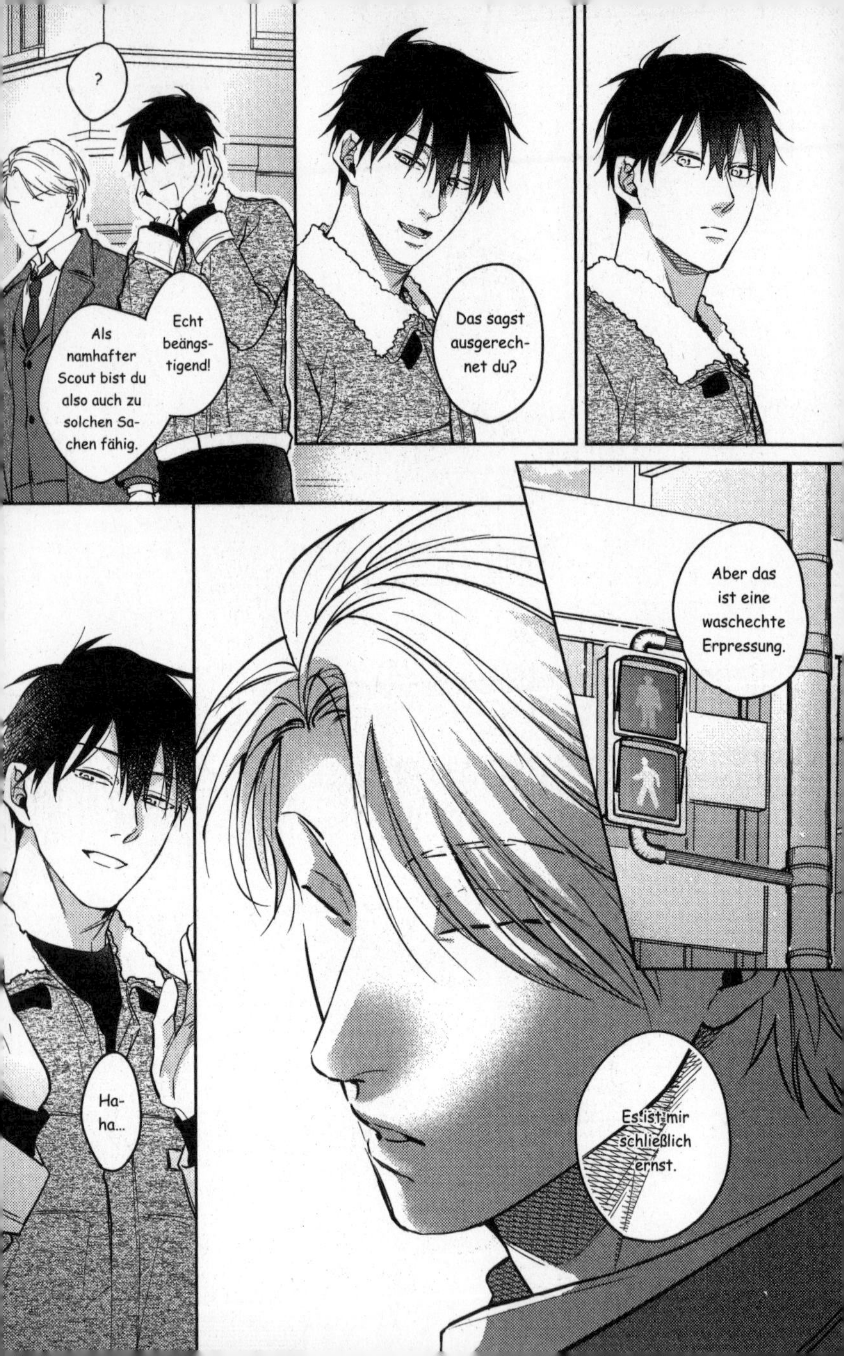

Das sagst ausgerechnet du?
?
Echt beängstigend!
Als namhafter Scout bist du also auch zu solchen Sachen fähig.
Aber das ist eine waschechte Erpressung.
Es ist mir schließlich ernst.
Ha-ha...

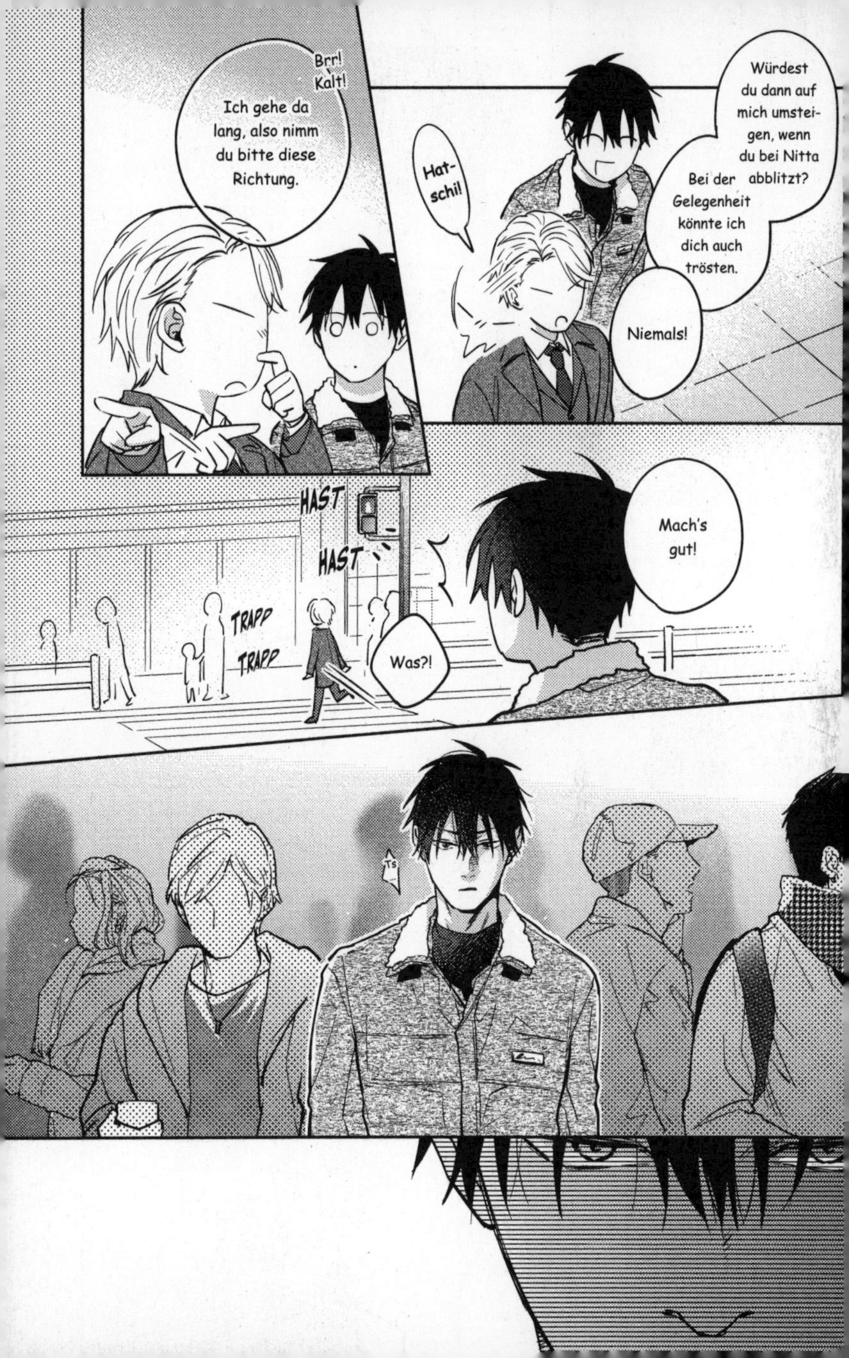

Würdest du dann auf mich umstei-gen, wenn du bei Nitta abblitzt?
Bei der Gelegenheit könnte ich dich auch trösten.
Niemals!
Hat-schi!
Brr! Kalt!
Ich gehe da lang, also nimm du bitte diese Richtung.
Mach's gut!
Was?!
HAST
HAST
TRAPP
TRAPP
Ts

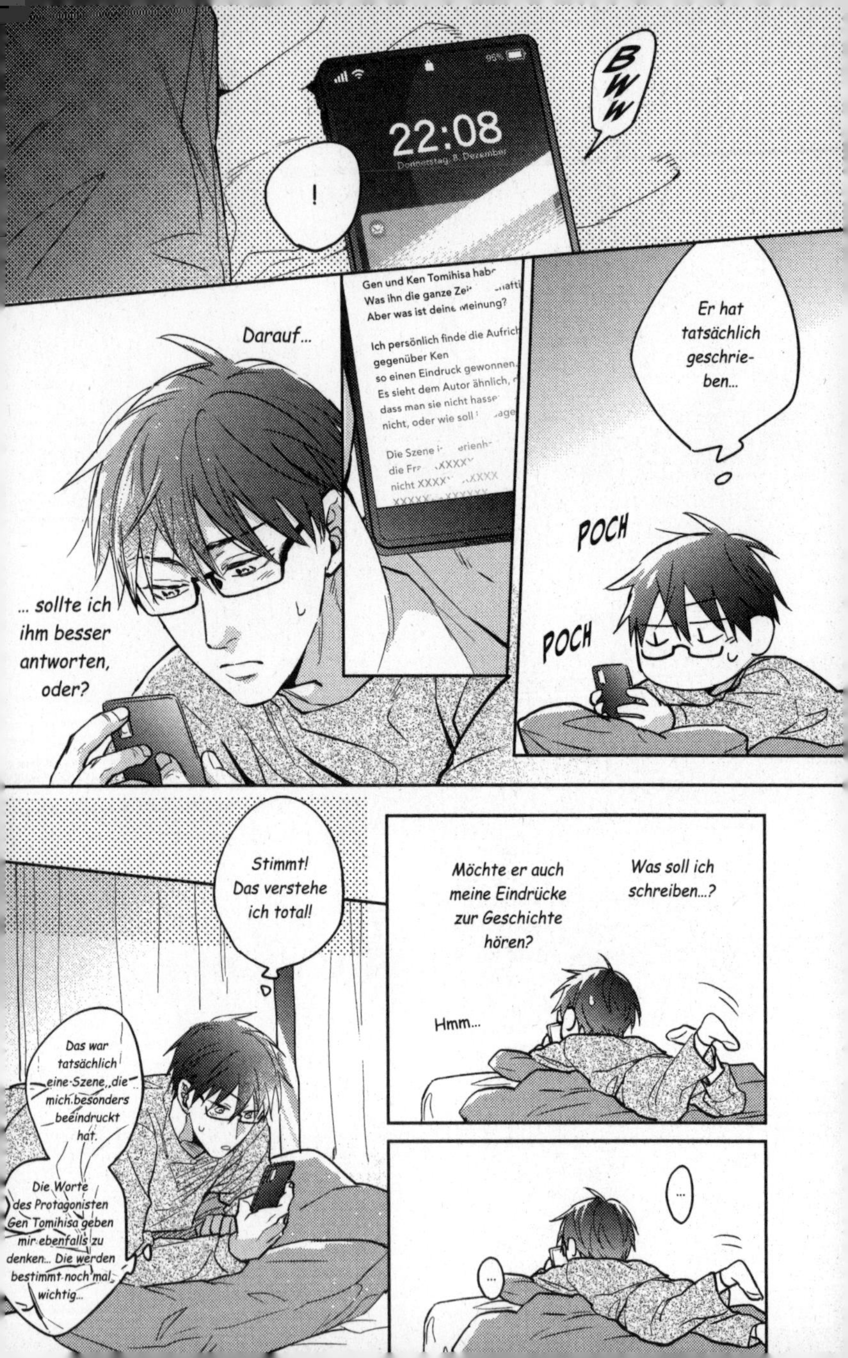
22:08
Donnerstag, 8. Dezember
BWW
!
Er hat tatsächlich geschrieben...
POCH
POCH
Gen und Ken Tomihisa habe
Was ihn die ganze Zei
Aber was ist deine Meinung?
Ich persönlich finde die Aufrich
gegenüber Ken
so einen Eindruck gewonnen,
Es sieht dem Autor ähnlich,
dass man sie nicht hasse
nicht, oder wie soll
Darauf...
... sollte ich ihm besser antworten, oder?
Was soll ich schreiben...?
Möchte er auch meine Eindrücke zur Geschichte hören?
Hmm...
...
...
Stimmt! Das verstehe ich total!
Das war tatsächlich eine Szene, die mich besonders beeindruckt hat.
Die Worte des Protagonisten Gen Tomihisa geben mir ebenfalls zu denken... Die werden bestimmt noch mal wichtig...

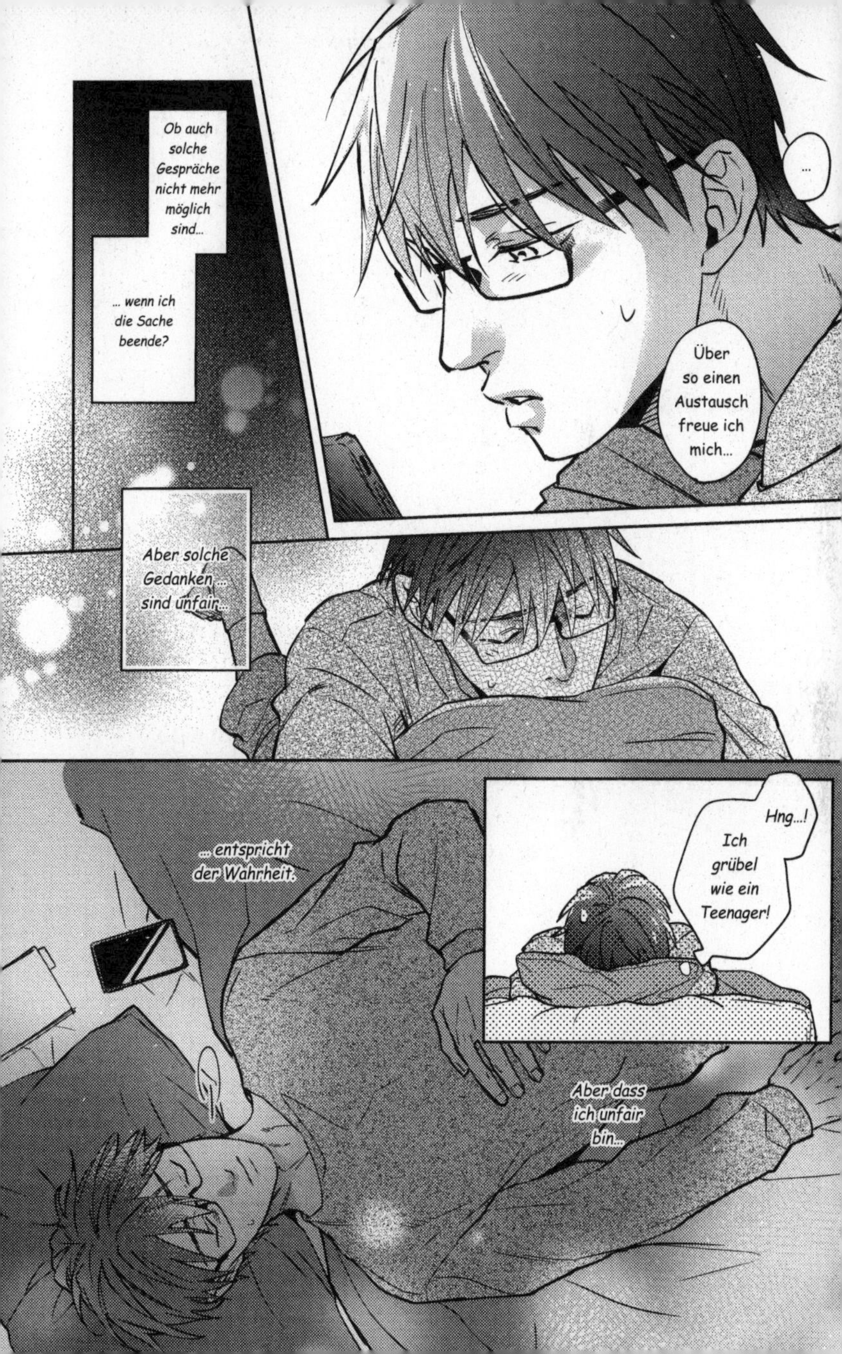
...
Über so einen Austausch freue ich mich...
Ob auch solche Gespräche nicht mehr möglich sind...
... wenn ich die Sache beende?
Aber solche Gedanken ... sind unfair...
Hng...! Ich grübel wie ein Teenager!
... entspricht der Wahrheit.
Aber dass ich unfair bin...

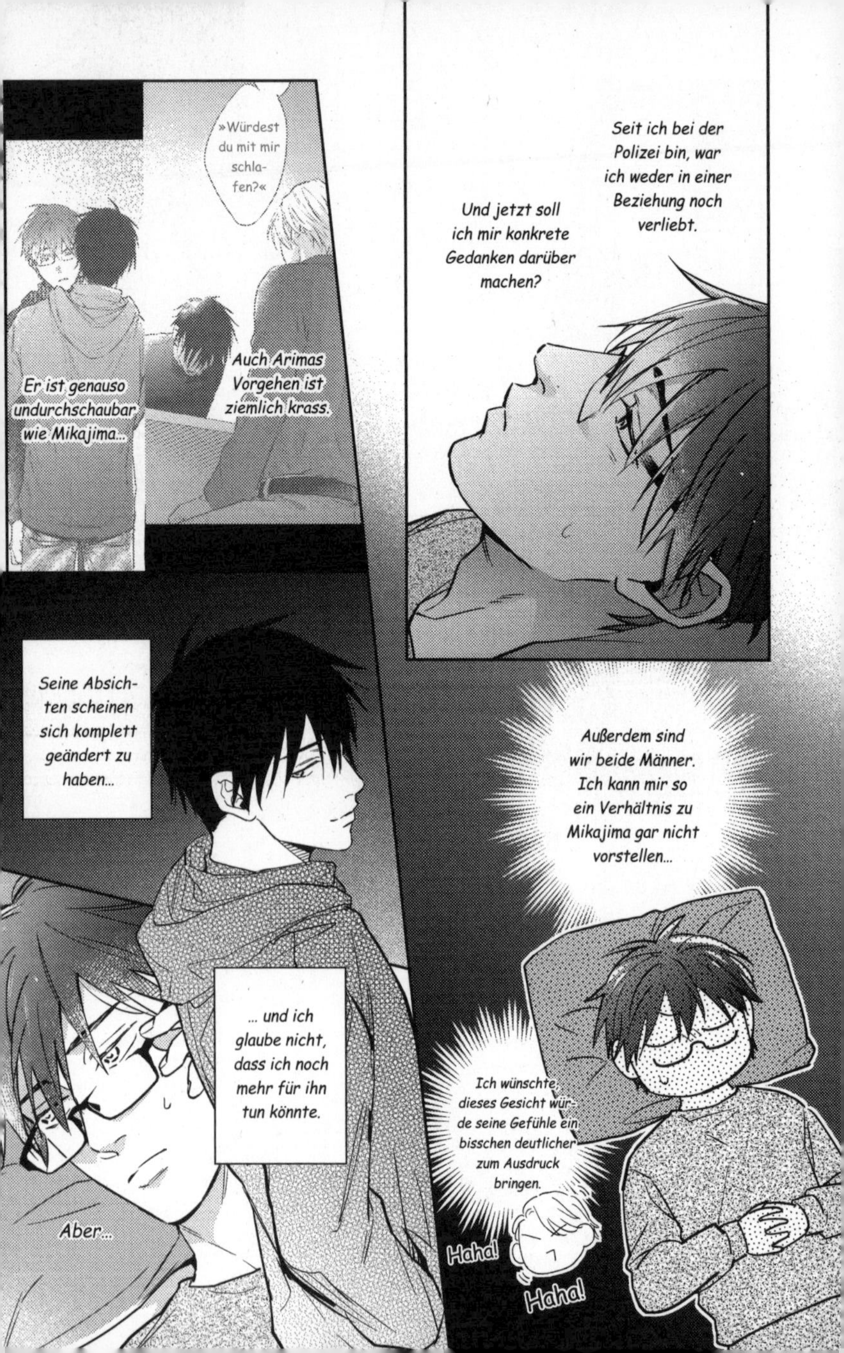
Seit ich bei der Polizei bin, war ich weder in einer Beziehung noch verliebt.
Und jetzt soll ich mir konkrete Gedanken darüber machen?
»Würdest du mit mir schla-fen?«
Auch Arimas Vorgehen ist ziemlich krass.
Er ist genauso undurchschaubar wie Mikajima...
Außerdem sind wir beide Männer. Ich kann mir so ein Verhältnis zu Mikajima gar nicht vorstellen...
Ich wünschte, dieses Gesicht wür-de seine Gefühle ein bisschen deutlicher zum Ausdruck bringen.
Haha!
Haha!
Seine Absich-ten scheinen sich komplett geändert zu haben...
... und ich glaube nicht, dass ich noch mehr für ihn tun könnte.
Aber...

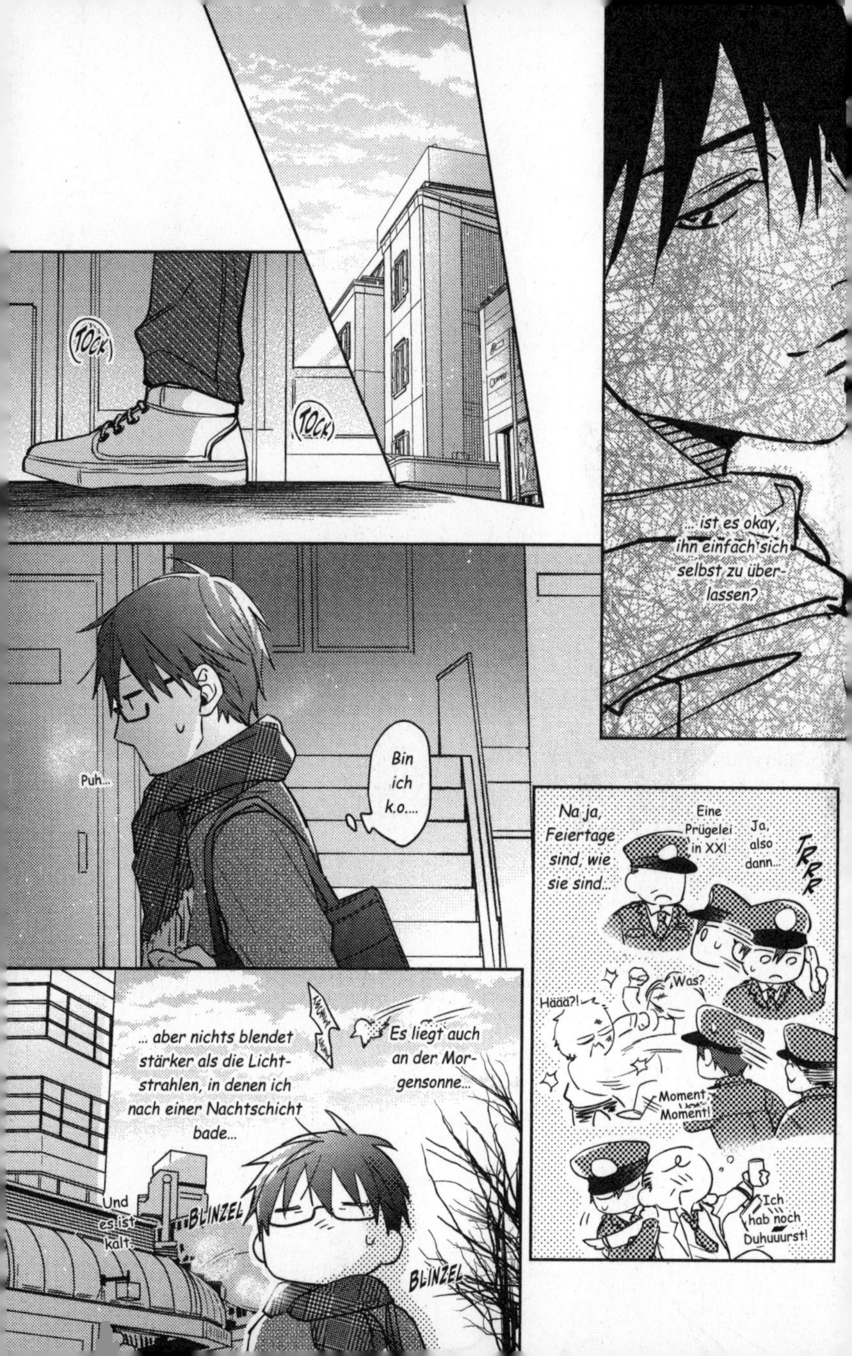
... ist es okay, ihn einfach sich selbst zu überlassen?
TOCK
TOCK
Bin ich k.o....
Puh...
Na ja, Feiertage sind, wie sie sind...
Eine Prügelei in XX!
Ja, also dann...
TRRR
Was?
Hääa?!
Moment, Moment!
Ich hab noch Duhuuurst!
Es liegt auch an der Morgensonne...
... aber nichts blendet stärker als die Lichtstrahlen, in denen ich nach einer Nachtschicht bade...
BLINZEL
Und es ist kalt.
BLINZEL

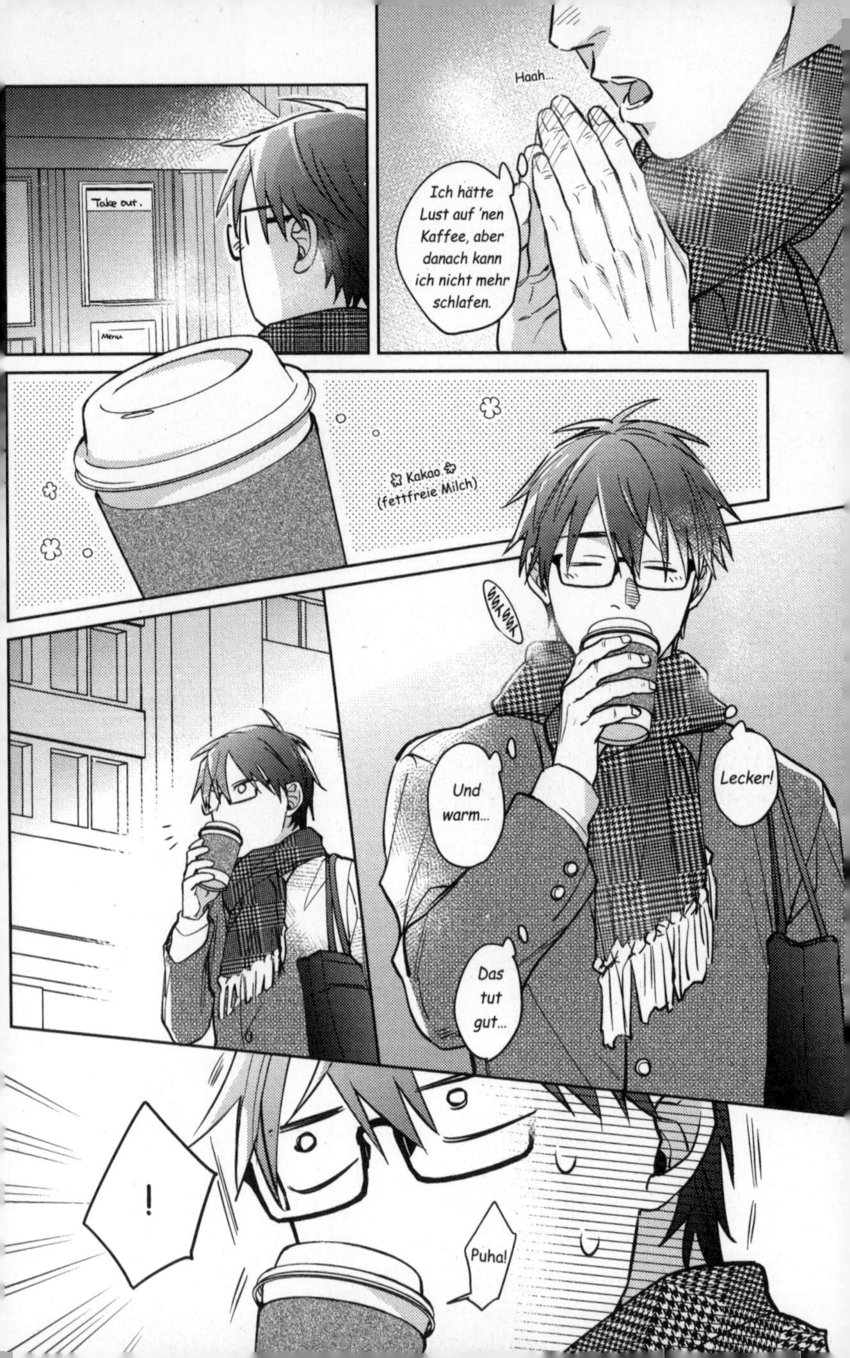
Haah...
Ich hätte Lust auf 'nen Kaffee, aber danach kann ich nicht mehr schlafen.
Take out.
Menu
Kakao
(fettfreie Milch)
Lecker!
Und warm...
Das tut gut...
Puha!
!

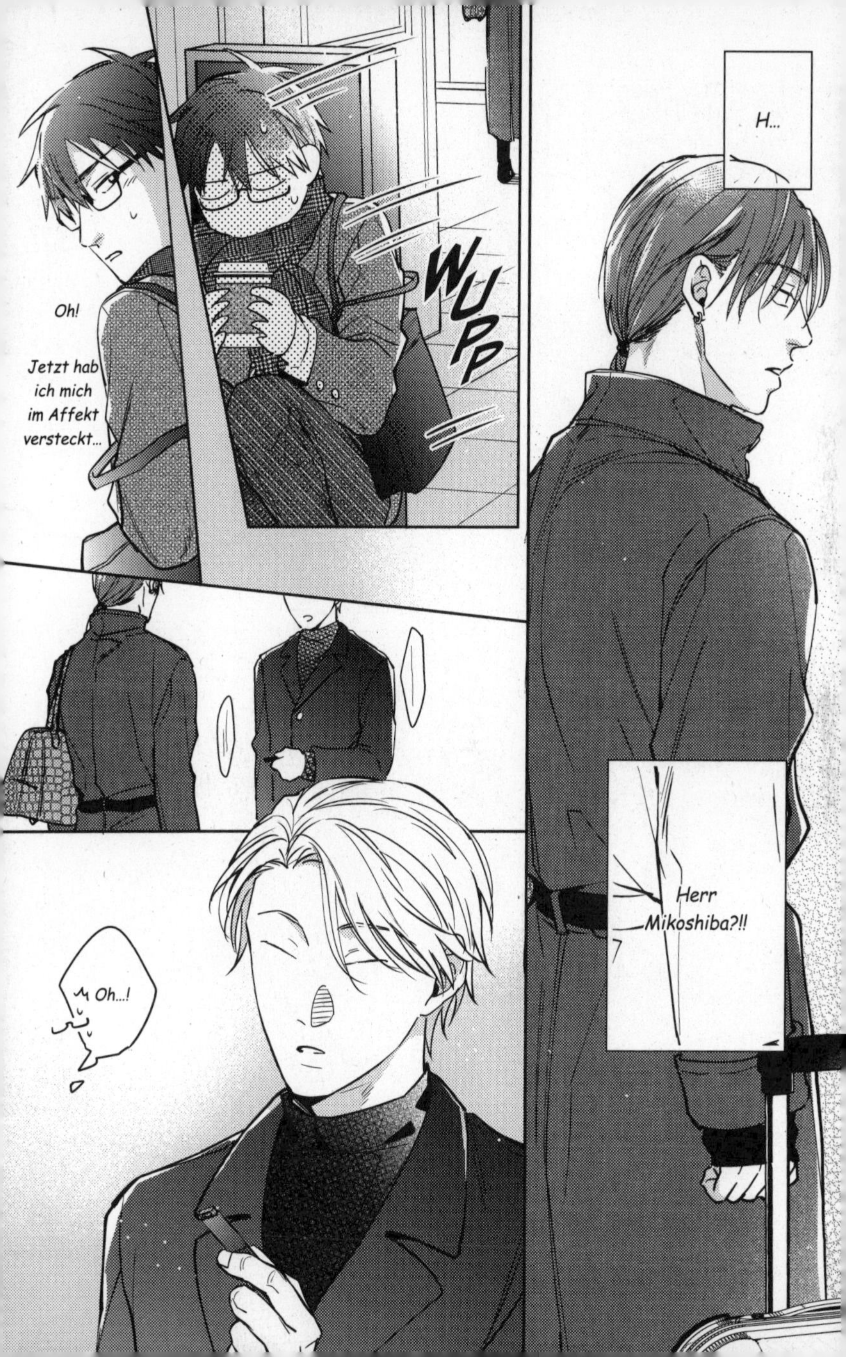
H...
Oh!
Jetzt hab ich mich im Affekt versteckt...
WUPP
Herr Mikoshiba?!!
Oh...!

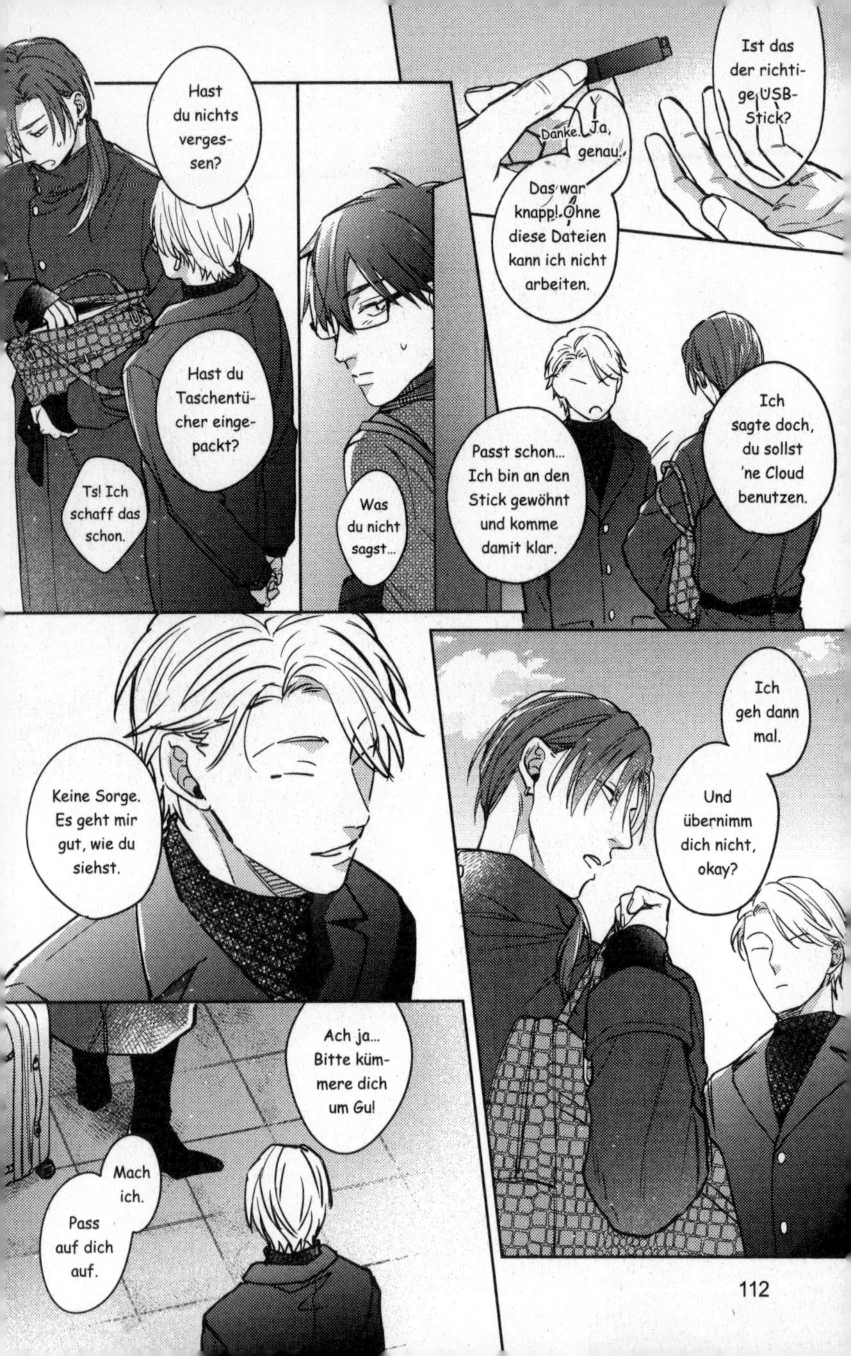
Hast du nichts verges-sen?
Hast du Taschentü-cher einge-packt?
Ts! Ich schaff das schon.
Was du nicht sagst...
Ist das der richti-ge USB-Stick?
Danke. Ja, genau.
Das war knapp! Ohne diese Dateien kann ich nicht arbeiten.
Ich sagte doch, du sollst 'ne Cloud benutzen.
Passt schon... Ich bin an den Stick gewöhnt und komme damit klar.
Ich geh dann mal.
Und übernimm dich nicht, okay?
Keine Sorge. Es geht mir gut, wie du siehst.
Ach ja... Bitte küm-mere dich um Gu!
Mach ich.
Pass auf dich auf.

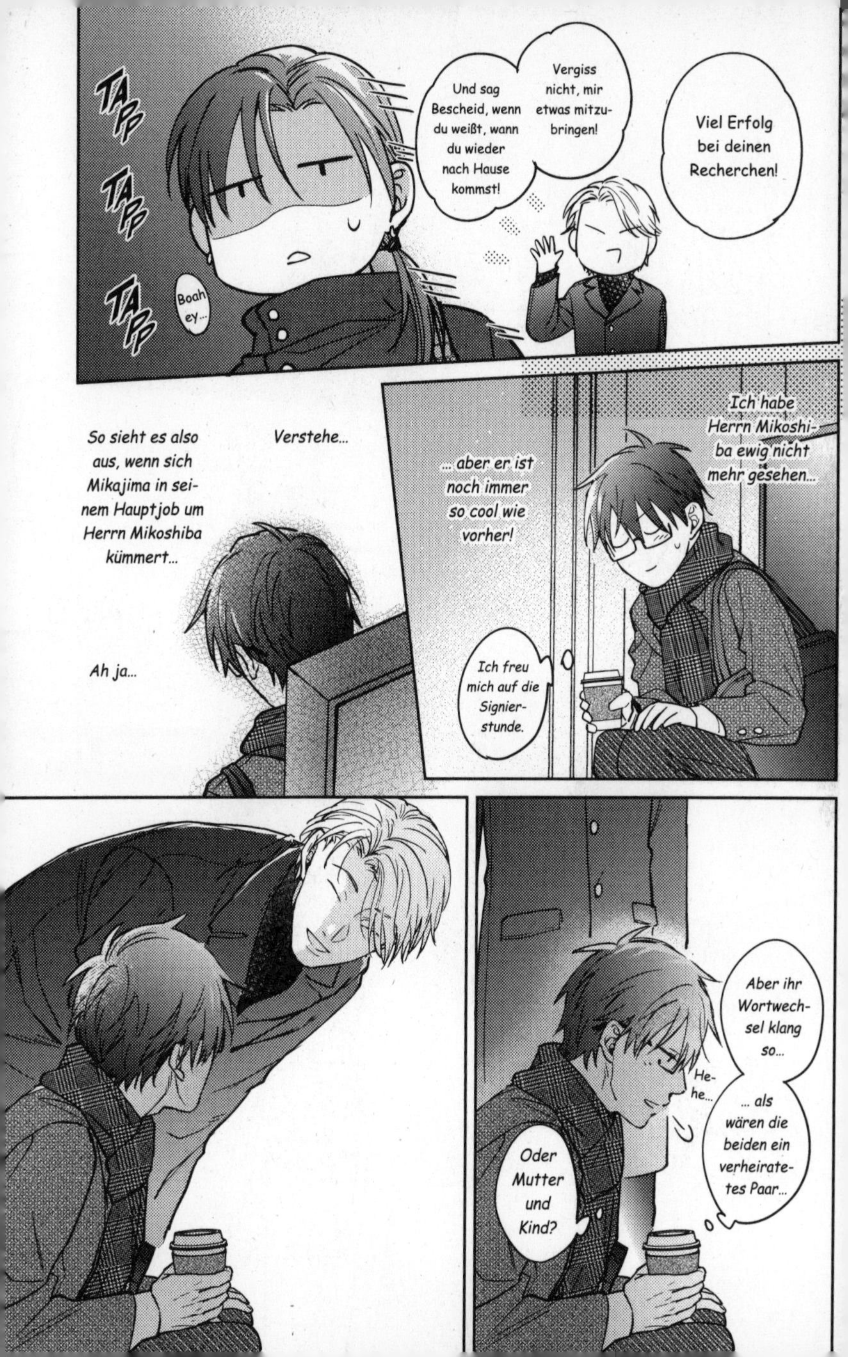

Viel Erfolg bei deinen Recherchen!
Vergiss nicht, mir etwas mitzubringen!
Und sag Bescheid, wenn du weißt, wann du wieder nach Hause kommst!
TAPP TAPP TAPP
Boah ey...
Ich habe Herrn Mikoshiba ewig nicht mehr gesehen...
... aber er ist noch immer so cool wie vorher!
Ich freu mich auf die Signierstunde.
Verstehe...
So sieht es also aus, wenn sich Mikajima in seinem Hauptjob um Herrn Mikoshiba kümmert...
Ah ja...
Aber ihr Wortwechsel klang so...
... als wären die beiden ein verheiratetes Paar...
Hehe...
Oder Mutter und Kind?

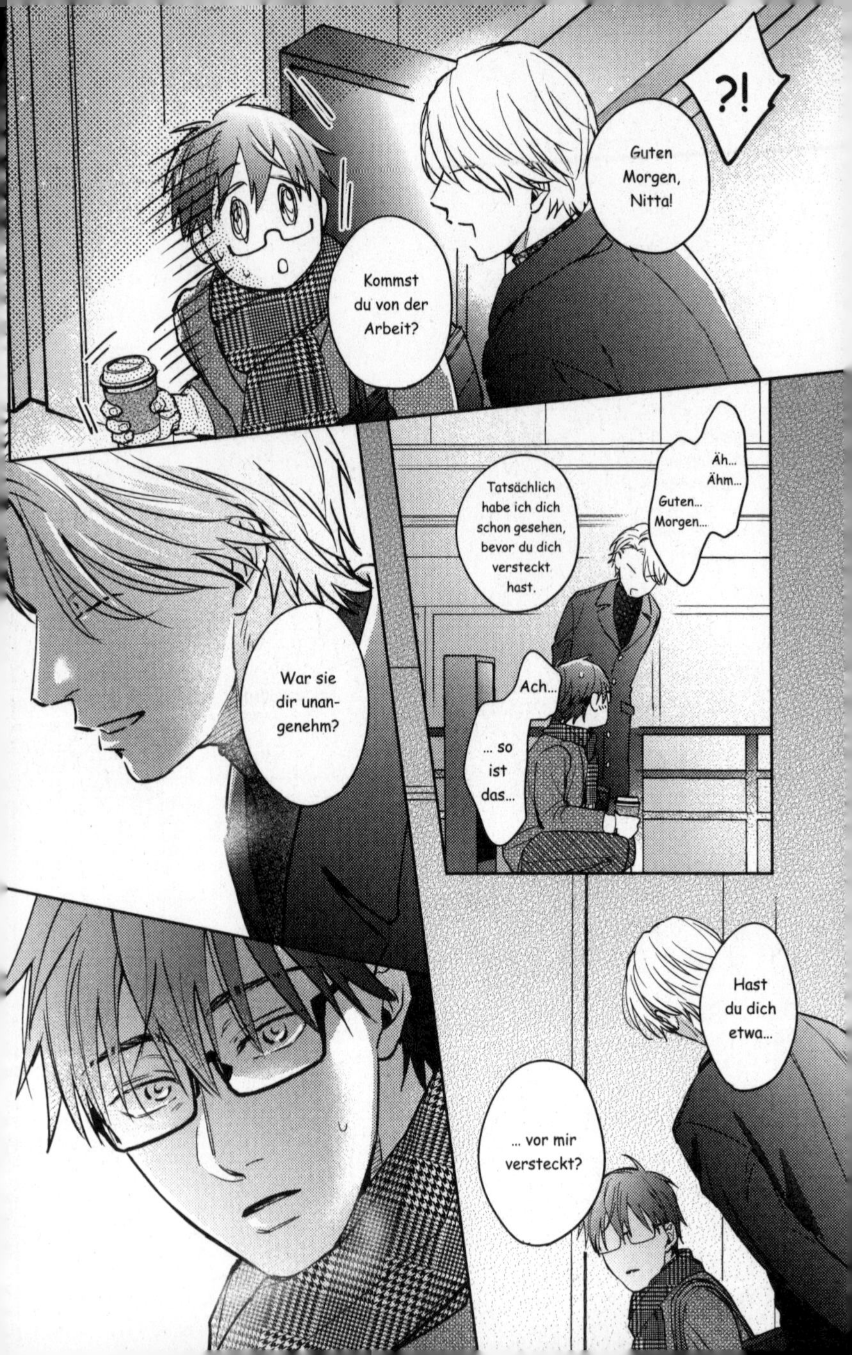
?!
Guten Morgen, Nitta!
Kommst du von der Arbeit?
Äh... Ähm...
Guten... Morgen...
Tatsächlich habe ich dich schon gesehen, bevor du dich versteckt hast.
Ach...
... so ist das...
War sie dir unangenehm?
Hast du dich etwa...
... vor mir versteckt?

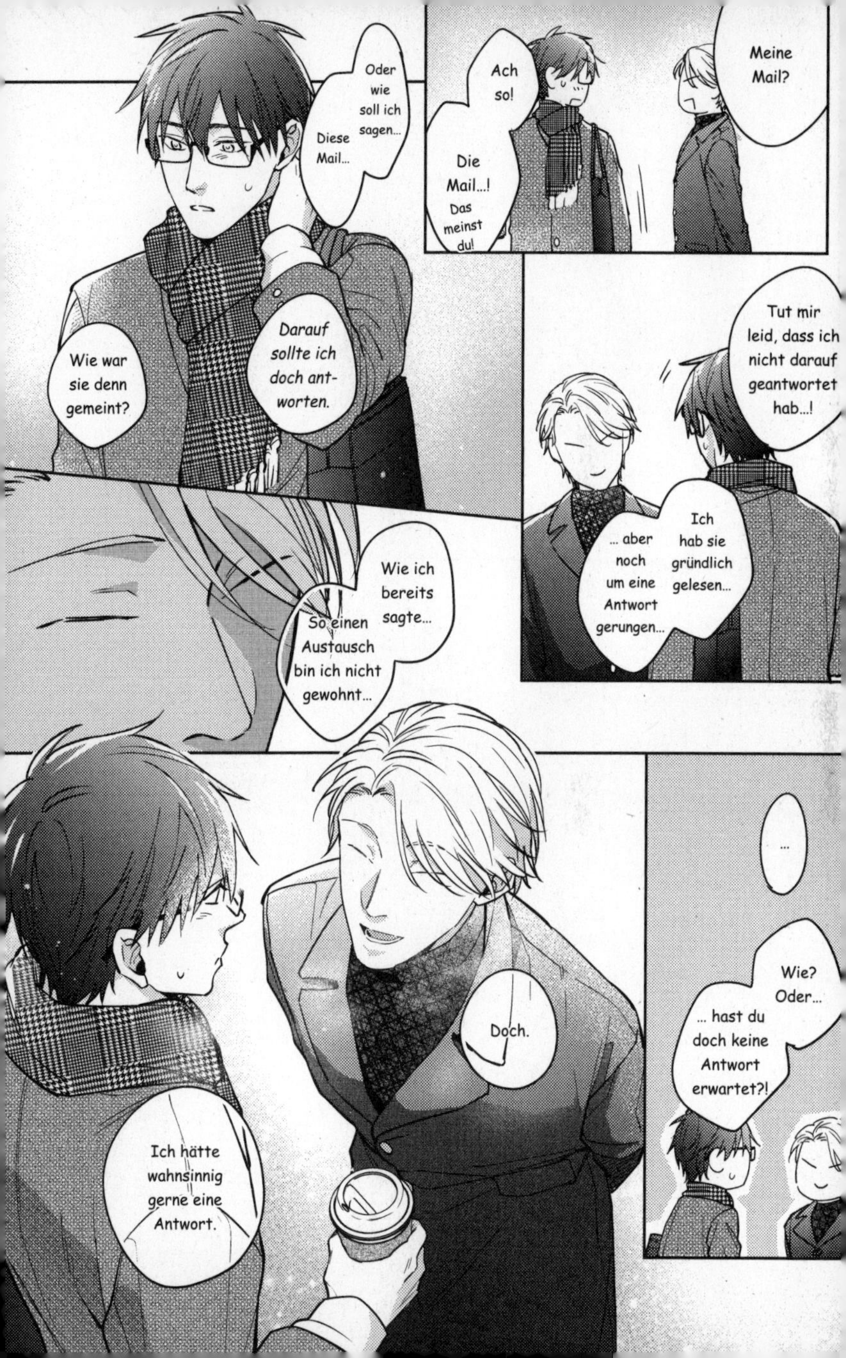
Meine Mail?
Ach so!
Die Mail...! Das meinst du!
Oder wie soll ich sagen...
Diese Mail...
Darauf sollte ich doch antworten.
Wie war sie denn gemeint?
Tut mir leid, dass ich nicht darauf geantwortet hab...!
Ich hab sie gründlich gelesen...
... aber noch um eine Antwort gerungen...
Wie ich bereits sagte...
So einen Austausch bin ich nicht gewohnt...
...
Wie? Oder...
... hast du doch keine Antwort erwartet?!
Doch.
Ich hätte wahnsinnig gerne eine Antwort.

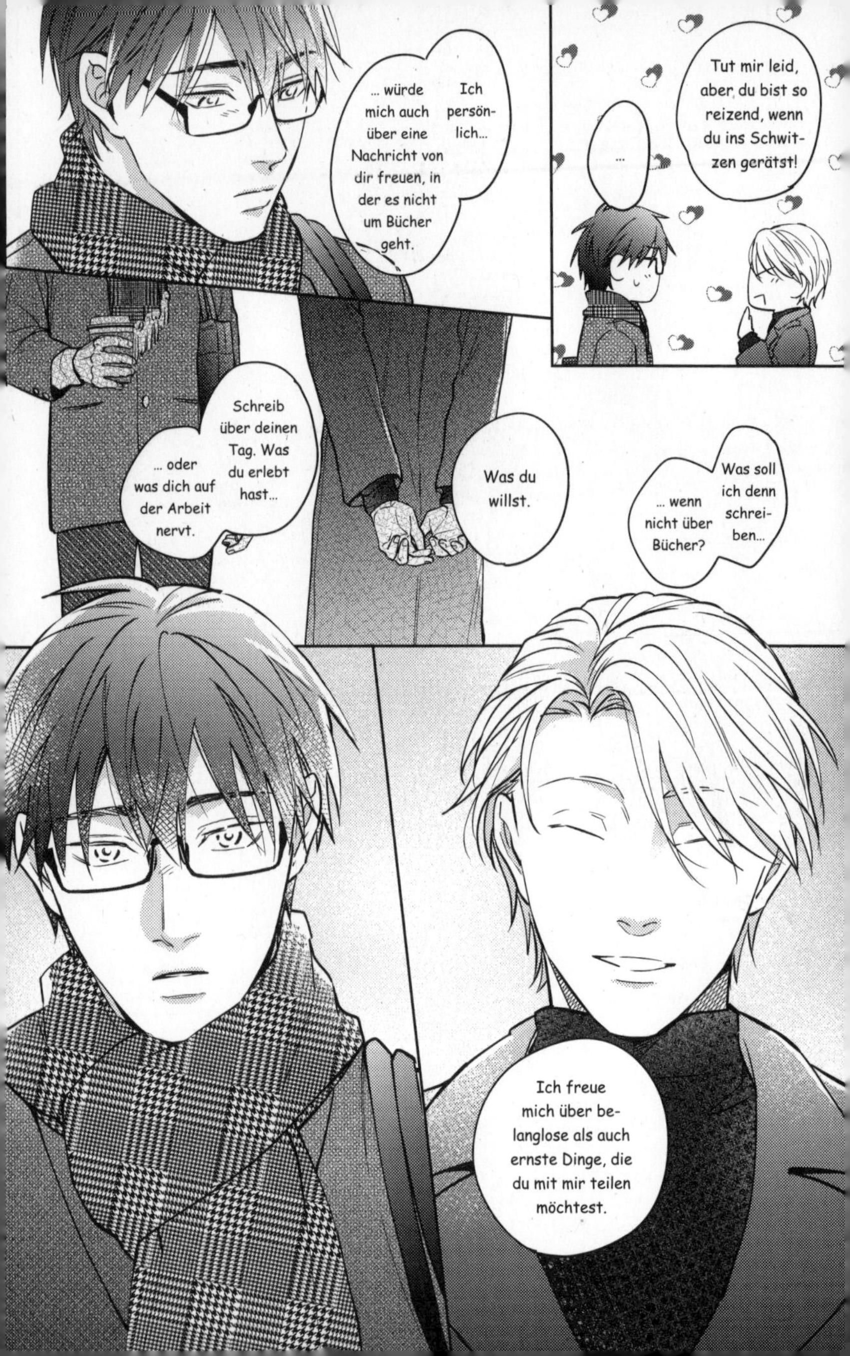
Tut mir leid, aber du bist so reizend, wenn du ins Schwitzen gerätst!
...
Ich persönlich...
... würde mich auch über eine Nachricht von dir freuen, in der es nicht um Bücher geht.
Was soll ich denn schreiben...
... wenn nicht über Bücher?
Was du willst.
Schreib über deinen Tag. Was du erlebt hast...
... oder was dich auf der Arbeit nervt.
Ich freue mich über belanglose als auch ernste Dinge, die du mit mir teilen möchtest.

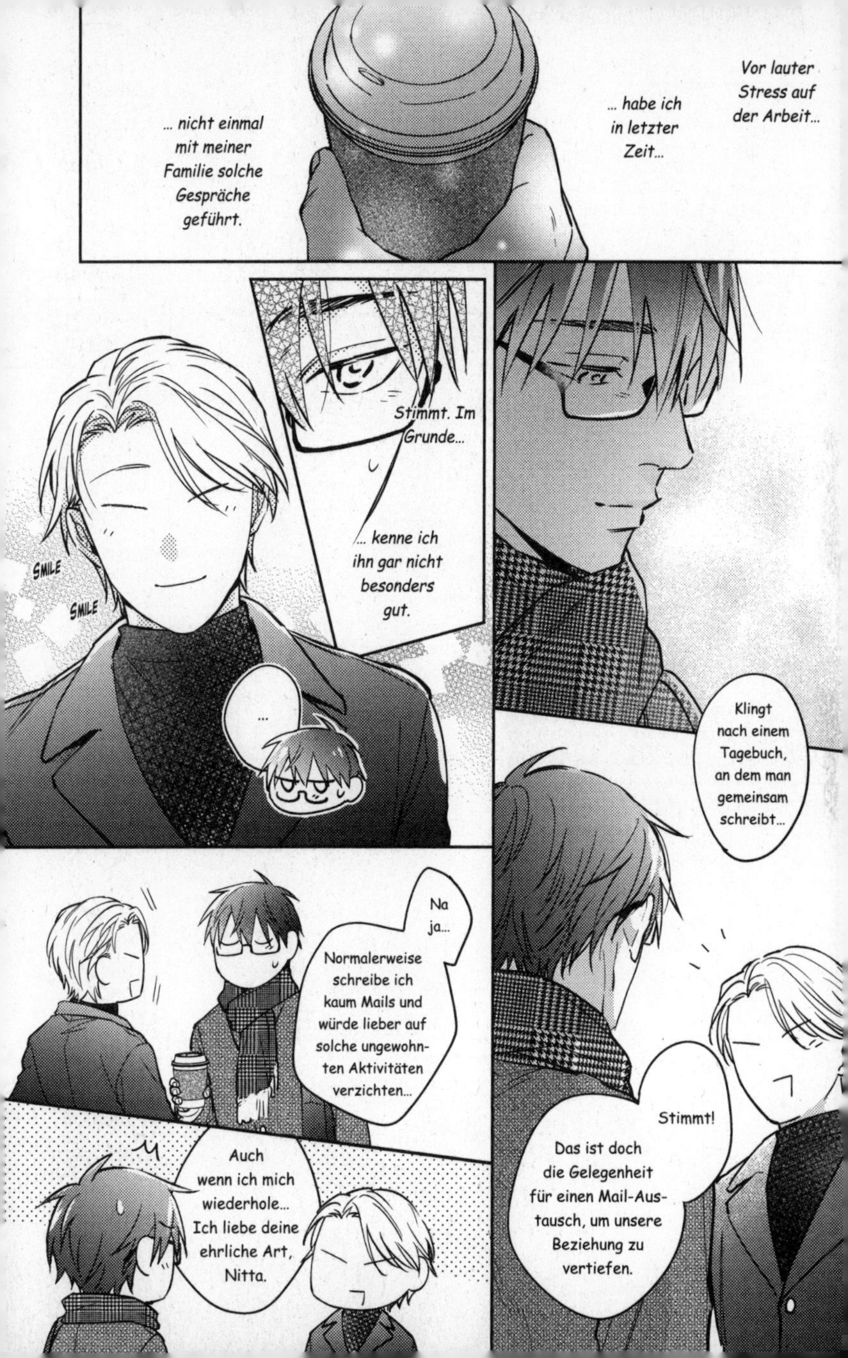
Vor lauter Stress auf der Arbeit...
... habe ich in letzter Zeit...
... nicht einmal mit meiner Familie solche Gespräche geführt.
Stimmt. Im Grunde...
... kenne ich ihn gar nicht besonders gut.
SMILE
SMILE
...
Klingt nach einem Tagebuch, an dem man gemeinsam schreibt...
Stimmt!
Das ist doch die Gelegenheit für einen Mail-Austausch, um unsere Beziehung zu vertiefen.
Na ja...
Normalerweise schreibe ich kaum Mails und würde lieber auf solche ungewohnten Aktivitäten verzichten...
Auch wenn ich mich wiederhole... Ich liebe deine ehrliche Art, Nitta.

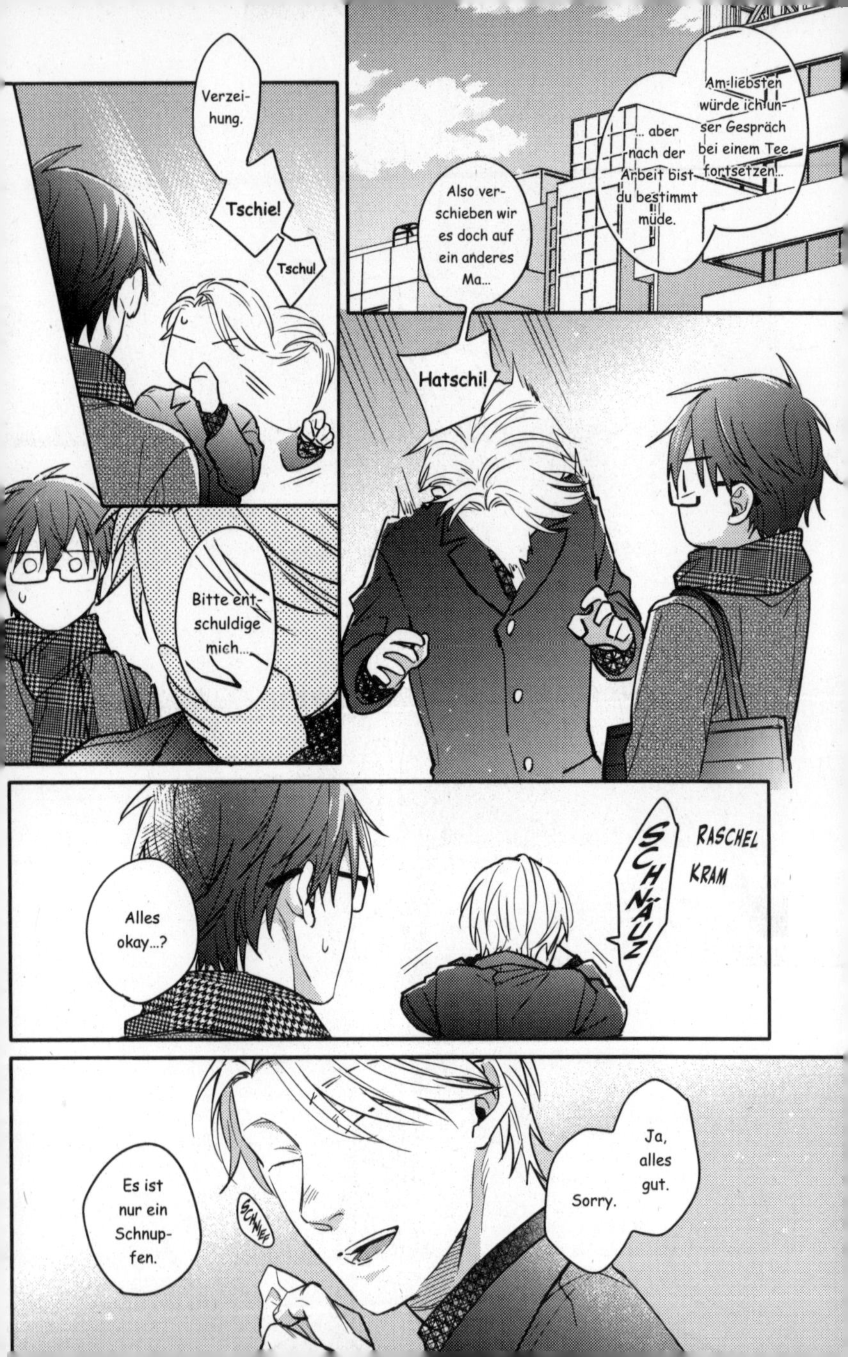

Am liebsten würde ich unser Gespräch bei einem Tee fortsetzen!...
... aber nach der Arbeit bist du bestimmt müde.
Also verschieben wir es doch auf ein anderes Ma...
Hatschi!
Verzeihung.
Tschie!
Tschu!
Bitte entschuldige mich...
RASCHEL
KRAM
SCHNÄUZ
Alles okay...?
Ja, alles gut.
Sorry.
SCHNIEF
Es ist nur ein Schnupfen.

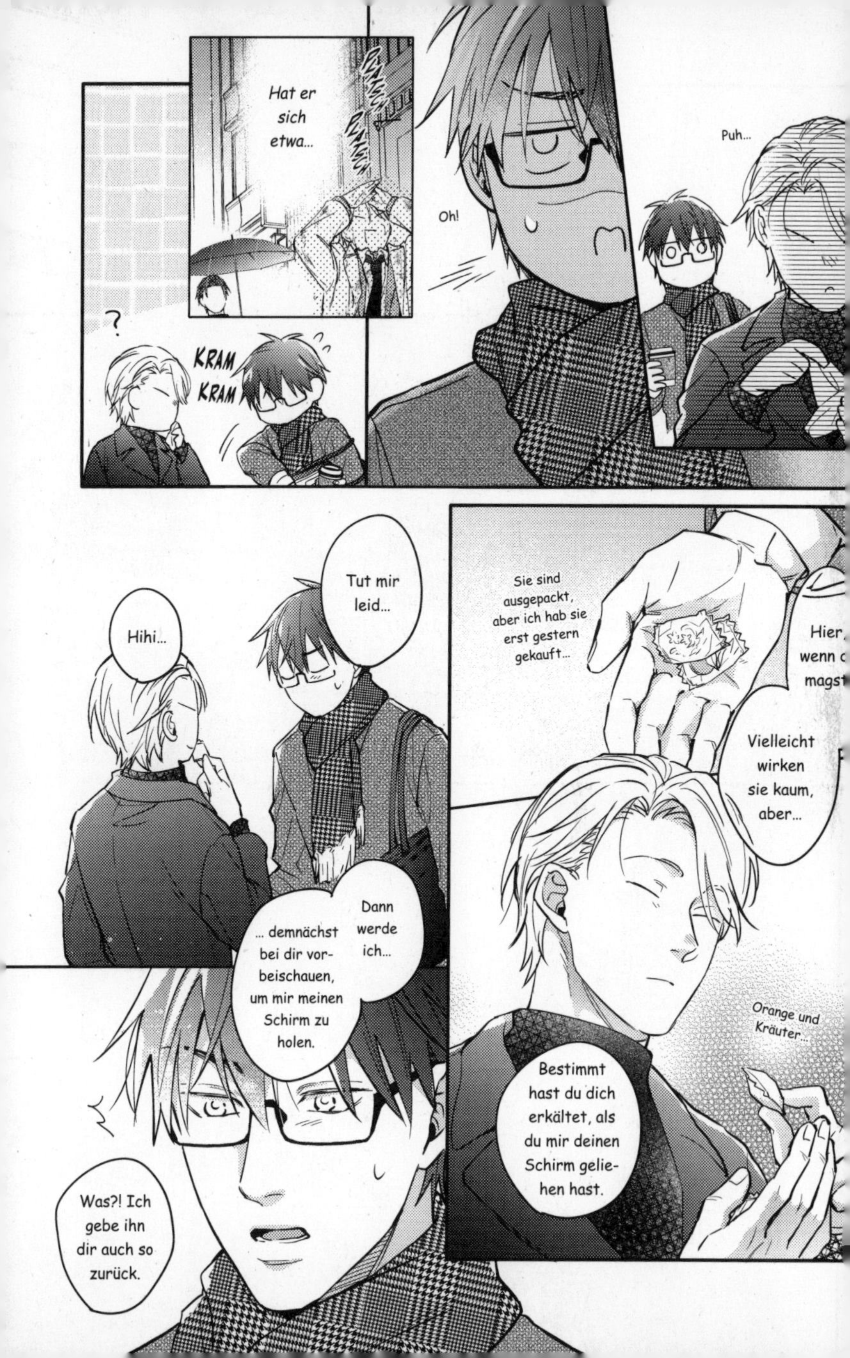

Puh...
Oh!
Hat er sich etwa...
?
KRAM KRAM
Hier, wenn magst
Sie sind ausgepackt, aber ich hab sie erst gestern gekauft...
Vielleicht wirken sie kaum, aber...
Orange und Kräuter...
Bestimmt hast du dich erkältet, als du mir deinen Schirm geliehen hast.
Tut mir leid...
Hihi...
Dann werde ich...
... demnächst bei dir vorbeischauen, um mir meinen Schirm zu holen.
Was?! Ich gebe ihn dir auch so zurück.

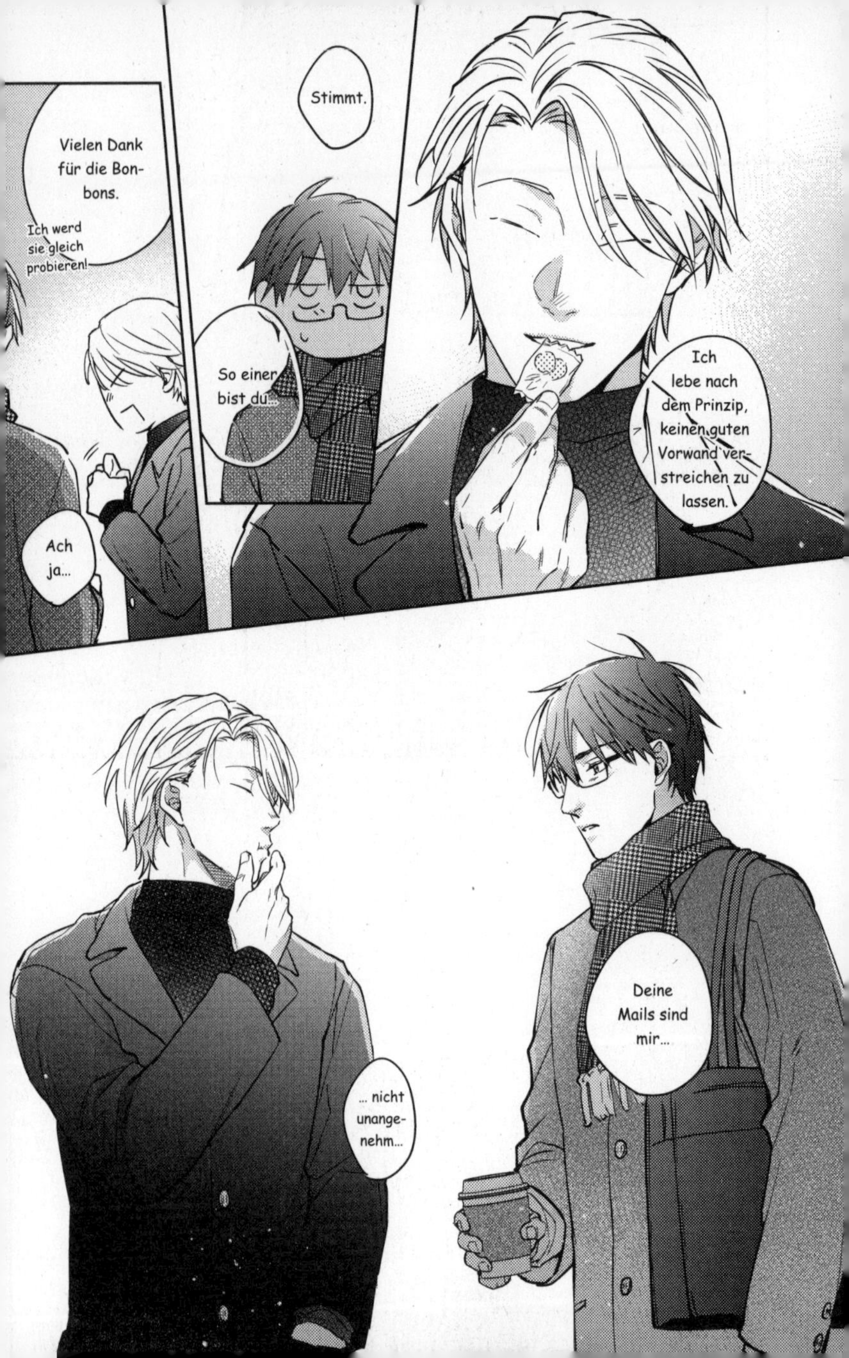

Ich lebe nach dem Prinzip, keinen guten Vorwand verstreichen zu lassen.
Stimmt.
So einer bist du...
Vielen Dank für die Bonbons.
Ich werd sie gleich probieren!
Ach ja...
Deine Mails sind mir...
... nicht unangenehm...

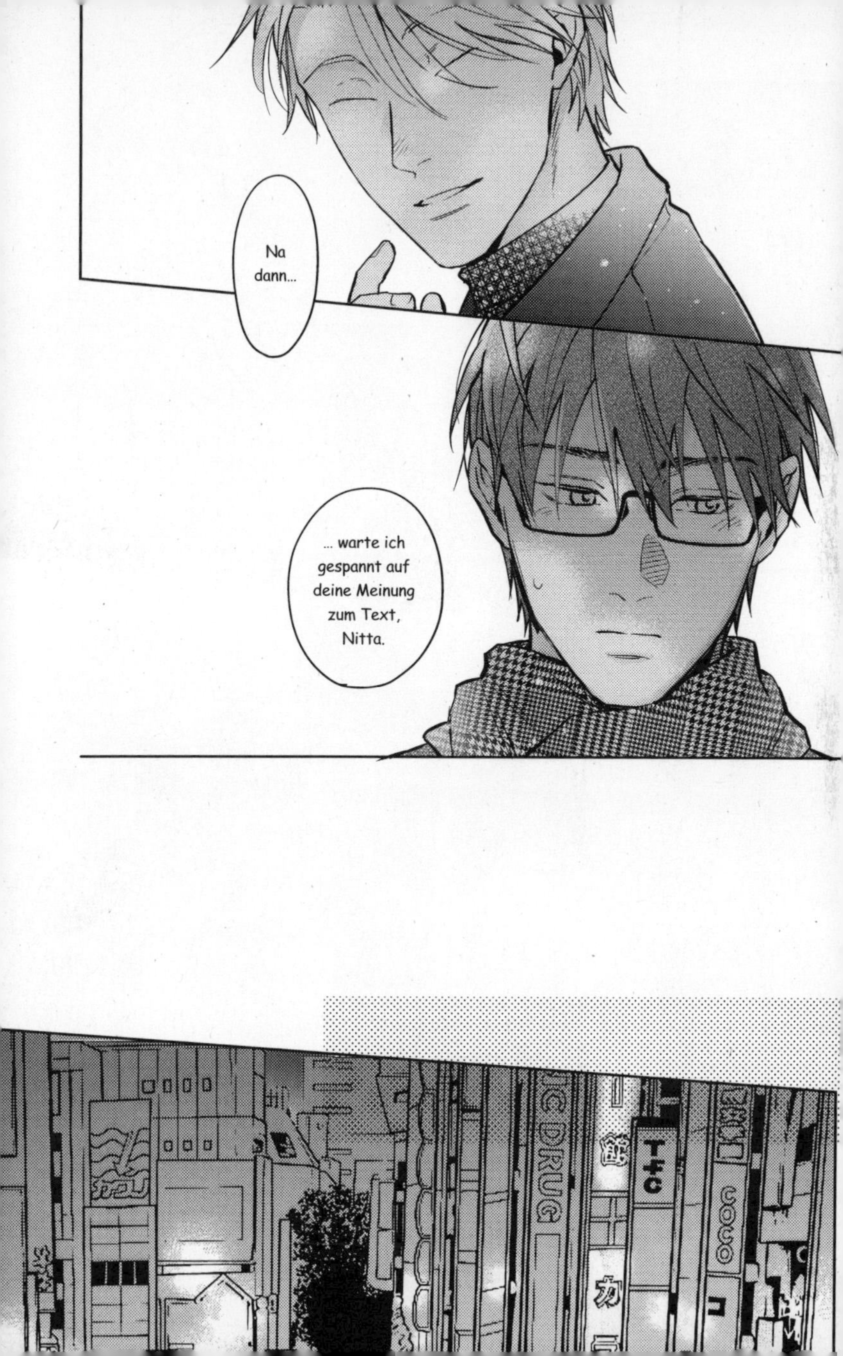
Na dann...
... warte ich gespannt auf deine Meinung zum Text, Nitta.

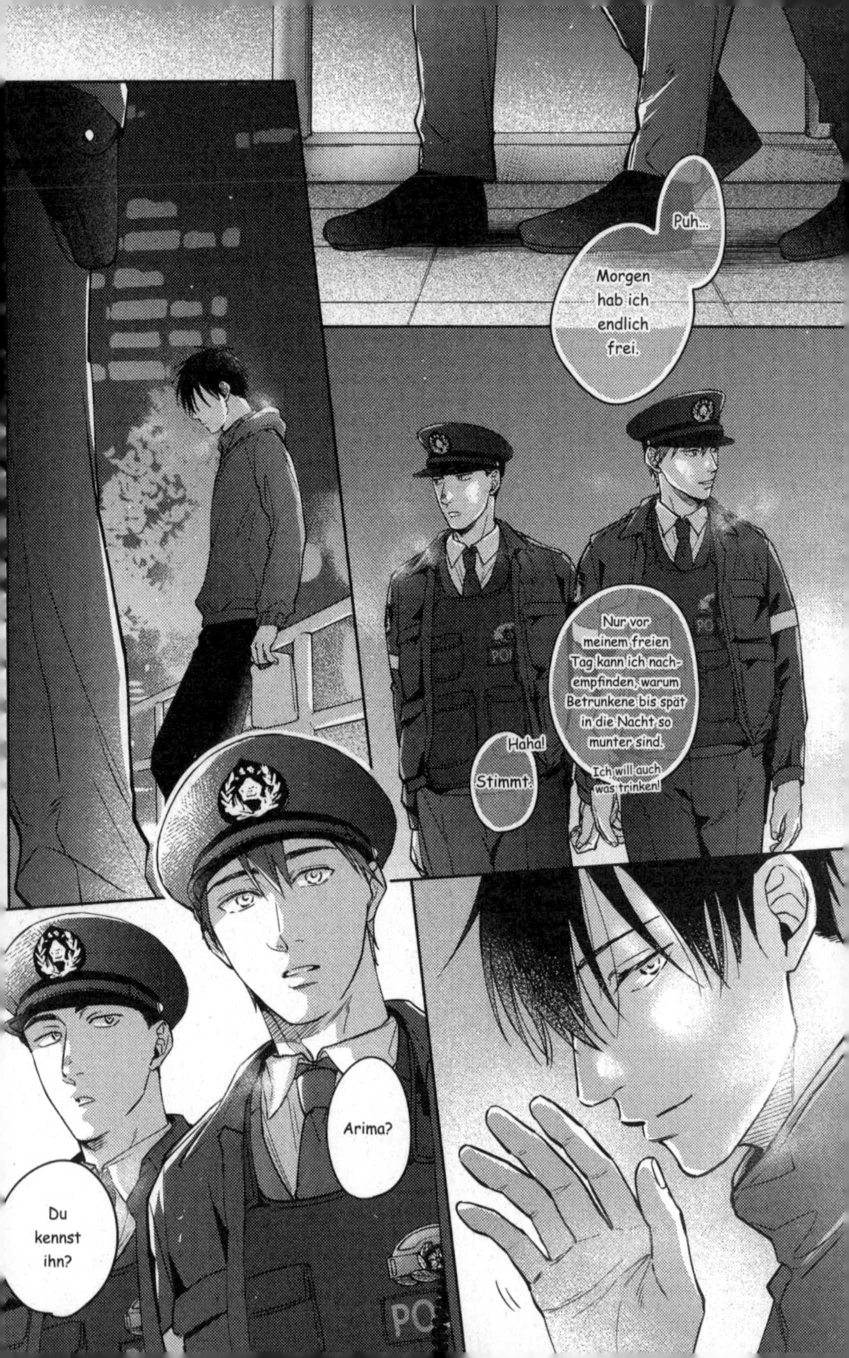
Puh...
Morgen hab ich endlich frei.
Nur vor meinem freien Tag kann ich nach-empfinden, warum Betrunkene bis spät in die Nacht so munter sind.
Ich will auch was trinken!
Haha! Stimmt.
Arima?
Du kennst ihn?

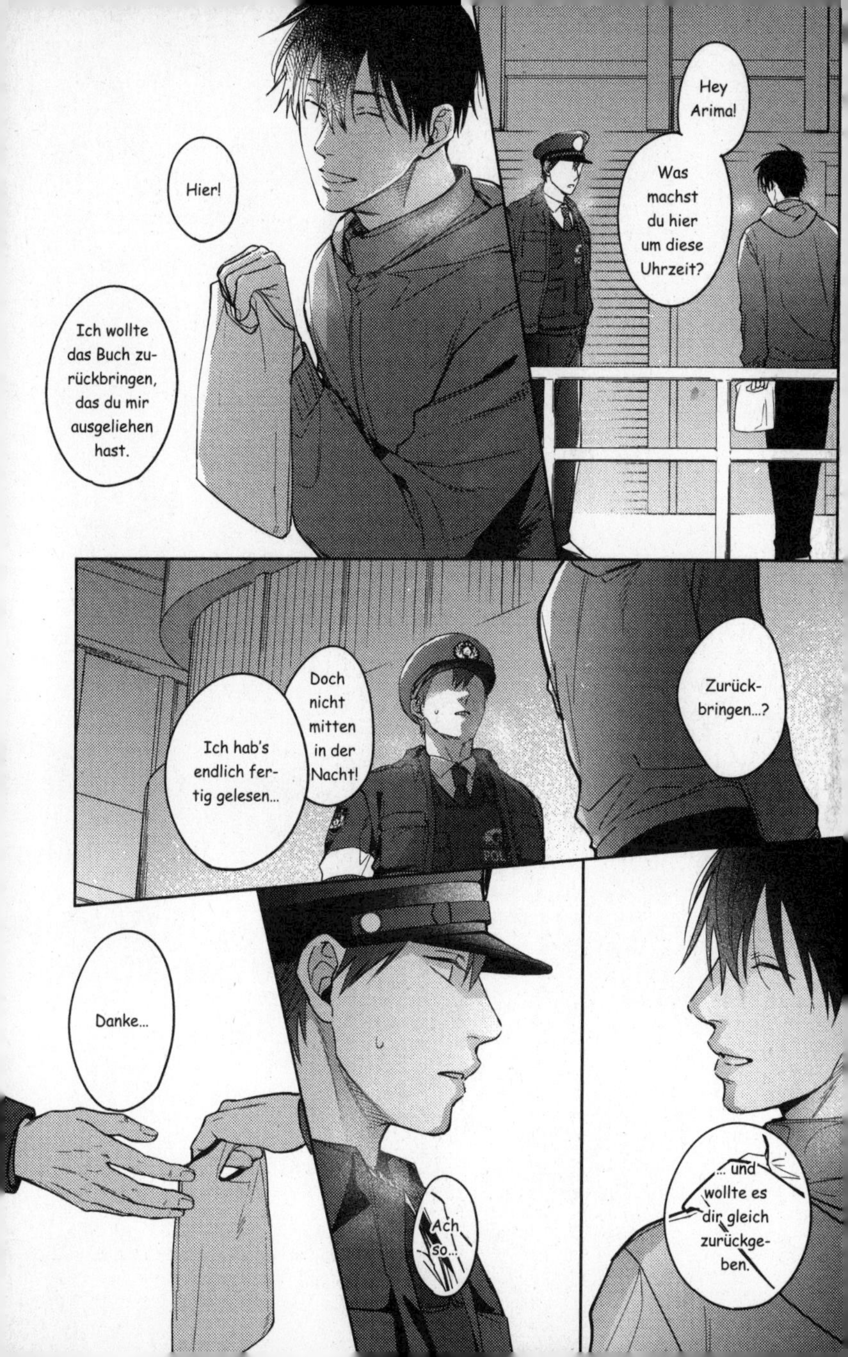
Hey Arima!
Was machst du hier um diese Uhrzeit?
Hier!
Ich wollte das Buch zurückbringen, das du mir ausgeliehen hast.
Zurückbringen...?
Doch nicht mitten in der Nacht!
Ich hab's endlich fertig gelesen...
... und wollte es dir gleich zurückgeben.
Ach so...
Danke...

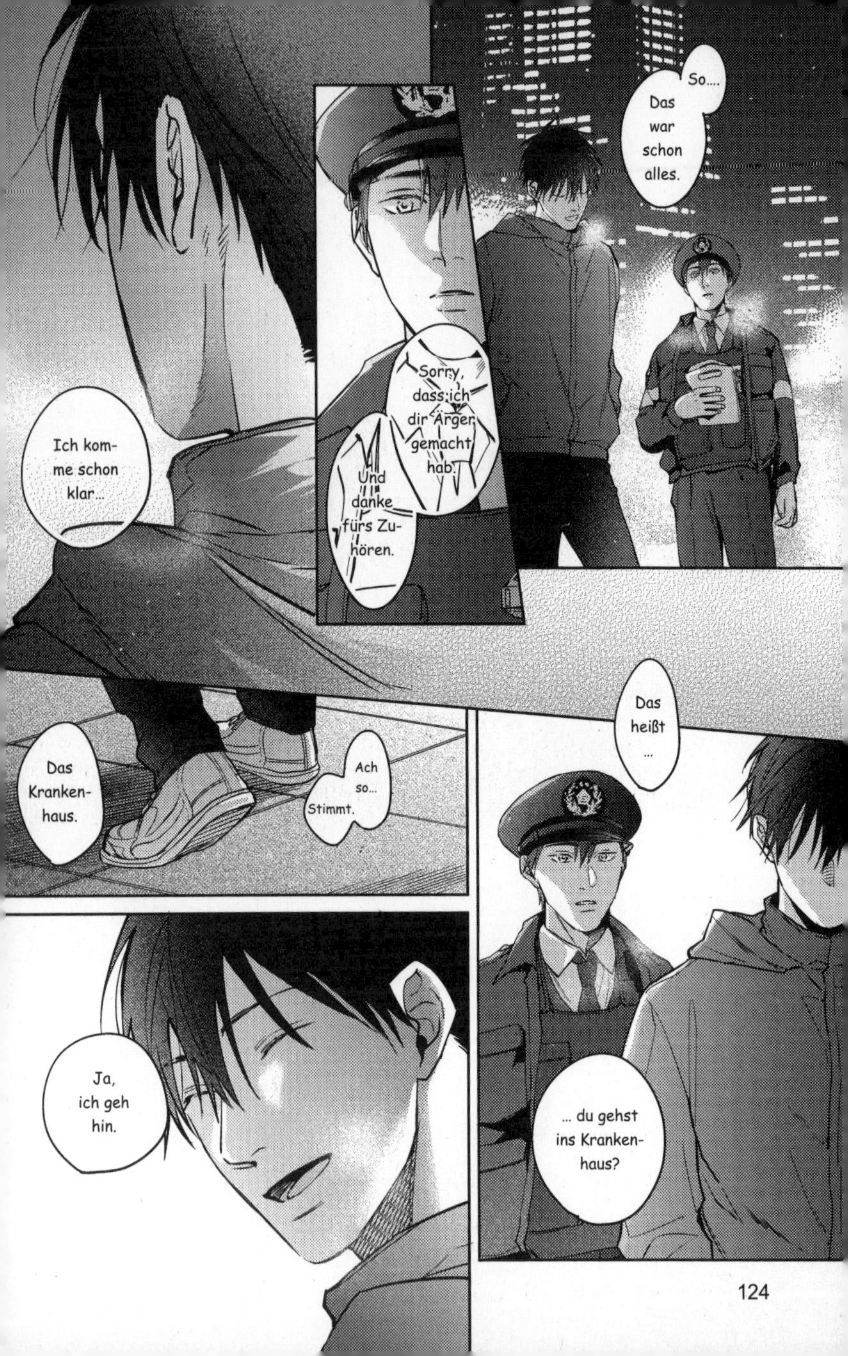

So....
Das war schon alles.
Sorry, dass ich dir Ärger gemacht hab.
Und danke fürs Zuhören.
Ich komme schon klar...
Das Krankenhaus.
Ach so... Stimmt.
Das heißt ...
... du gehst ins Krankenhaus?
Ja, ich geh hin.

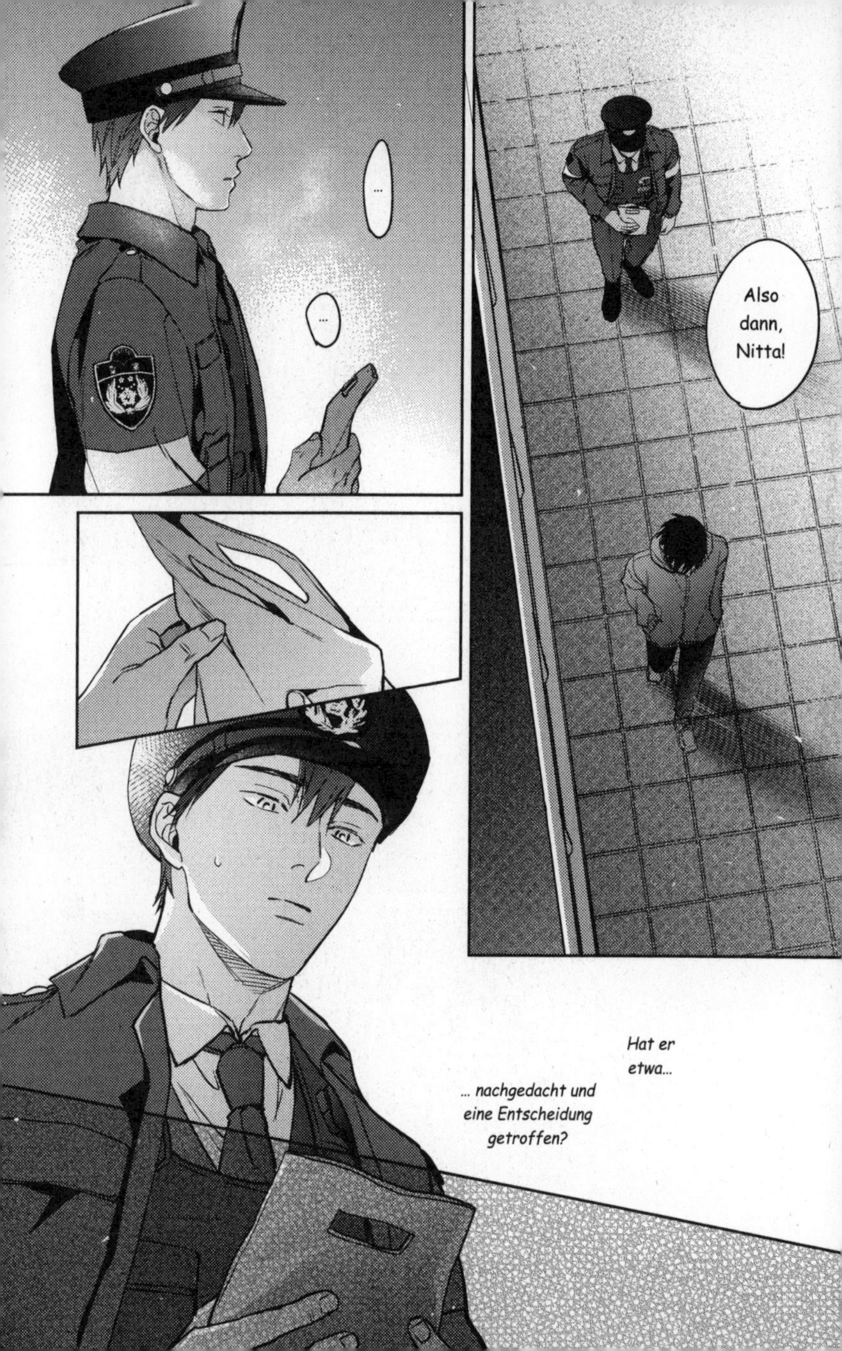
Also dann, Nitta!
...
...
Hat er etwa...
... nachgedacht und eine Entscheidung getroffen?

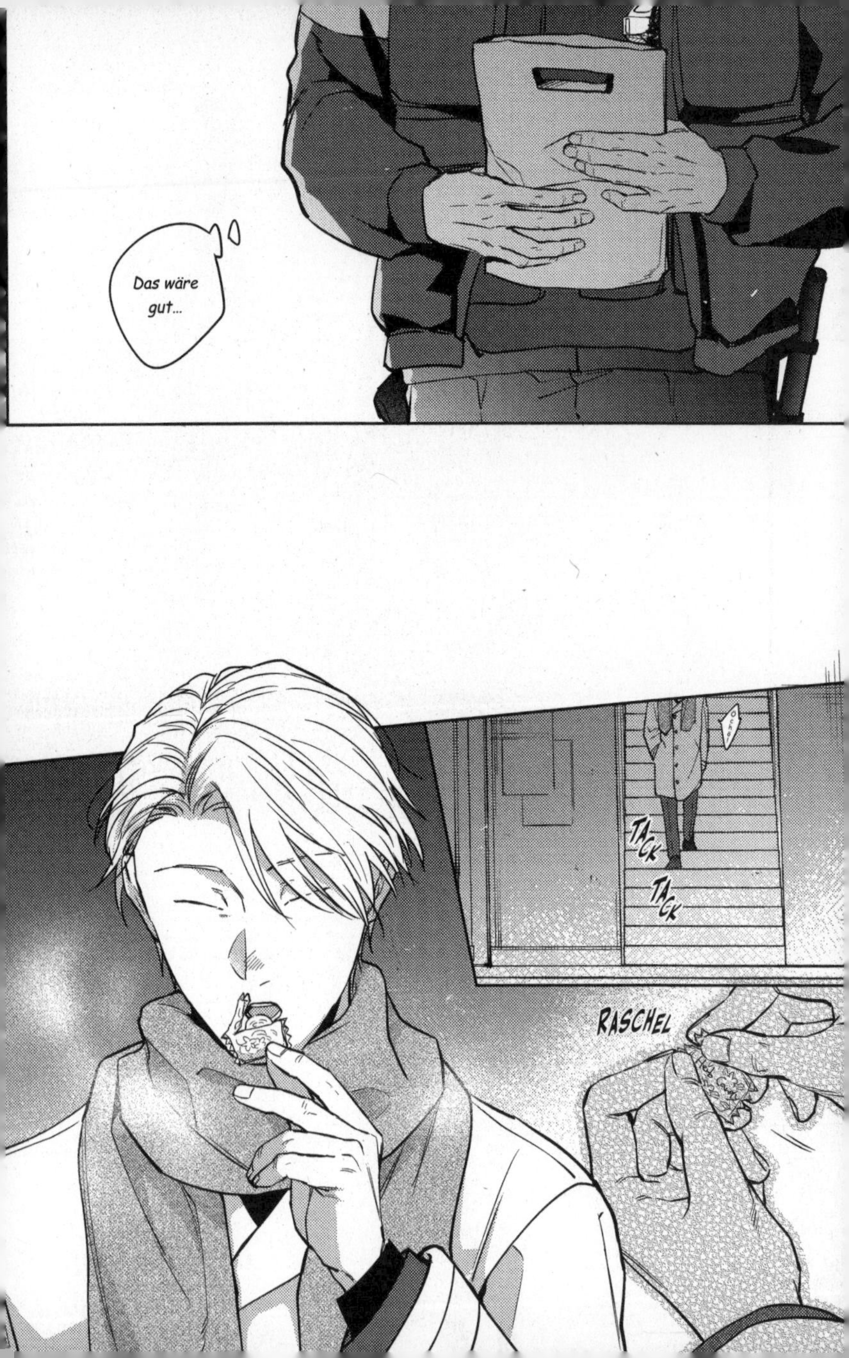
Das wäre gut...
TACK
TACK
RASCHEL

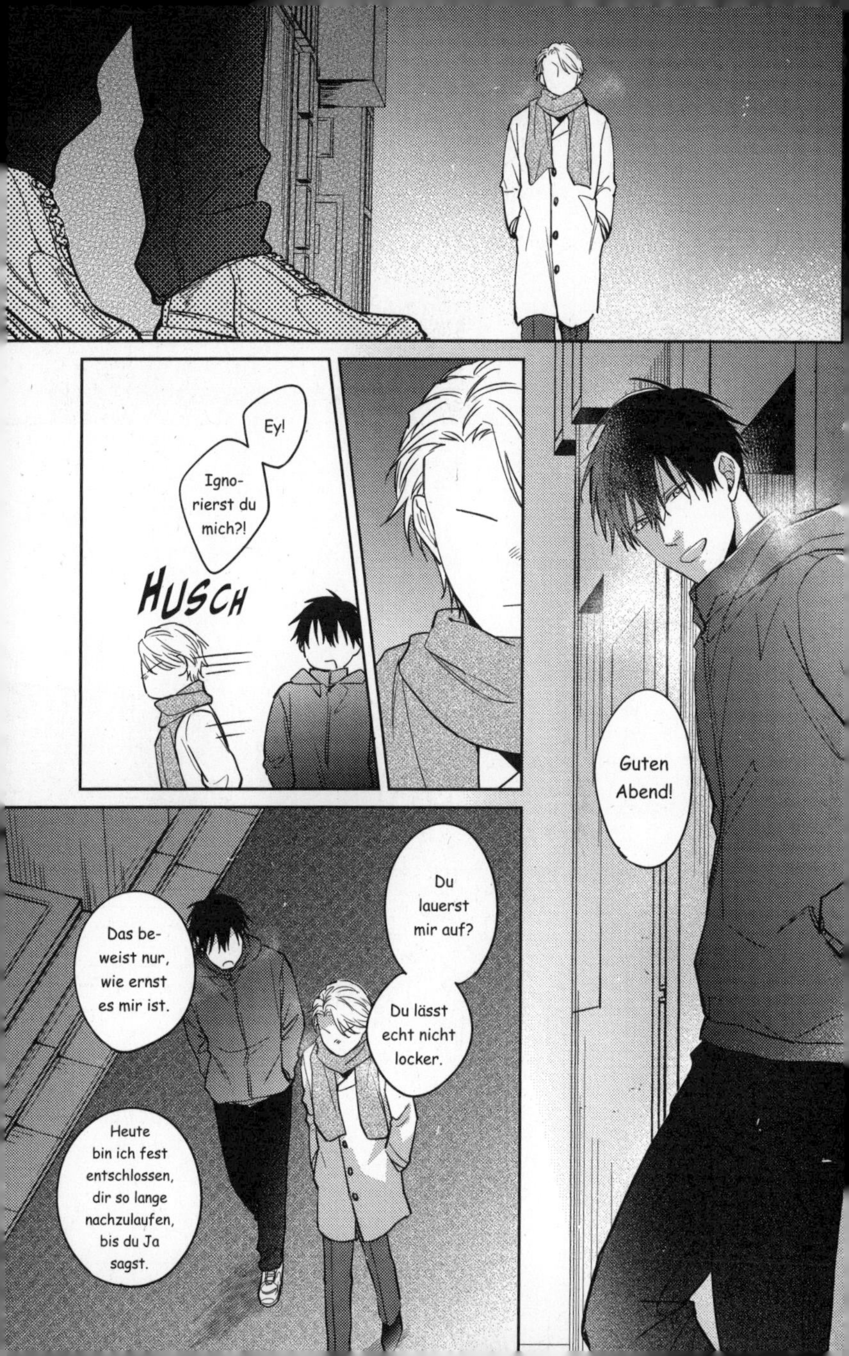
Guten Abend!
Ey!
Ignoriert du mich?!
HUSCH
Du lauerst mir auf?
Du lässt echt nicht locker.
Das beweist nur, wie ernst es mir ist.
Heute bin ich fest entschlossen, dir so lange nachzulaufen, bis du Ja sagst.

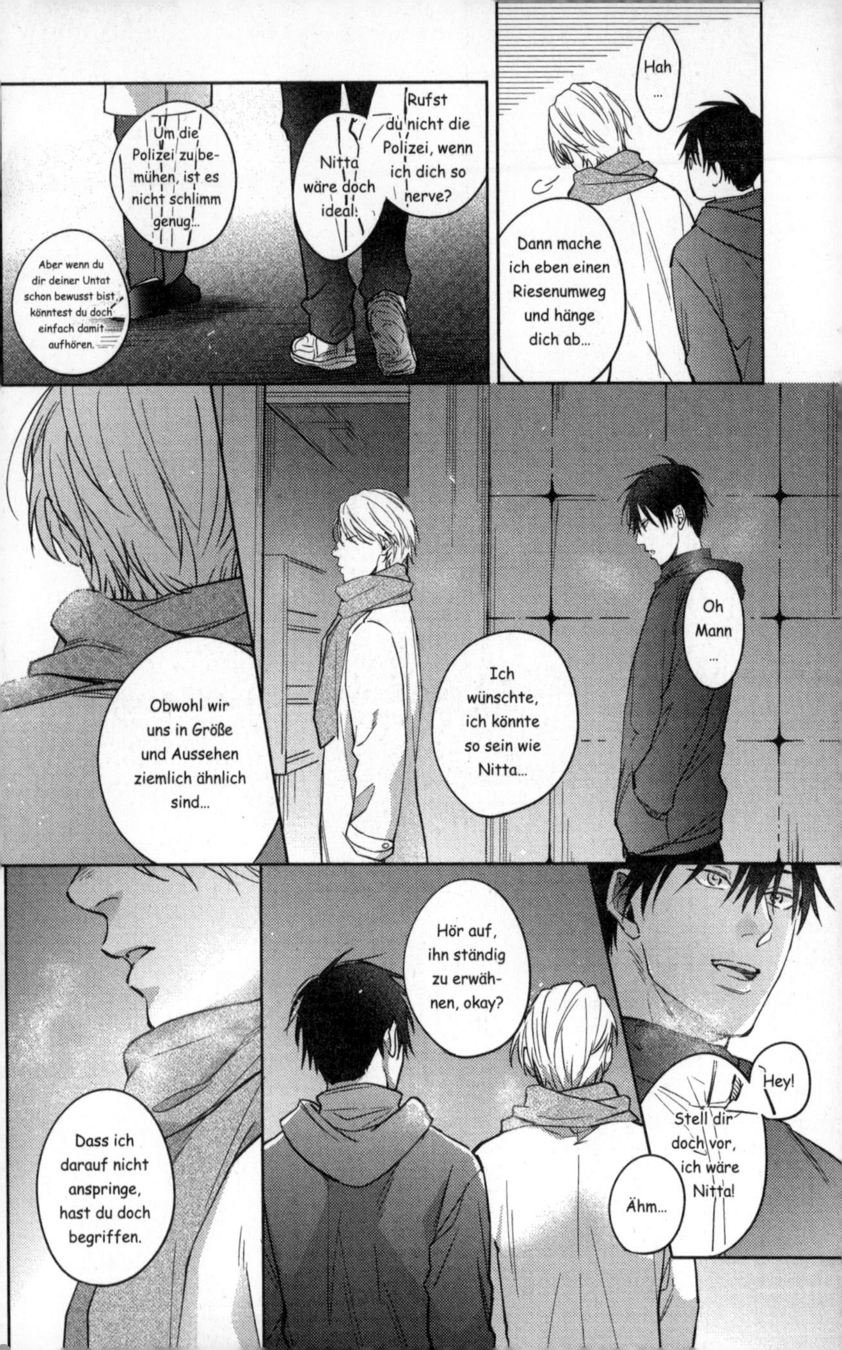
Hah ...
Dann mache ich eben einen Riesenumweg und hänge dich ab...
Rufst du nicht die Polizei, wenn ich dich so nerve?
Nitta wäre doch ideal!
Um die Polizei zu bemühen, ist es nicht schlimm genug...
Aber wenn du dir deiner Untat schon bewusst bist, könntest du doch einfach damit aufhören.
Oh Mann ...
Ich wünschte, ich könnte so sein wie Nitta...
Obwohl wir uns in Größe und Aussehen ziemlich ähnlich sind...
Hey!
Stell dir doch vor, ich wäre Nitta!
Ähm...
Hör auf, ihn ständig zu erwähnen, okay?
Dass ich darauf nicht anspringe, hast du doch begriffen.

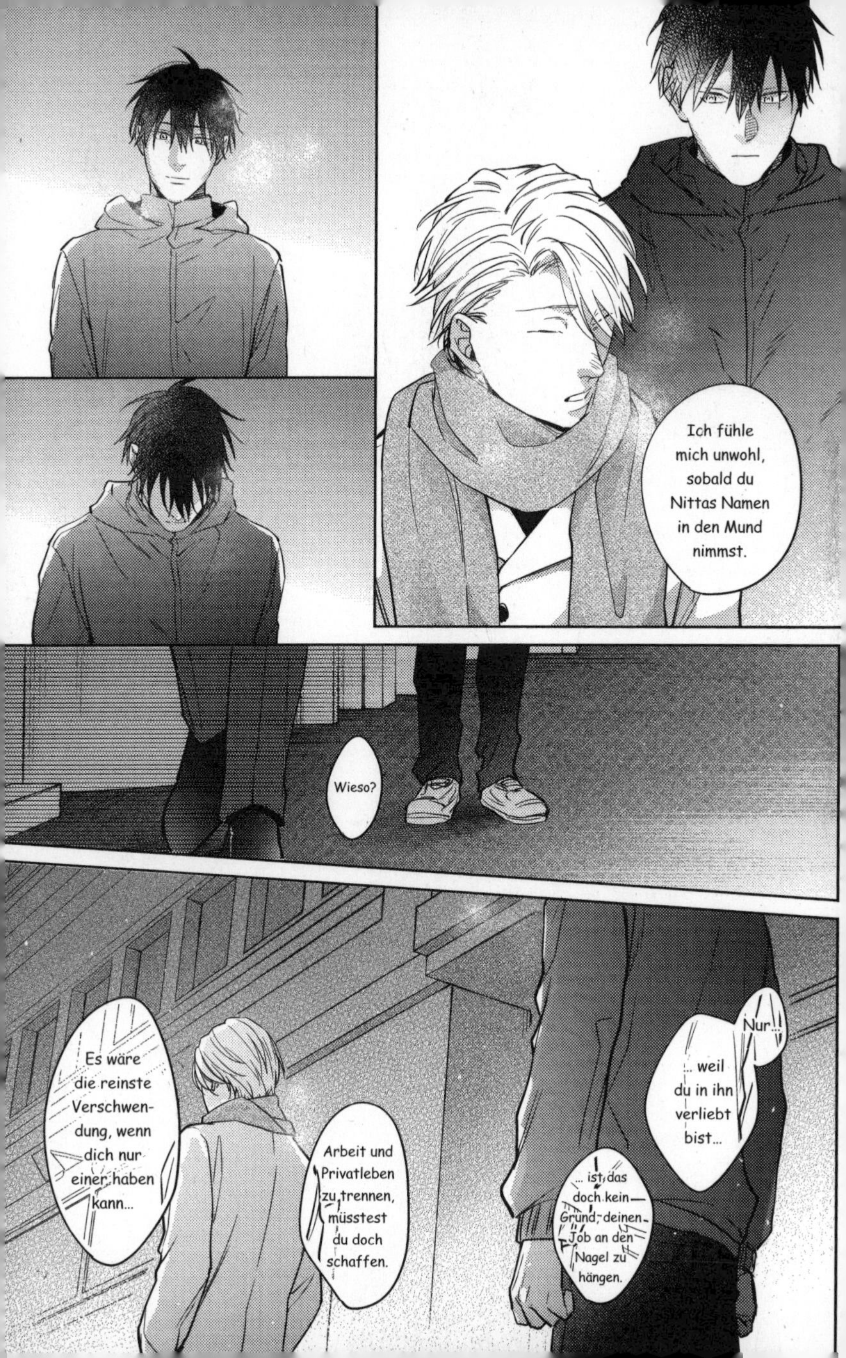
Ich fühle mich unwohl, sobald du Nittas Namen in den Mund nimmst.
Wieso?
Nur...
... weil du in ihn verliebt bist...
... ist das doch kein Grund, deinen Job an den Nagel zu hängen.
Arbeit und Privatleben zu trennen, müsstest du doch schaffen.
Es wäre die reinste Verschwendung, wenn dich nur einer haben kann...

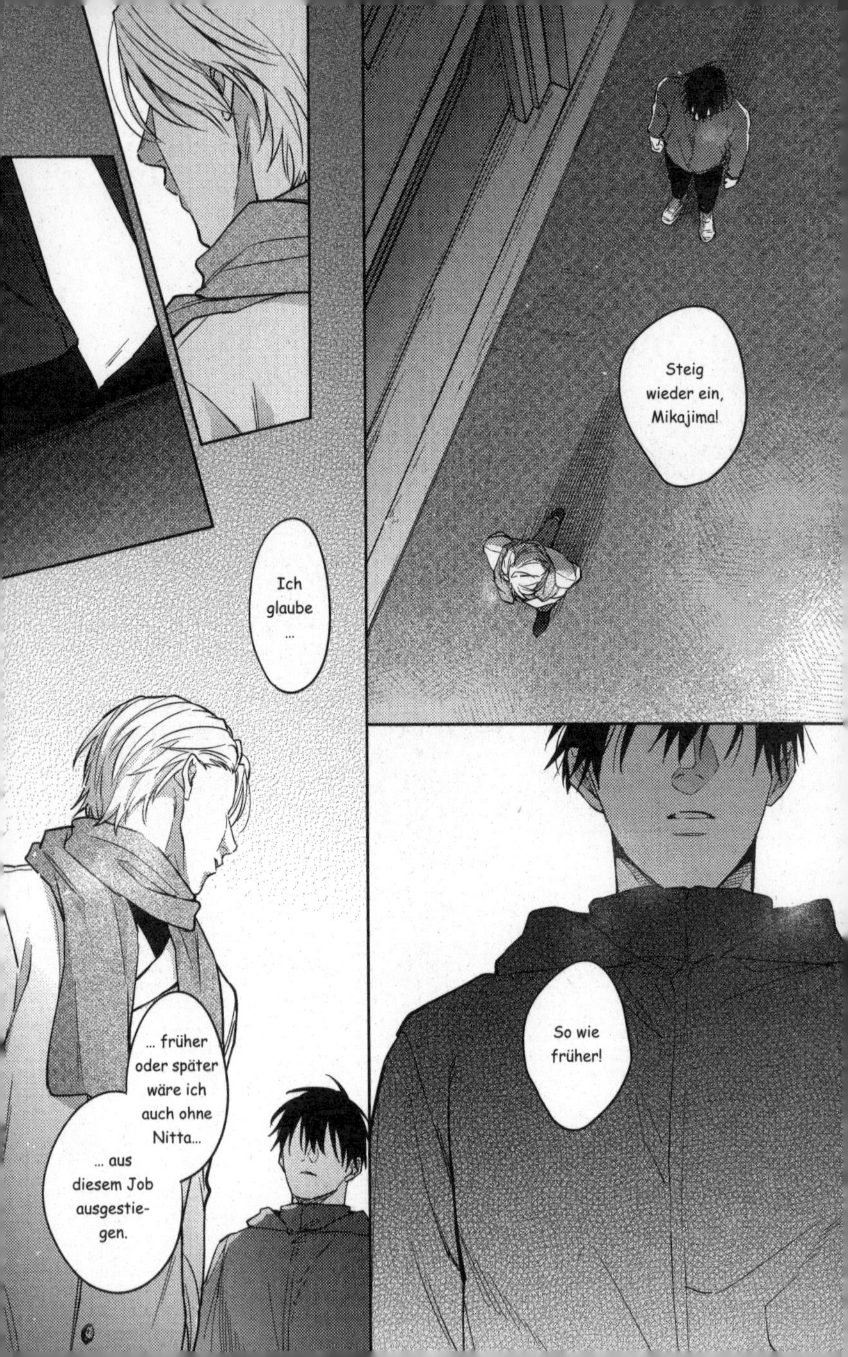
Steig wieder ein, Mikajima!
So wie früher!
Ich glaube ...
... früher oder später wäre ich auch ohne Nitta...
... aus diesem Job ausgestie-gen.

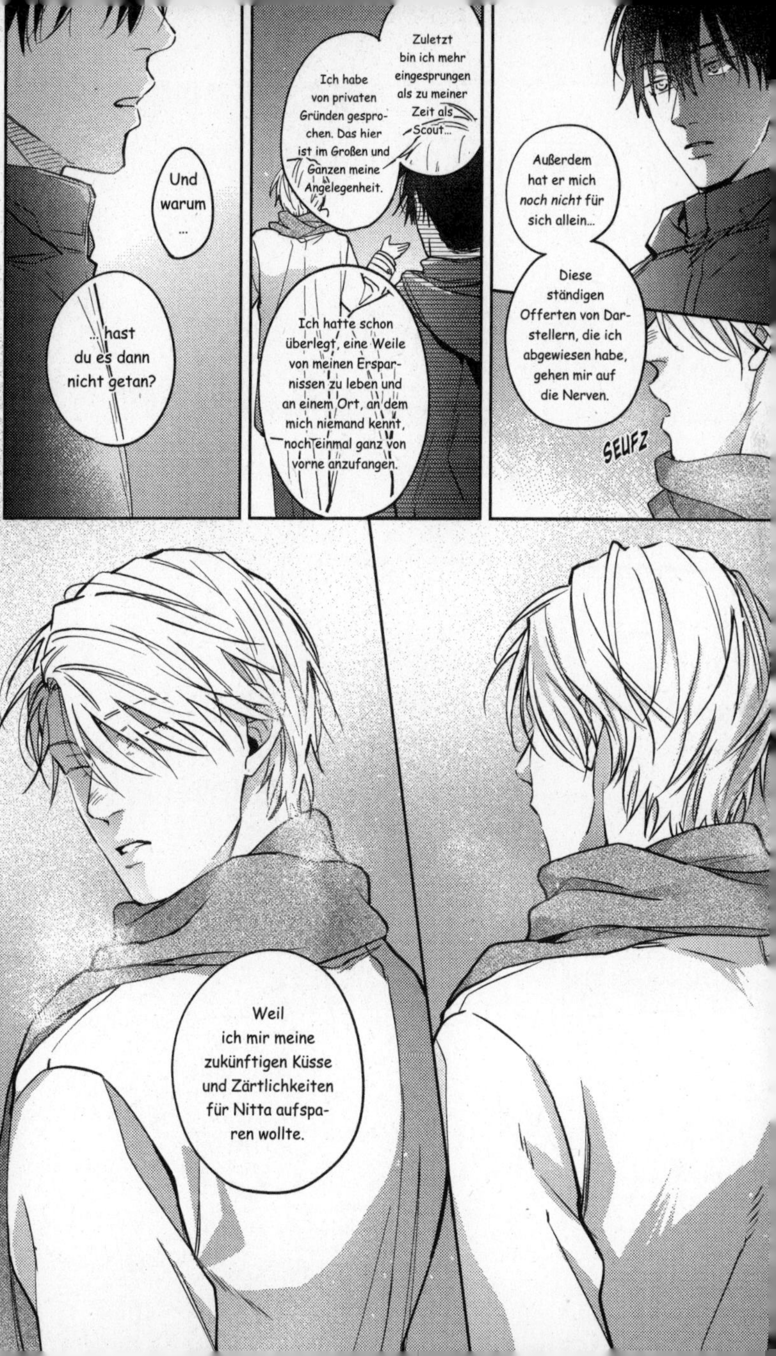

Außerdem hat er mich *noch nicht* für sich allein...
Diese ständigen Offerten von Darstellern, die ich abgewiesen habe, gehen mir auf die Nerven.
SEUFZ
Zuletzt bin ich mehr eingesprungen als zu meiner Zeit als Scout...
Ich habe von privaten Gründen gesprochen. Das hier ist im Großen und Ganzen meine Angelegenheit.
Ich hatte schon überlegt, eine Weile von meinen Ersparnissen zu leben und an einem Ort, an dem mich niemand kennt, noch einmal ganz von vorne anzufangen.
Und warum ...
... hast du es dann nicht getan?
Weil ich mir meine zukünftigen Küsse und Zärtlichkeiten für Nitta aufsparen wollte.

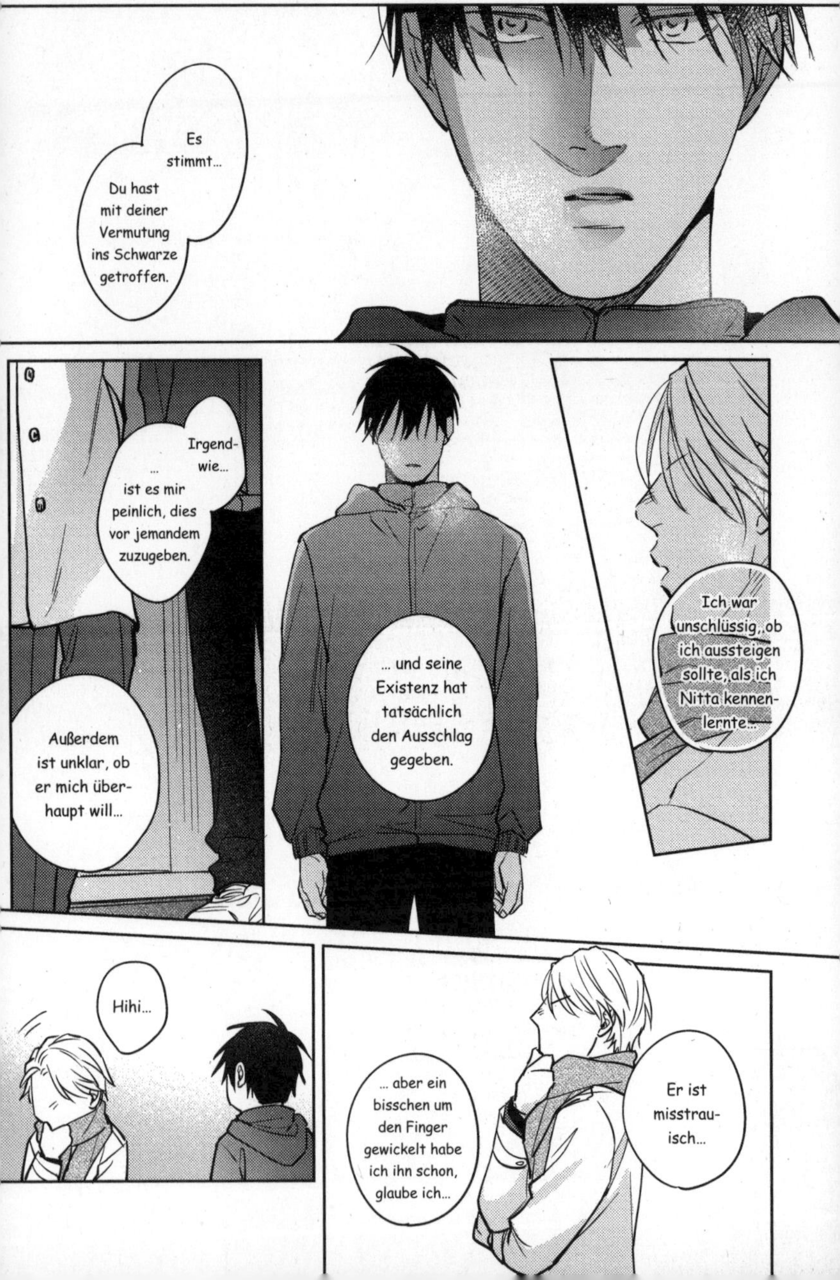
Es stimmt...
Du hast mit deiner Vermutung ins Schwarze getroffen.
Ich war unschlüssig, ob ich aussteigen sollte, als ich Nitta kennenlernte...
... und seine Existenz hat tatsächlich den Ausschlag gegeben.
Irgendwie...
... ist es mir peinlich, dies vor jemandem zuzugeben.
Außerdem ist unklar, ob er mich überhaupt will...
Er ist misstrauisch...
... aber ein bisschen um den Finger gewickelt habe ich ihn schon, glaube ich...
Hihi...

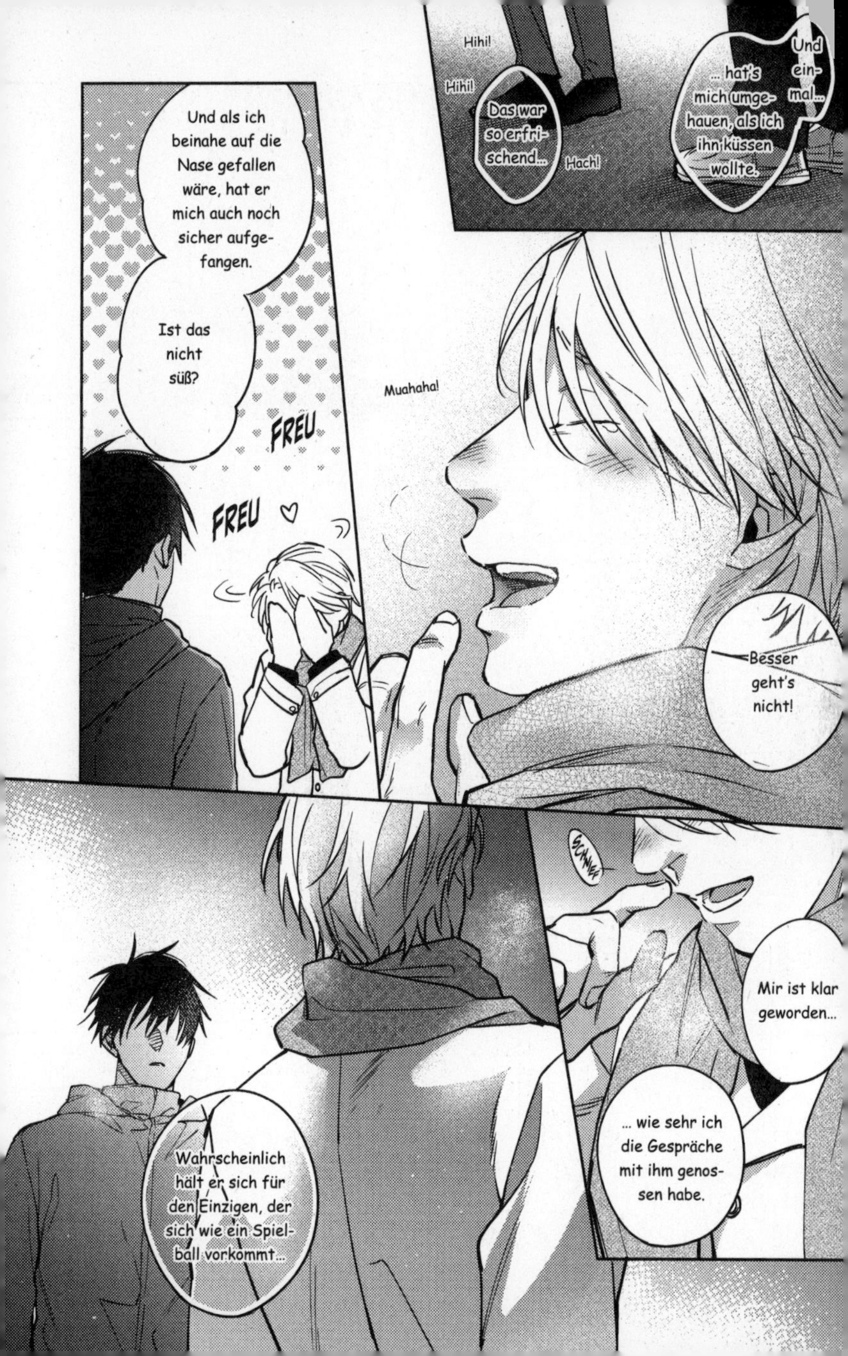
Und einmal...
... hat's mich umgehauen, als ich ihn küssen wollte.
Hihi!
Hihi!
Das war so erfrischend...
Hach!
Und als ich beinahe auf die Nase gefallen wäre, hat er mich auch noch sicher aufgefangen.
Ist das nicht süß?
FREU
FREU
Muahaha!
Besser geht's nicht!
SCHNIEF
Mir ist klar geworden...
... wie sehr ich die Gespräche mit ihm genossen habe.
Wahrscheinlich hält er sich für den Einzigen, der sich wie ein Spielball vorkommt...

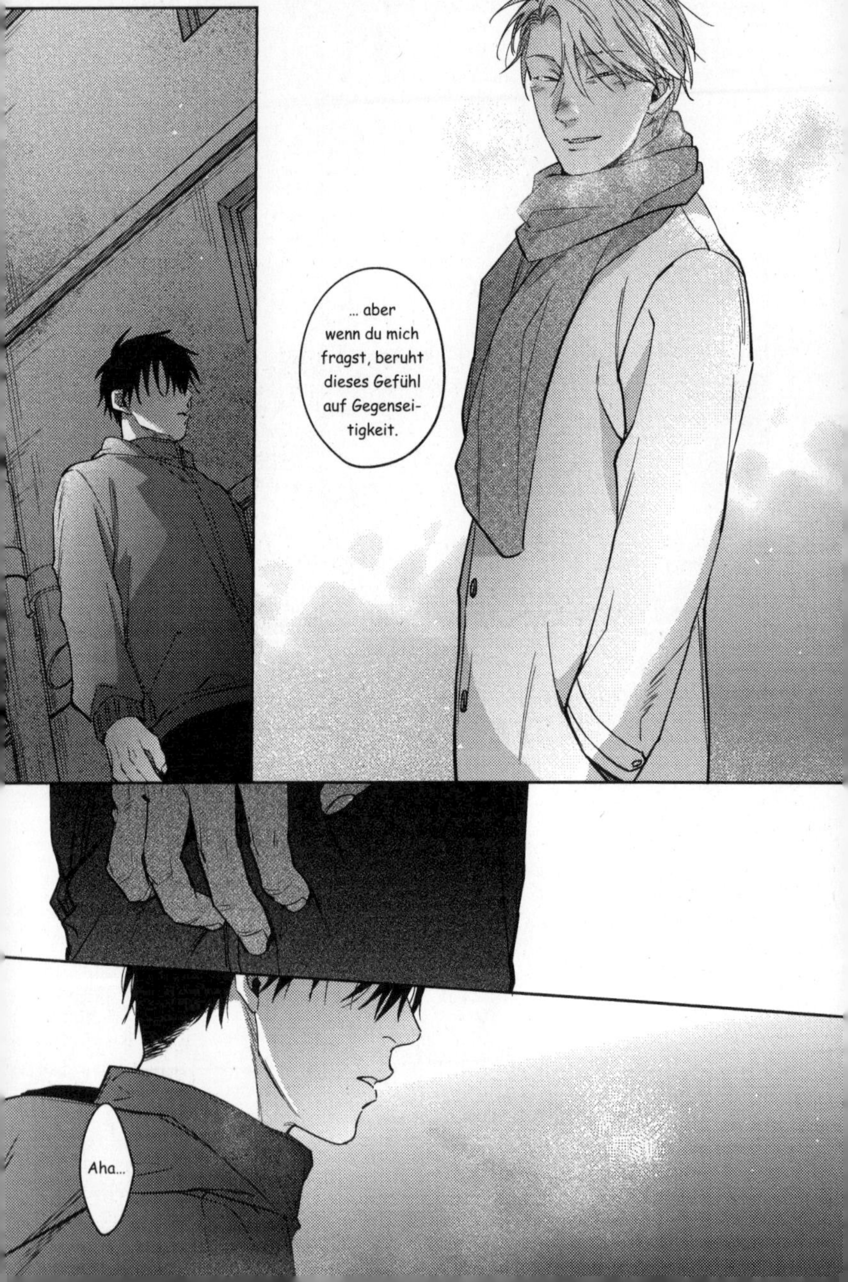
... aber wenn du mich fragst, beruht dieses Gefühl auf Gegensei-tigkeit.
Aha...

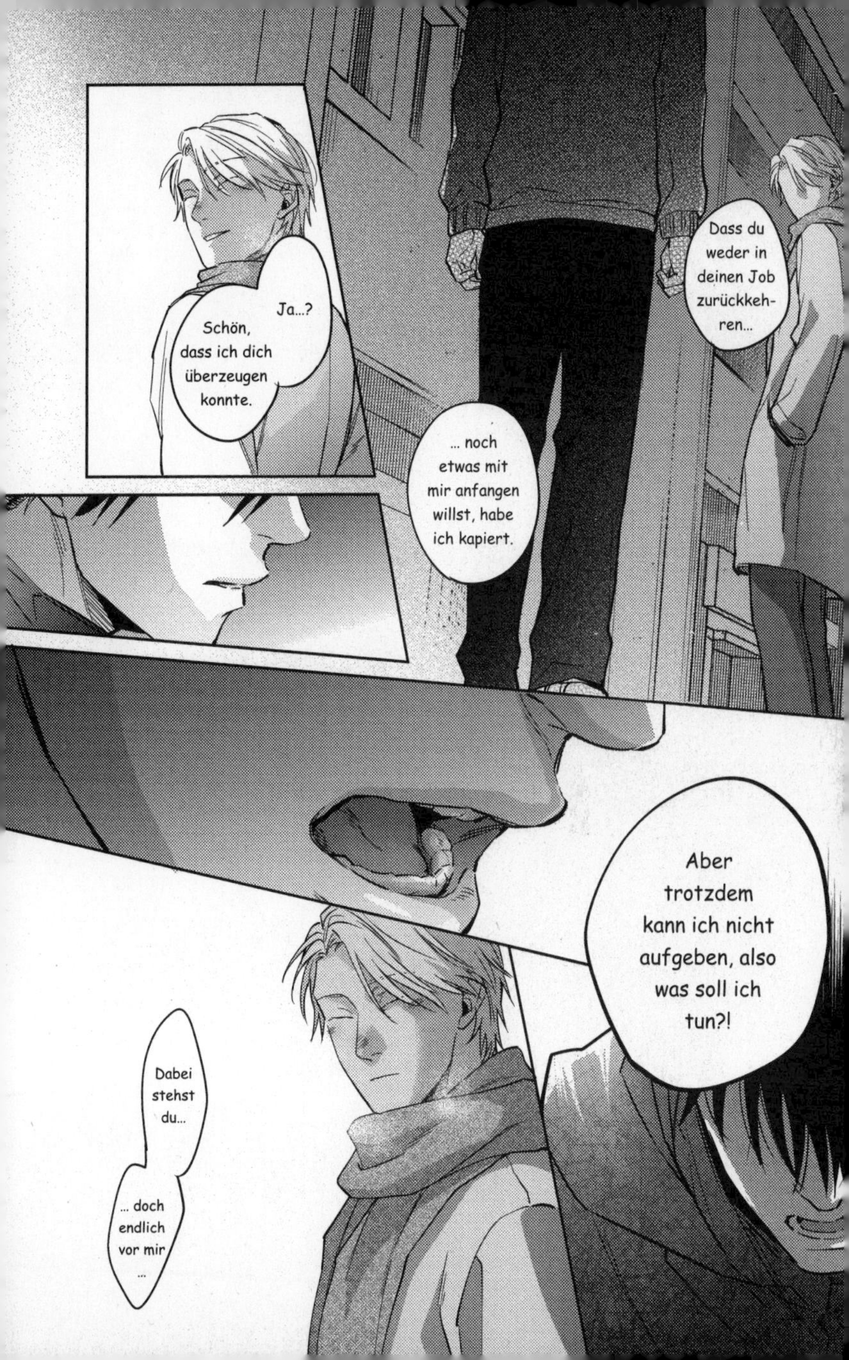
Dass du weder in deinen Job zurückkehren...
... noch etwas mit mir anfangen willst, habe ich kapiert.
Ja...?
Schön, dass ich dich überzeugen konnte.
Aber trotzdem kann ich nicht aufgeben, also was soll ich tun?!
Dabei stehst du...
... doch endlich vor mir ...

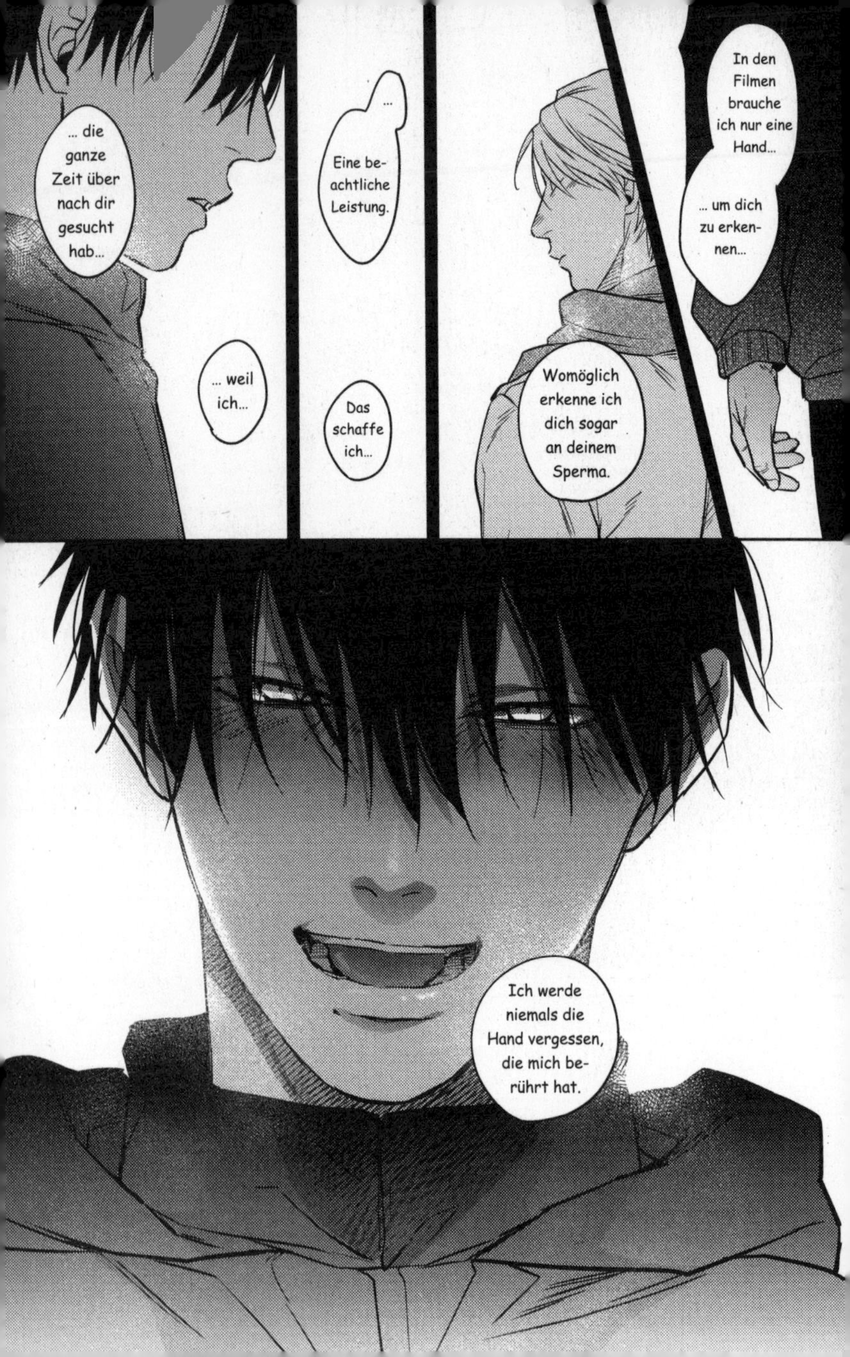

In den Filmen brauche ich nur eine Hand...
... um dich zu erkennen...
Womöglich erkenne ich dich sogar an deinem Sperma.
...
Eine beachtliche Leistung.
Das schaffe ich...
... weil ich...
... die ganze Zeit über nach dir gesucht hab...
Ich werde niemals die Hand vergessen, die mich berührt hat.

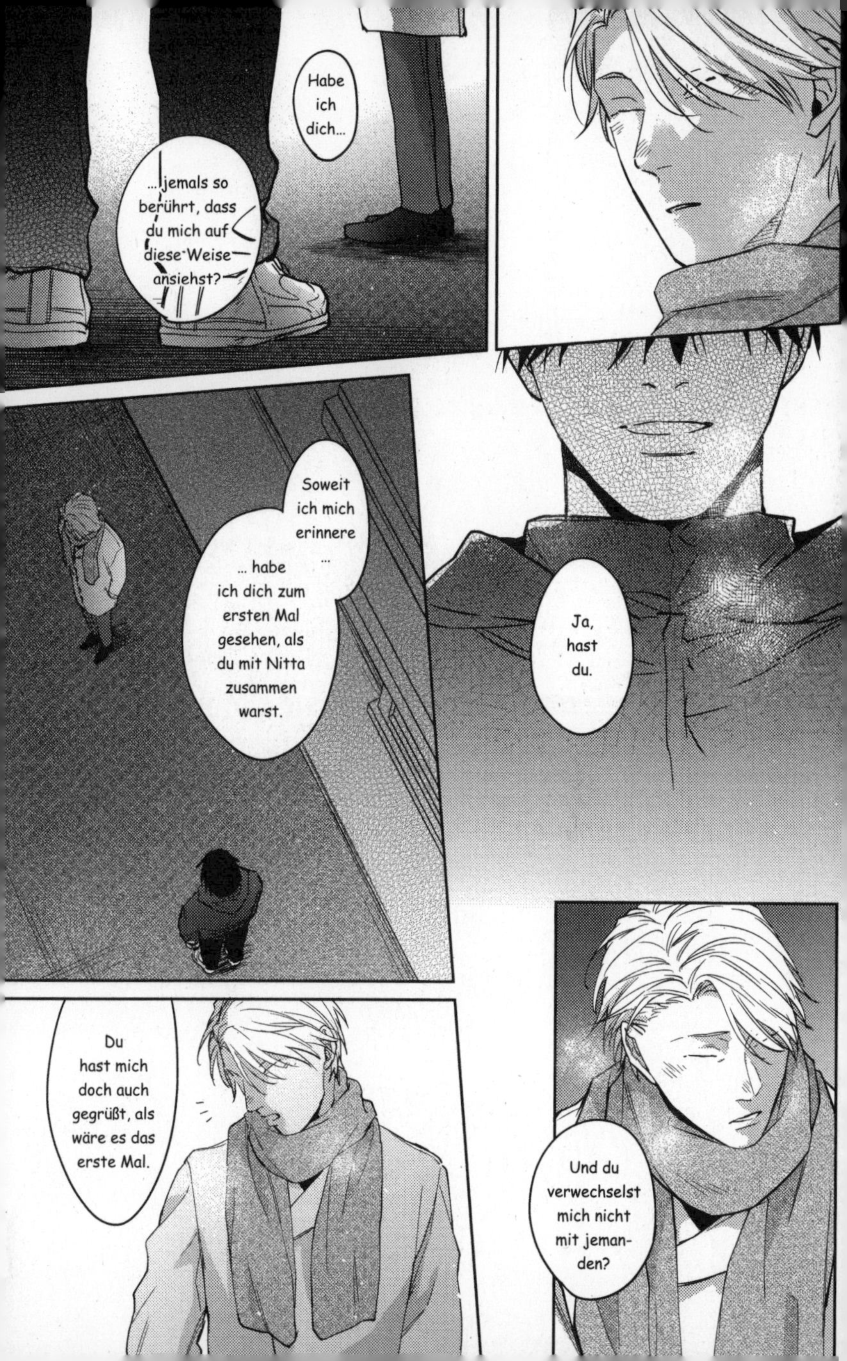
Habe ich dich...
... jemals so berührt, dass du mich auf diese Weise ansiehst?
Ja, hast du.
Soweit ich mich erinnere ...
... habe ich dich zum ersten Mal gesehen, als du mit Nitta zusammen warst.
Und du verwechselst mich nicht mit jemanden?
Du hast mich doch auch gegrüßt, als wäre es das erste Mal.

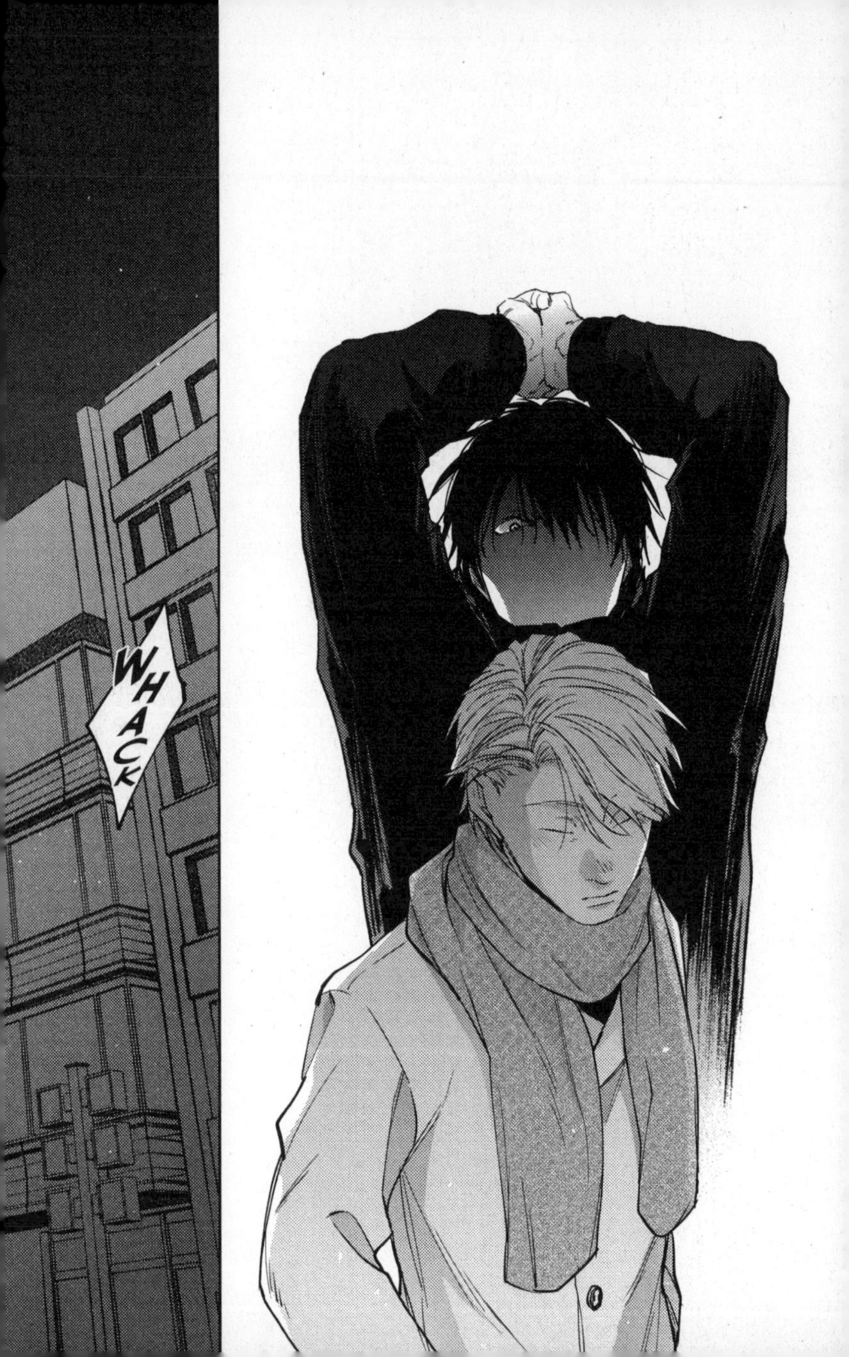
WHACK

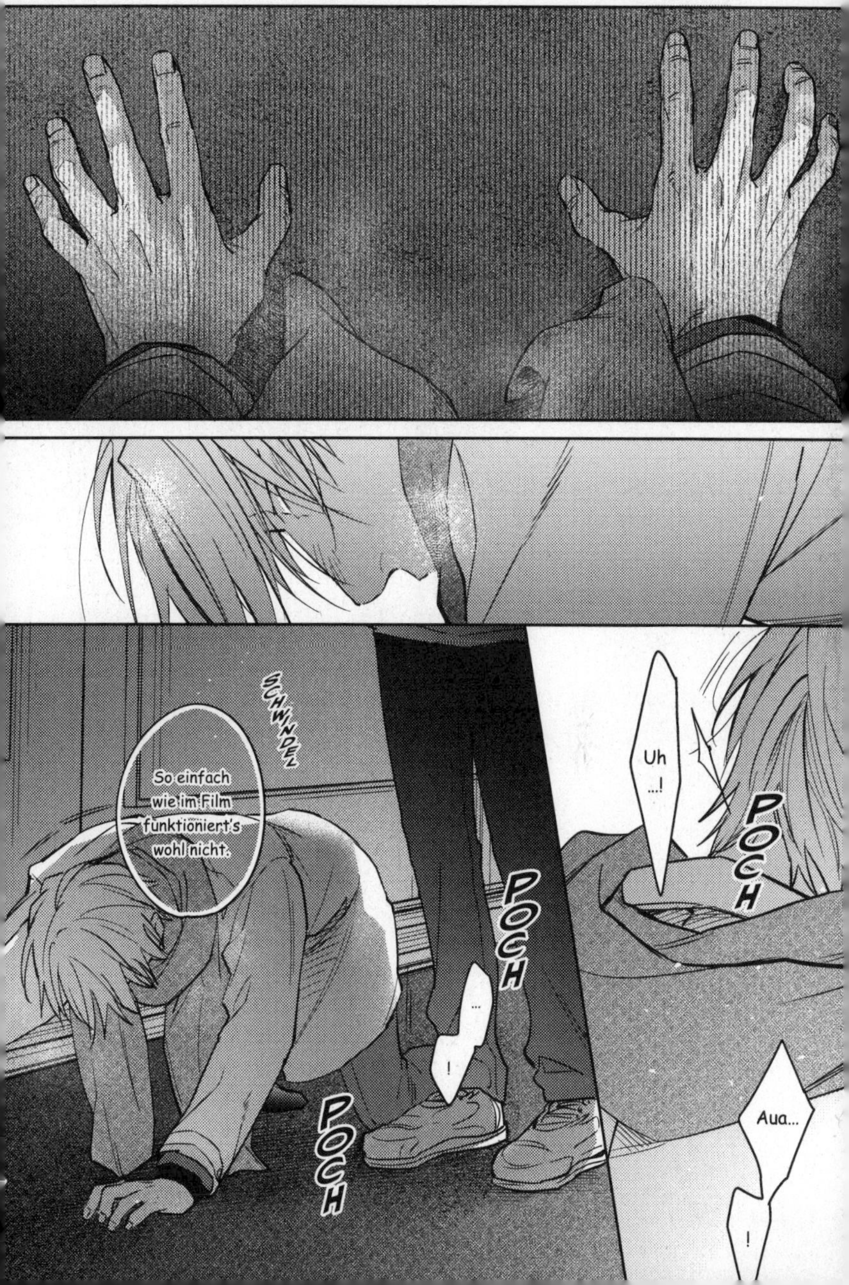
SCHWINDEL
So einfach wie im Film funktioniert's wohl nicht.
POCH
...!
POCH
Uh ...!
POCH
Aua... !

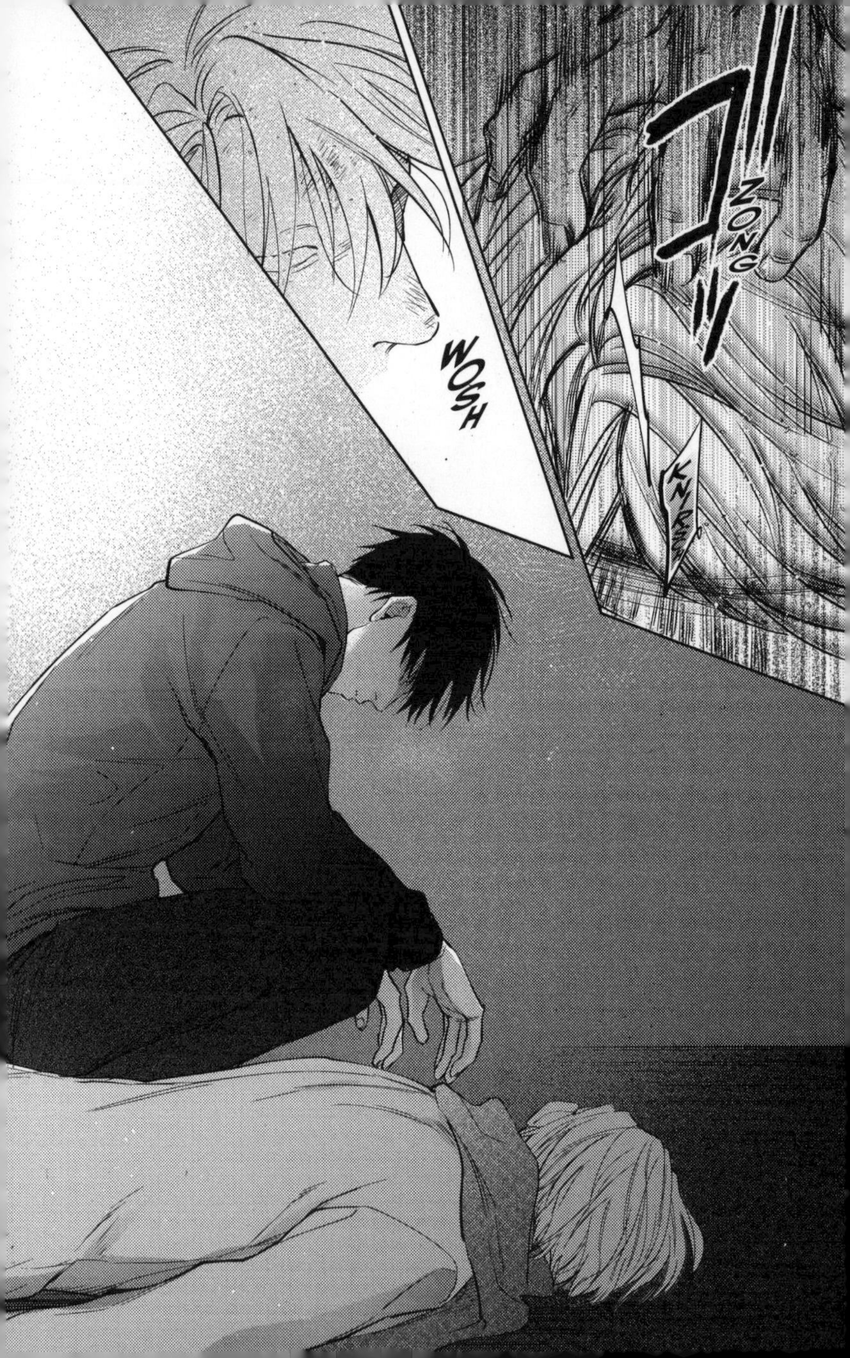
ZONG
WOSH

Du kannst mir nicht widerstehen

Du kannst mir nicht widerstehen

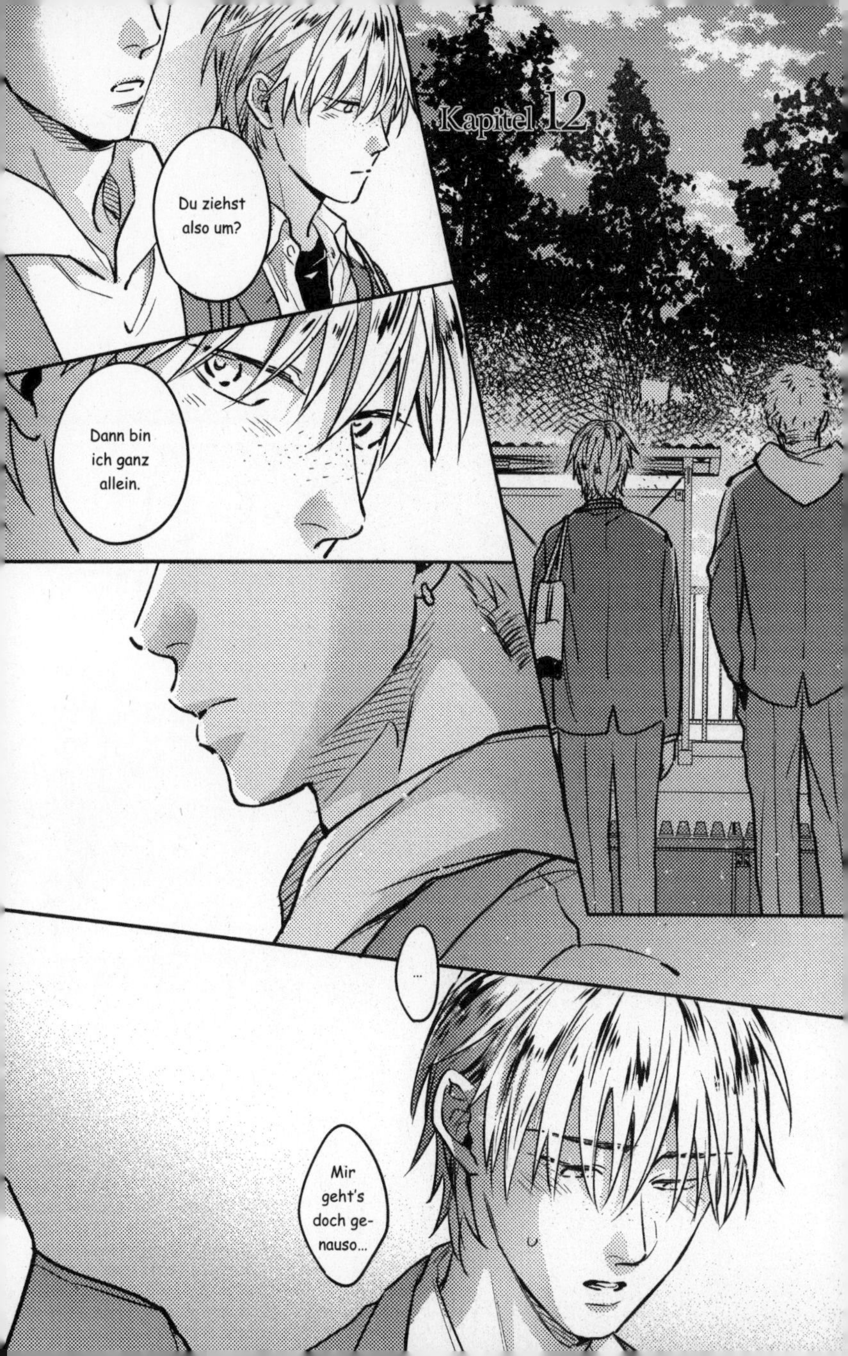
Kapitel 12
Du ziehst also um?
Dann bin ich ganz allein.
...
Mir geht's doch ge-nauso...

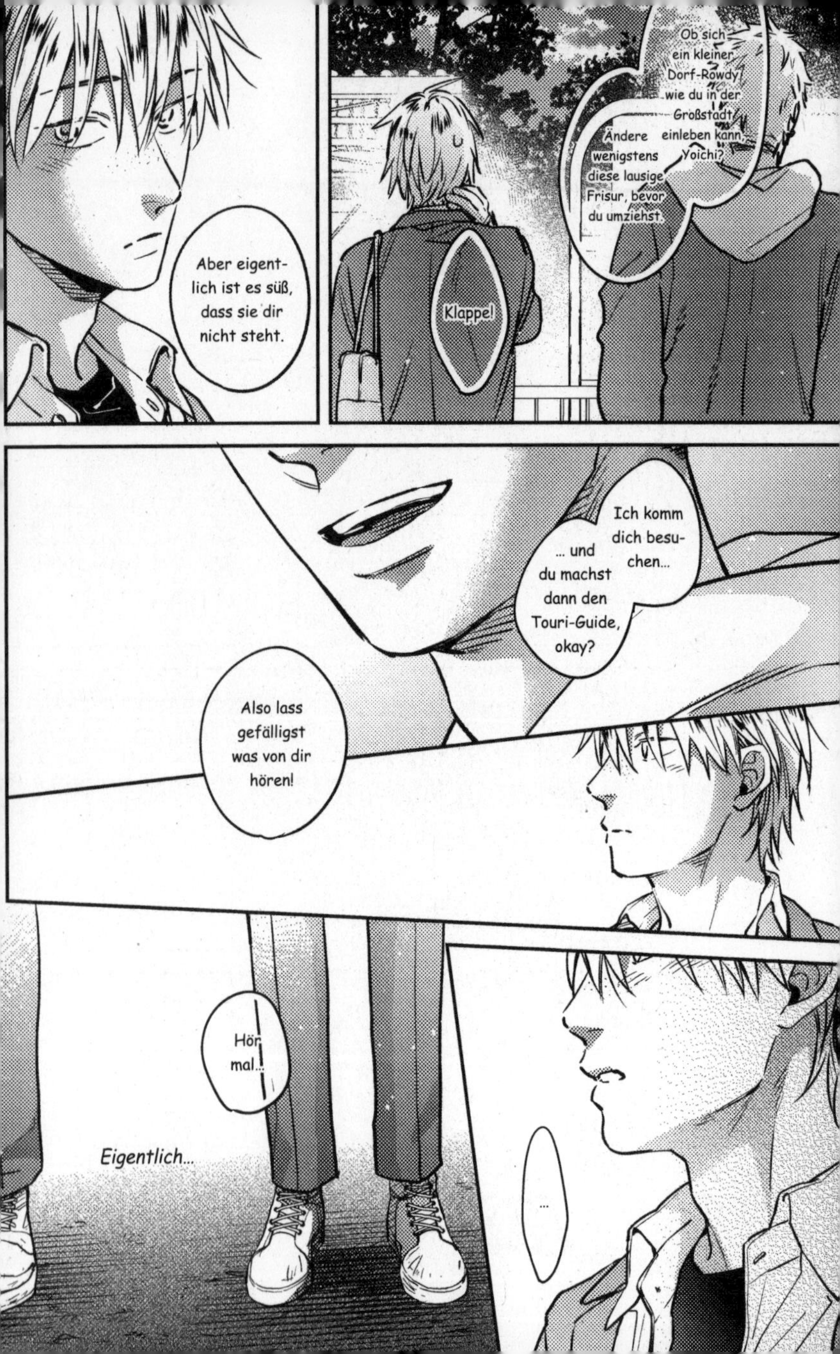
Ob sich ein kleiner Dorf-Rowdy wie du in der Großstadt einleben kann, Yoichi?
Ändere wenigstens diese lausige Frisur, bevor du umziehst.
Klappe!
Aber eigentlich ist es süß, dass sie dir nicht steht.
Ich komm dich besuchen...
... und du machst dann den Touri-Guide, okay?
Also lass gefälligst was von dir hören!
...
Hör mal...
Eigentlich...

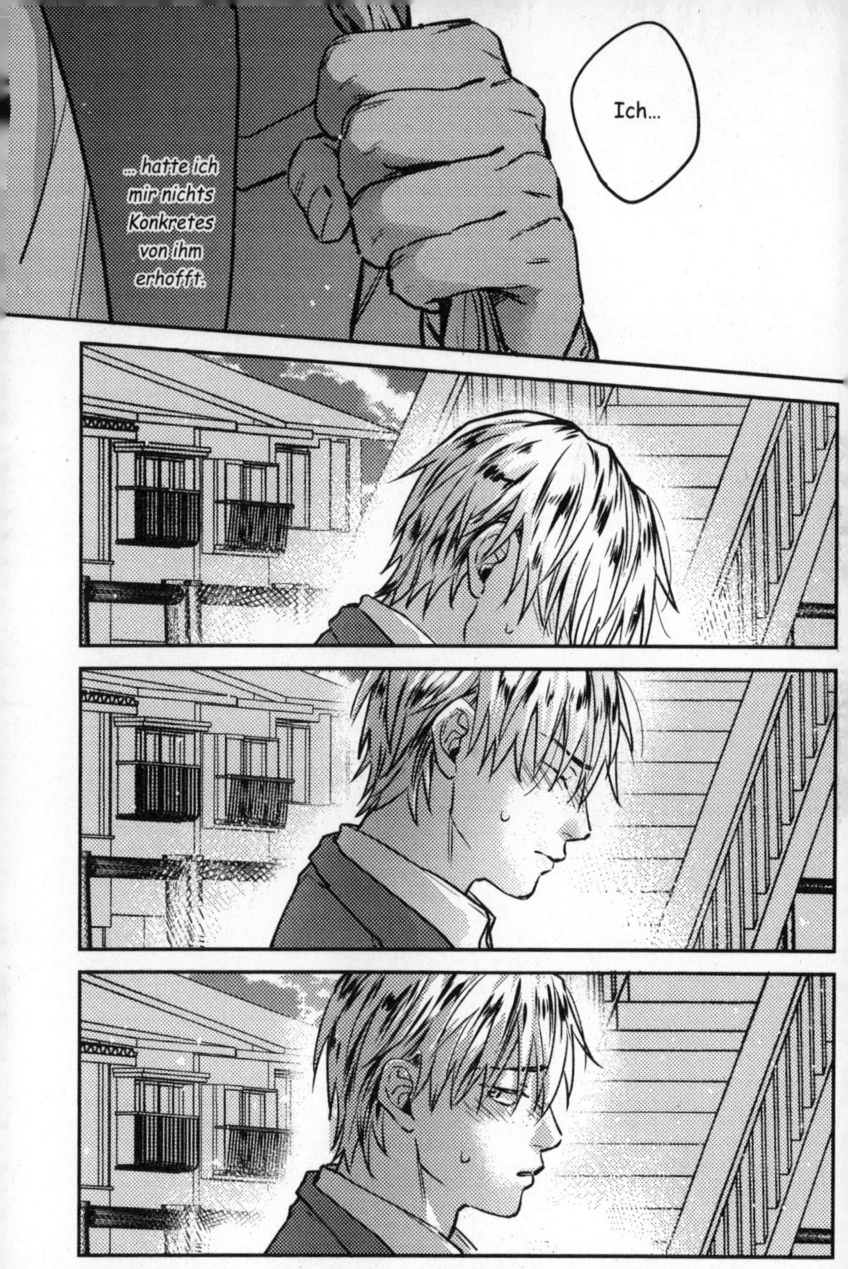
Ich...
... hatte ich mir nichts Konkretes von ihm erhofft.

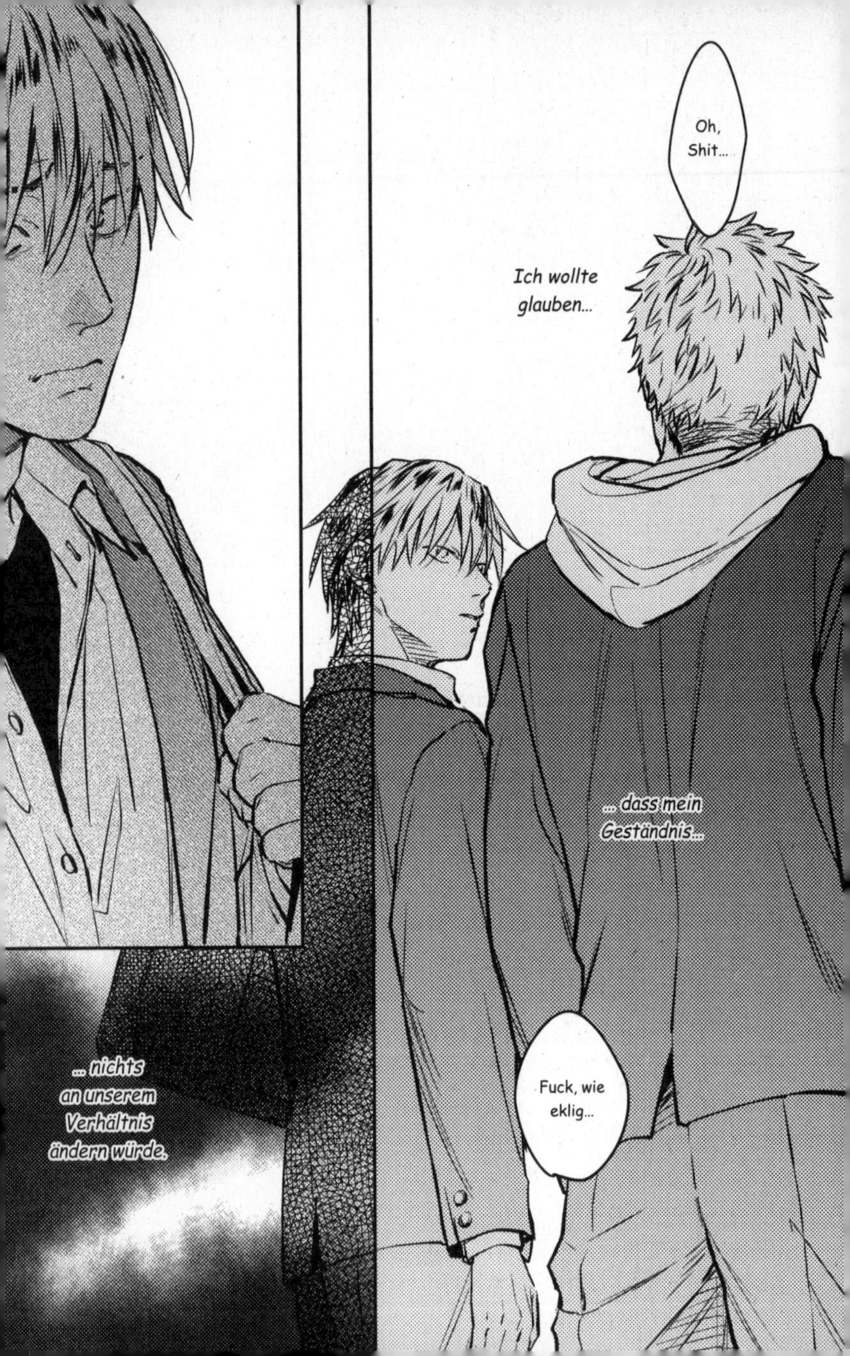
Oh, Shit...
Ich wollte glauben...
... dass mein Geständnis...
Fuck, wie eklig...
... nichts an unserem Verhältnis ändern würde.

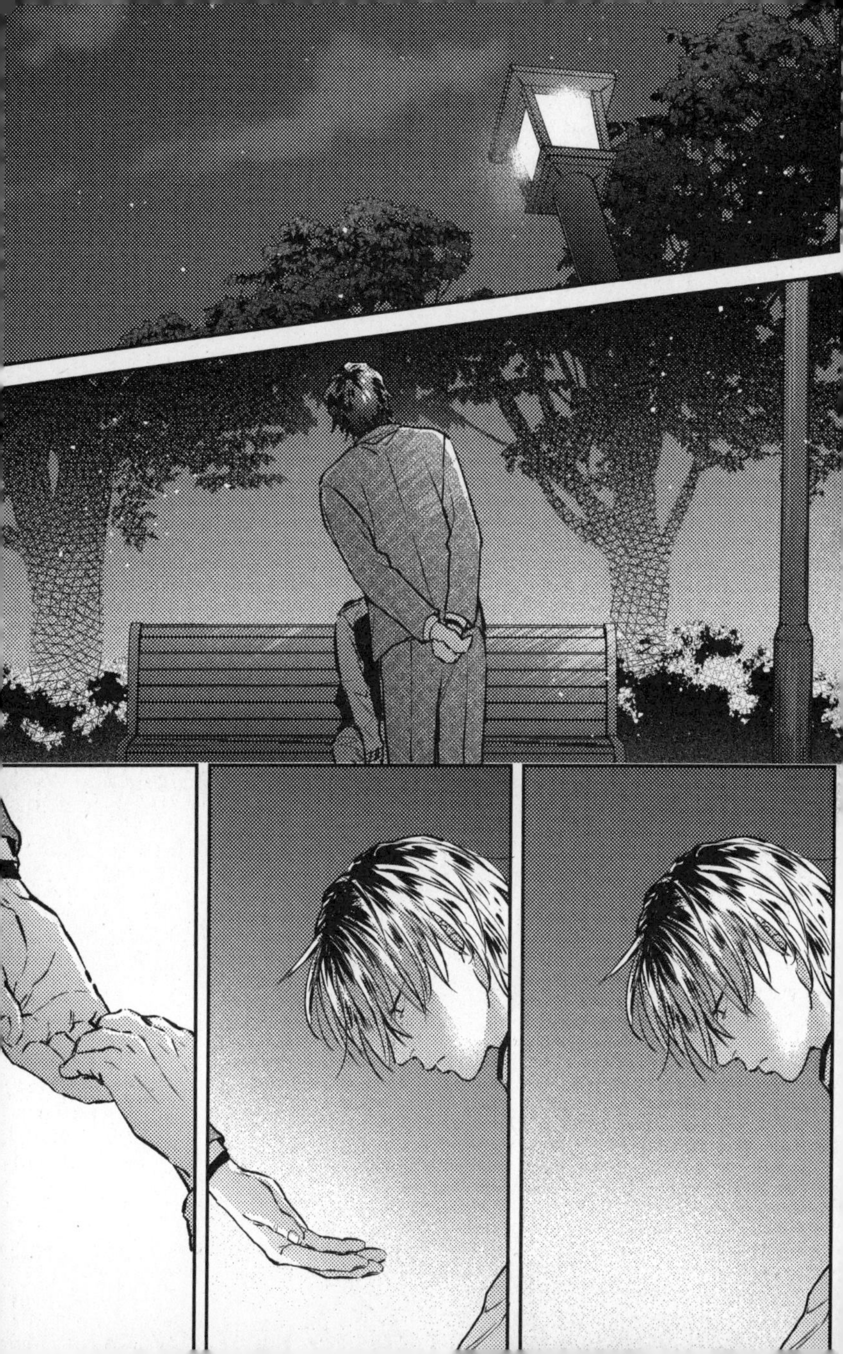

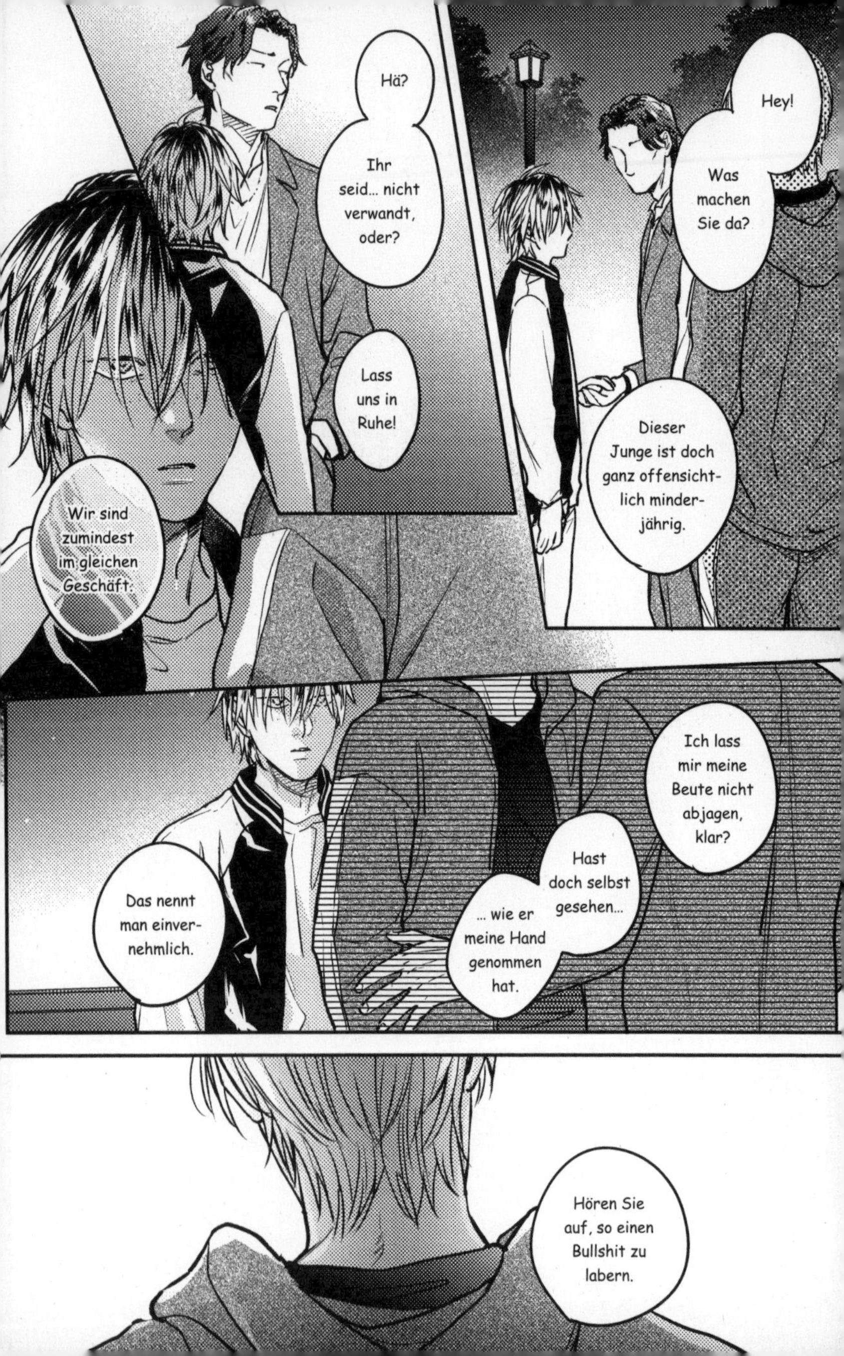
Hey!
Was machen Sie da?
Dieser Junge ist doch ganz offensichtlich minderjährig.
Hä?
Ihr seid… nicht verwandt, oder?
Lass uns in Ruhe!
Wir sind zumindest im gleichen Geschäft.
Ich lass mir meine Beute nicht abjagen, klar?
Hast doch selbst gesehen…
… wie er meine Hand genommen hat.
Das nennt man einvernehmlich.
Hören Sie auf, so einen Bullshit zu labern.

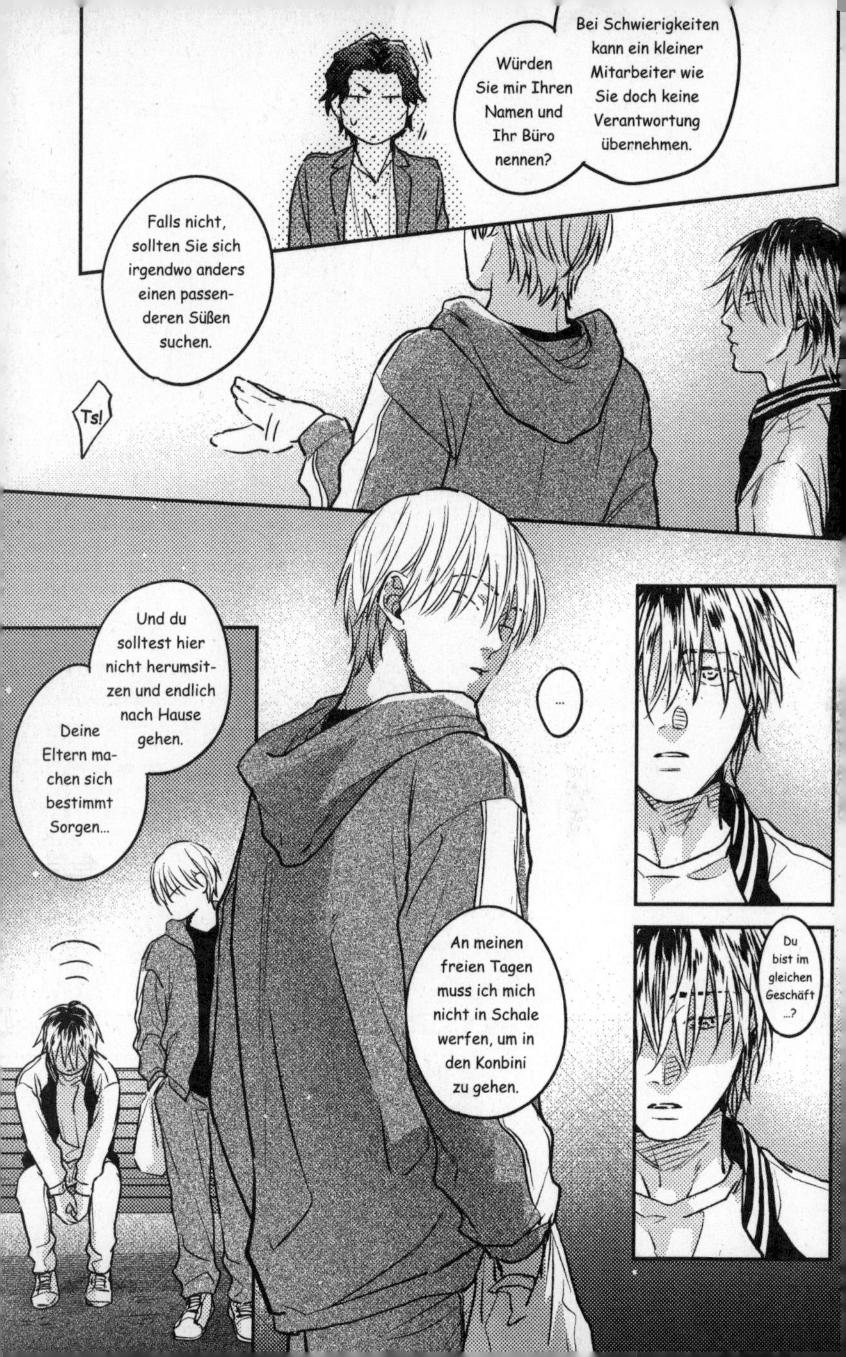
Bei Schwierigkeiten kann ein kleiner Mitarbeiter wie Sie doch keine Verantwortung übernehmen.
Würden Sie mir Ihren Namen und Ihr Büro nennen?
Falls nicht, sollten Sie sich irgendwo anders einen passenderen Süßen suchen.
Ts!
Und du solltest hier nicht herumsitzen und endlich nach Hause gehen.
Deine Eltern machen sich bestimmt Sorgen...
...
Du bist im gleichen Geschäft ...?
An meinen freien Tagen muss ich mich nicht in Schale werfen, um in den Konbini zu gehen.

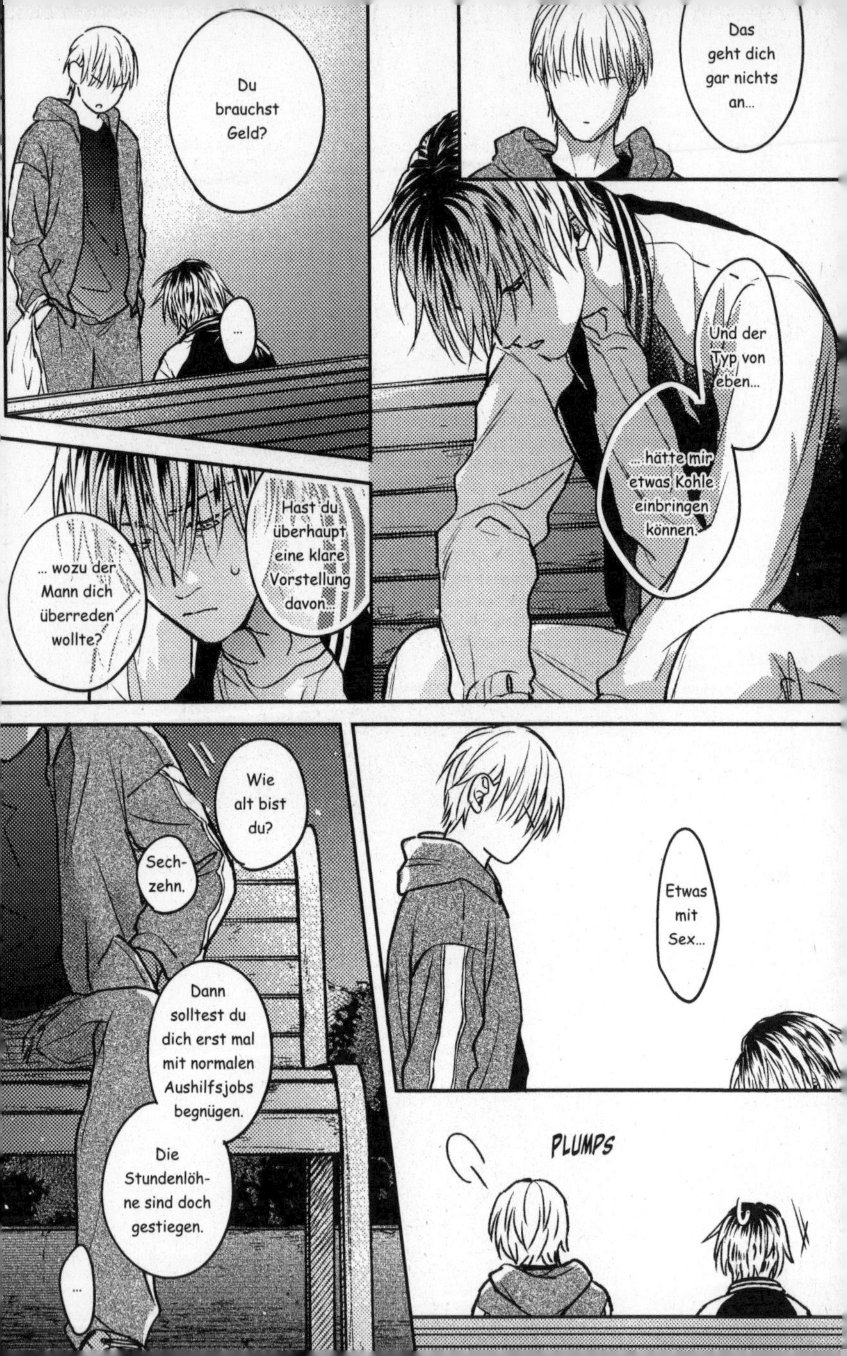
Du brauchst Geld?
...
Das geht dich gar nichts an...
Und der Typ von eben...
... hätte mir etwas Kohle einbringen können.
Hast du überhaupt eine klare Vorstellung davon...
... wozu der Mann dich überreden wollte?
Etwas mit Sex...
PLUMPS
Wie alt bist du?
Sech-zehn.
Dann solltest du dich erst mal mit normalen Aushilfsjobs begnügen.
Die Stundenlöh-ne sind doch gestiegen.
...

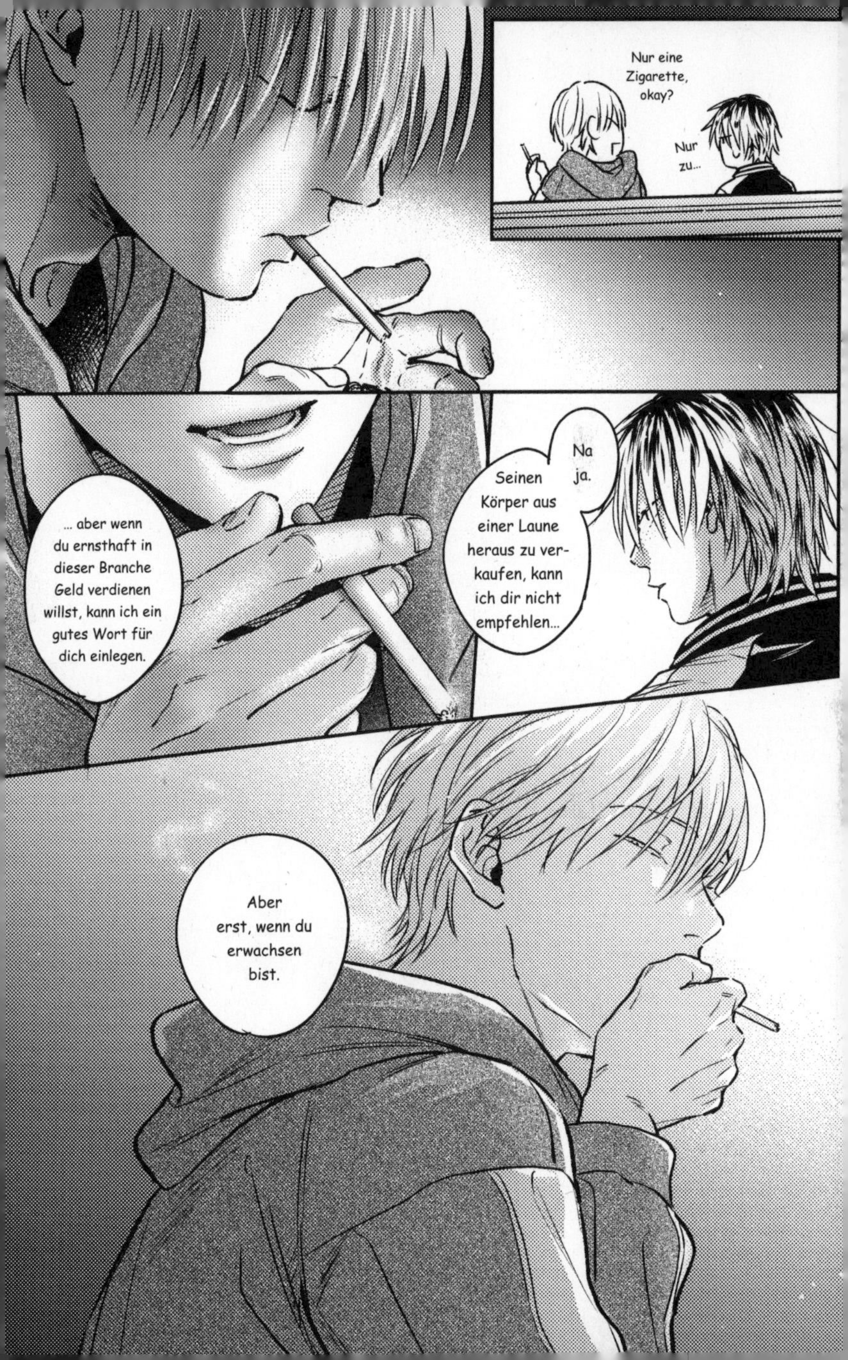
Nur eine Zigarette, okay?
Nur zu...
Na ja.
Seinen Körper aus einer Laune heraus zu verkaufen, kann ich dir nicht empfehlen...
... aber wenn du ernsthaft in dieser Branche Geld verdienen willst, kann ich ein gutes Wort für dich einlegen.
Aber erst, wenn du erwachsen bist.

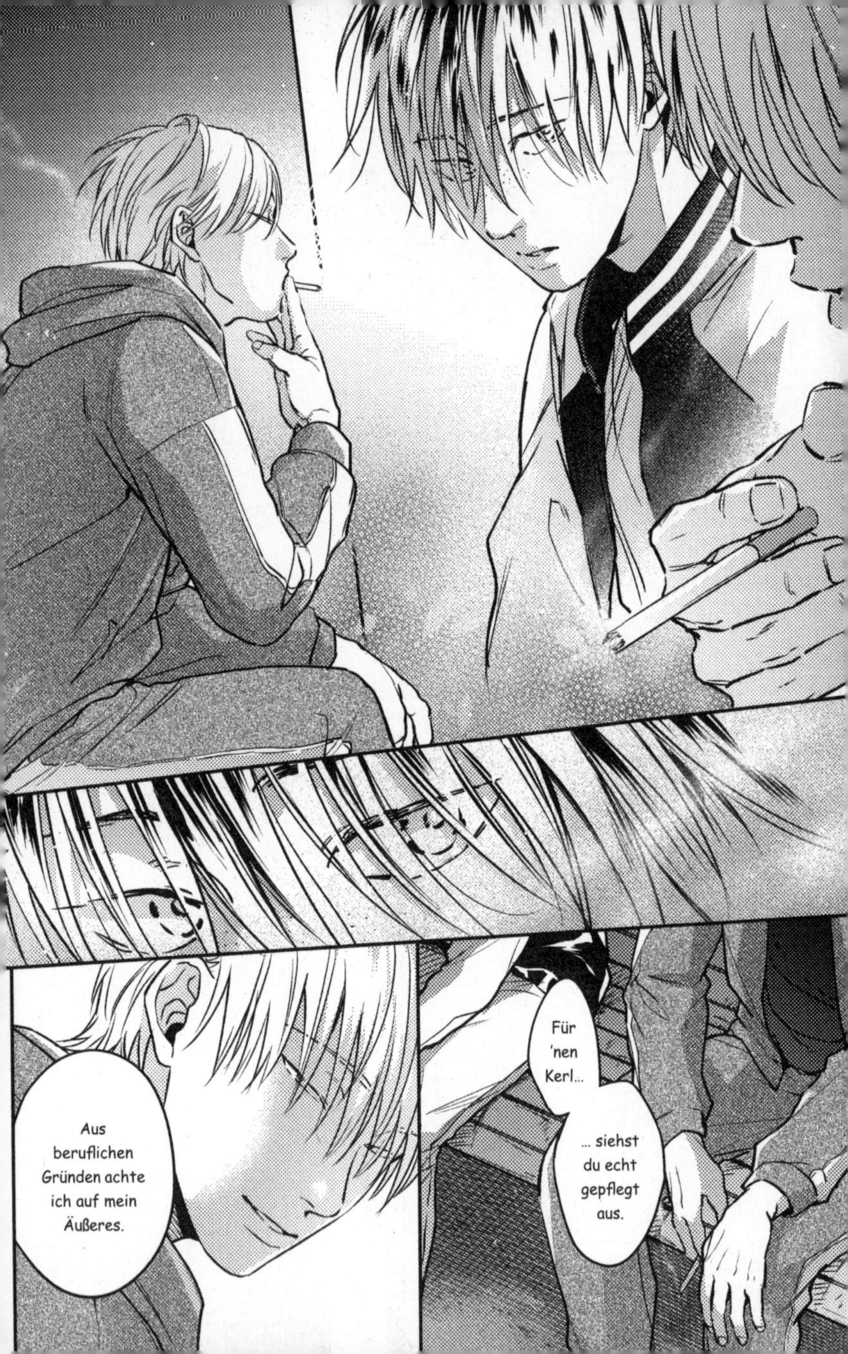
Für 'nen Kerl...
... siehst du echt gepflegt aus.
Aus beruflichen Gründen achte ich auf mein Äußeres.

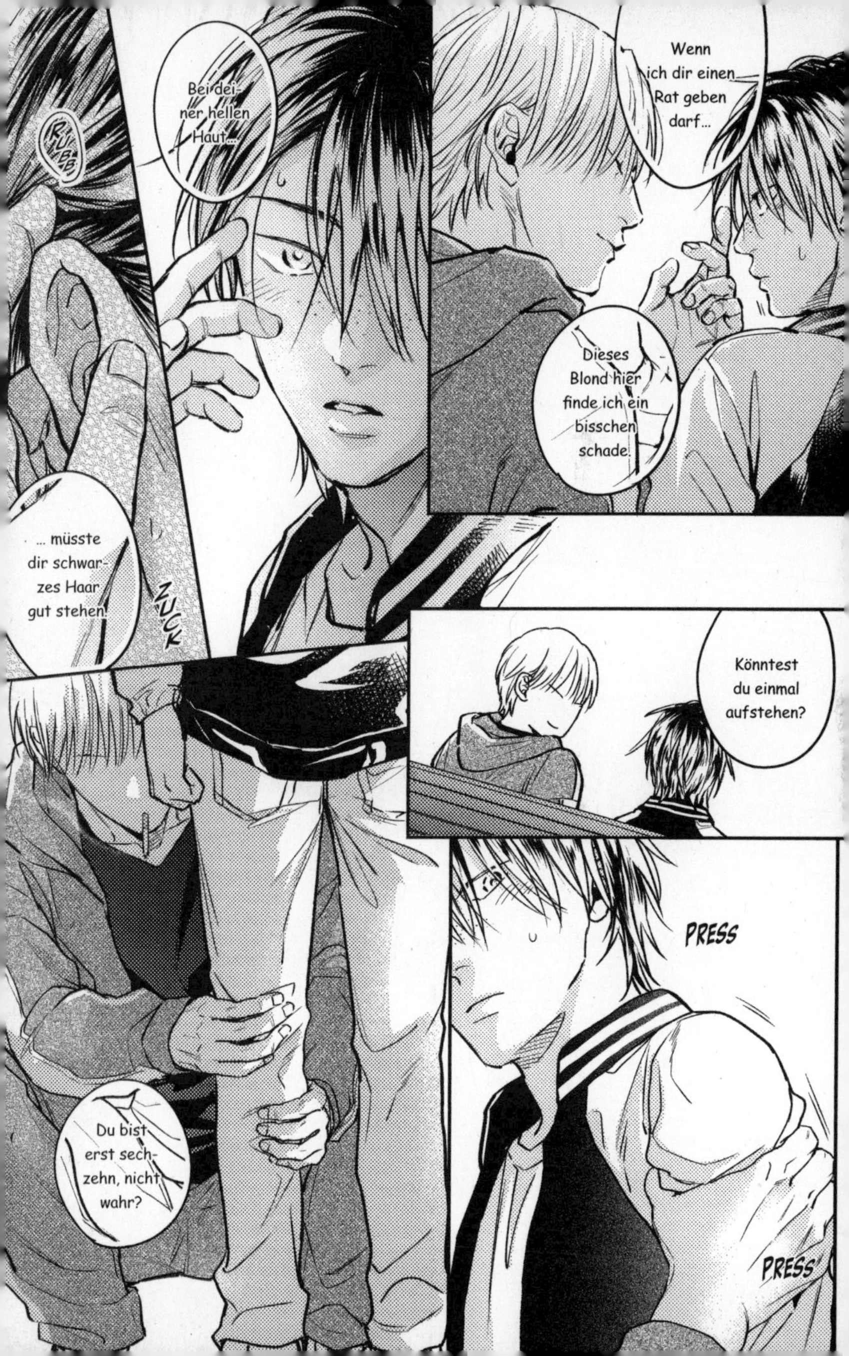

Wenn ich dir einen Rat geben darf...
Dieses Blond hier finde ich ein bisschen schade.
RUBB
Bei deiner hellen Haut...
... müsste dir schwarzes Haar gut stehen.
ZUCK
Könntest du einmal aufstehen?
PRESS
PRESS
Du bist erst sechzehn, nicht wahr?

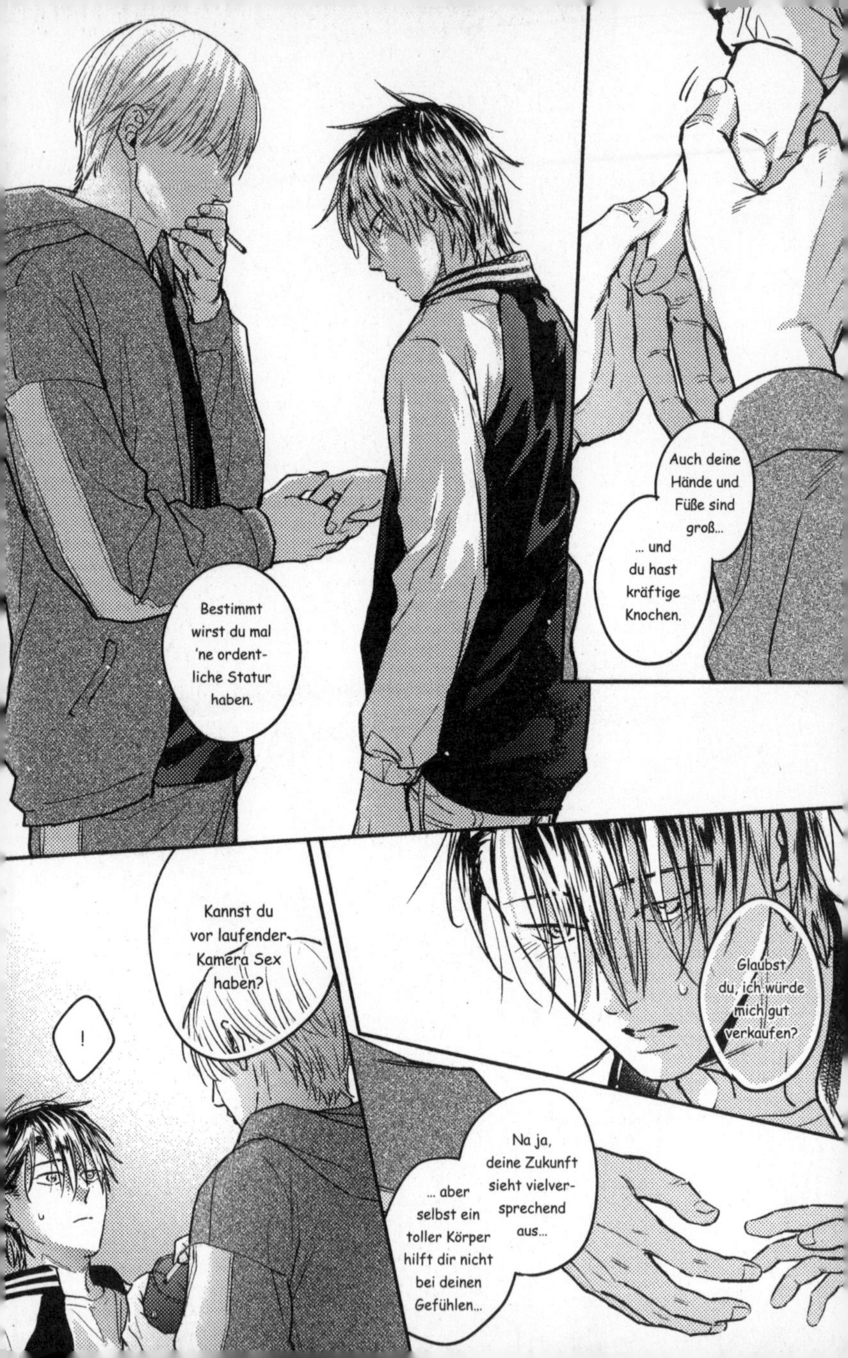
Auch deine Hände und Füße sind groß...
... und du hast kräftige Knochen.
Bestimmt wirst du mal 'ne ordentliche Statur haben.
Glaubst du, ich würde mich gut verkaufen?
Na ja, deine Zukunft sieht vielversprechend aus...
... aber selbst ein toller Körper hilft dir nicht bei deinen Gefühlen...
Kannst du vor laufender Kamera Sex haben?
!

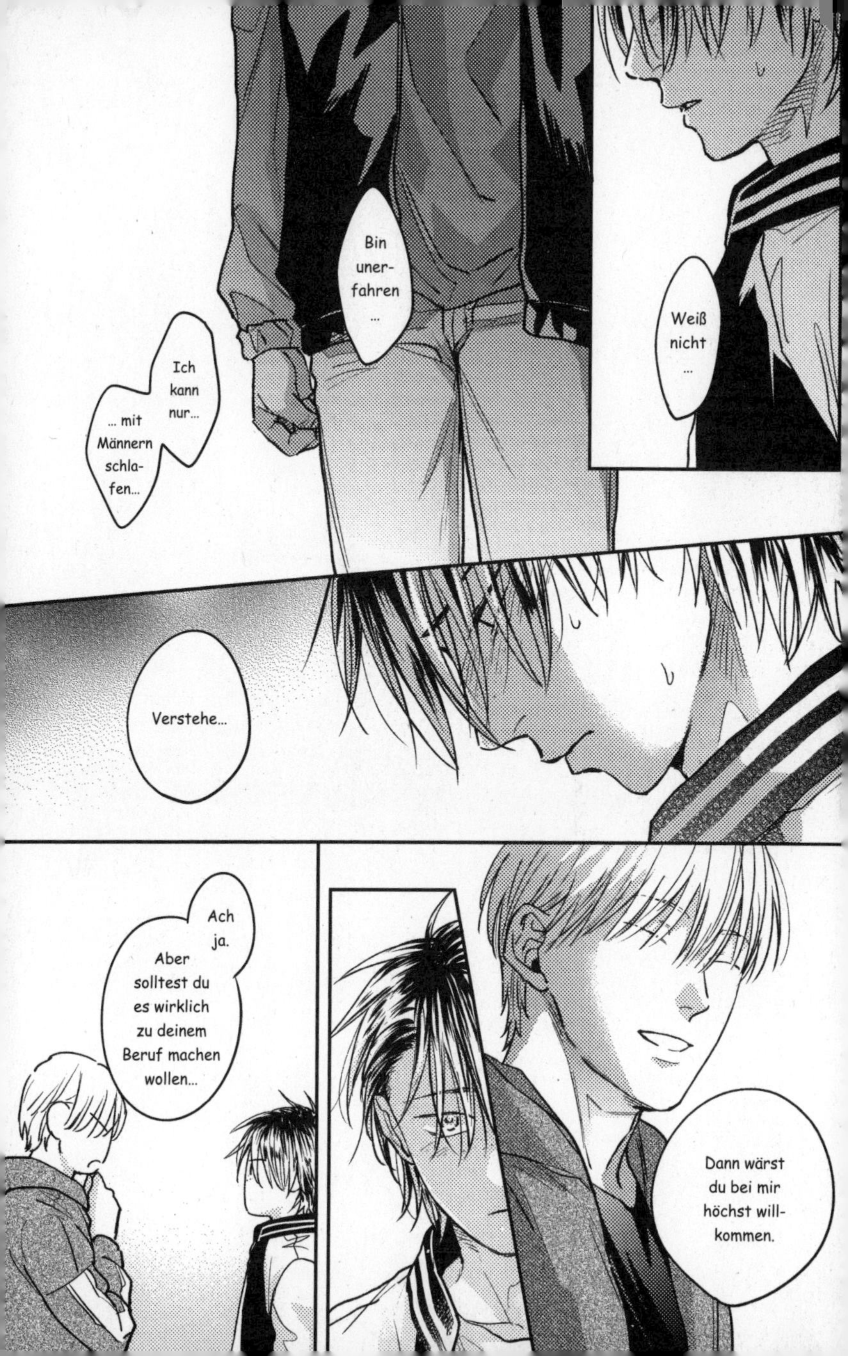
Weiß nicht ...
Bin unerfahren ...
Ich kann nur...
... mit Männern schlafen...
Verstehe...
Ach ja. Aber solltest du es wirklich zu deinem Beruf machen wollen...
Dann wärst du bei mir höchst willkommen.

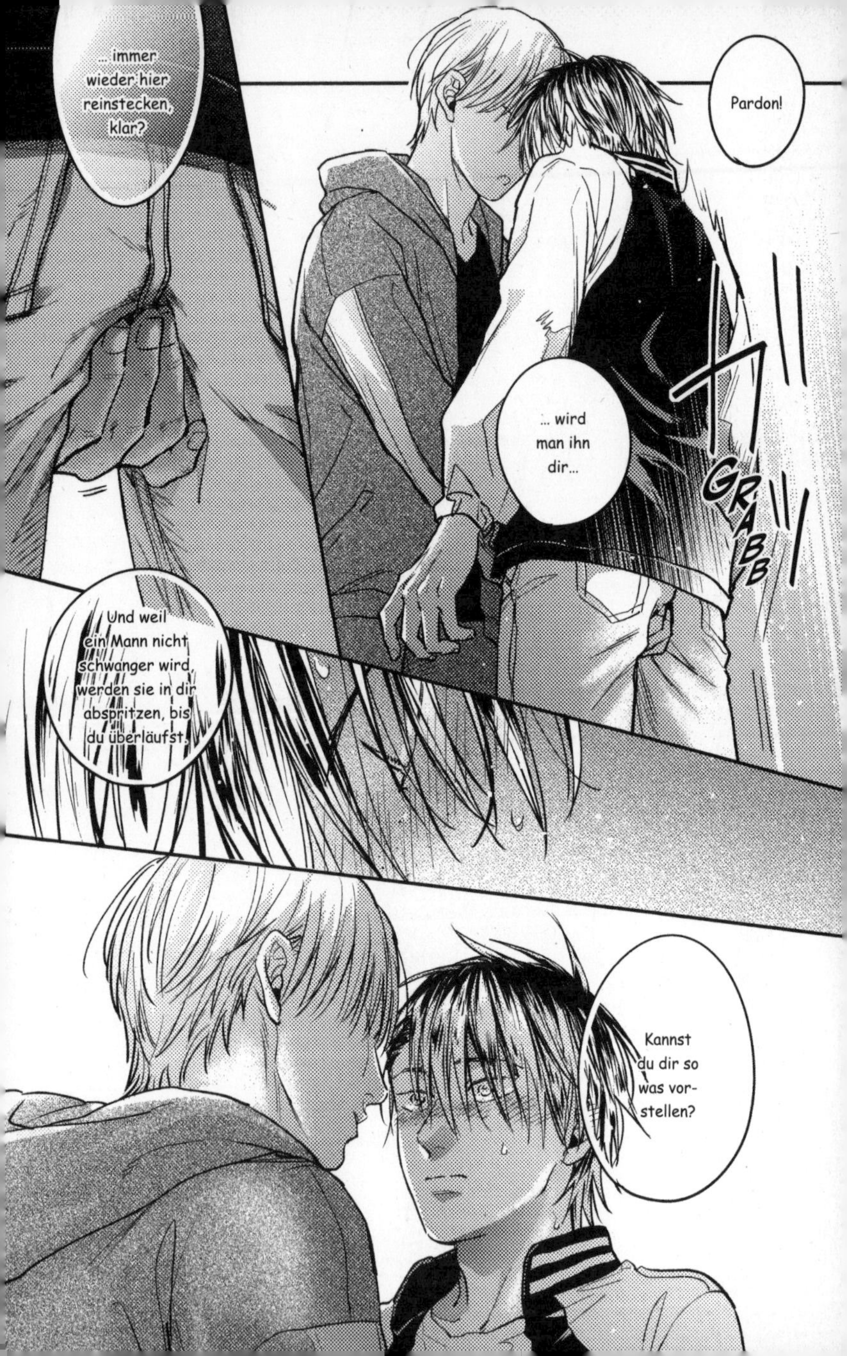

Pardon!
... wird man ihn dir...
GRABB
... immer wieder hier reinstecken, klar?
Und weil ein Mann nicht schwanger wird, werden sie in dir abspritzen, bis du überläufst.
Kannst du dir so was vorstellen?

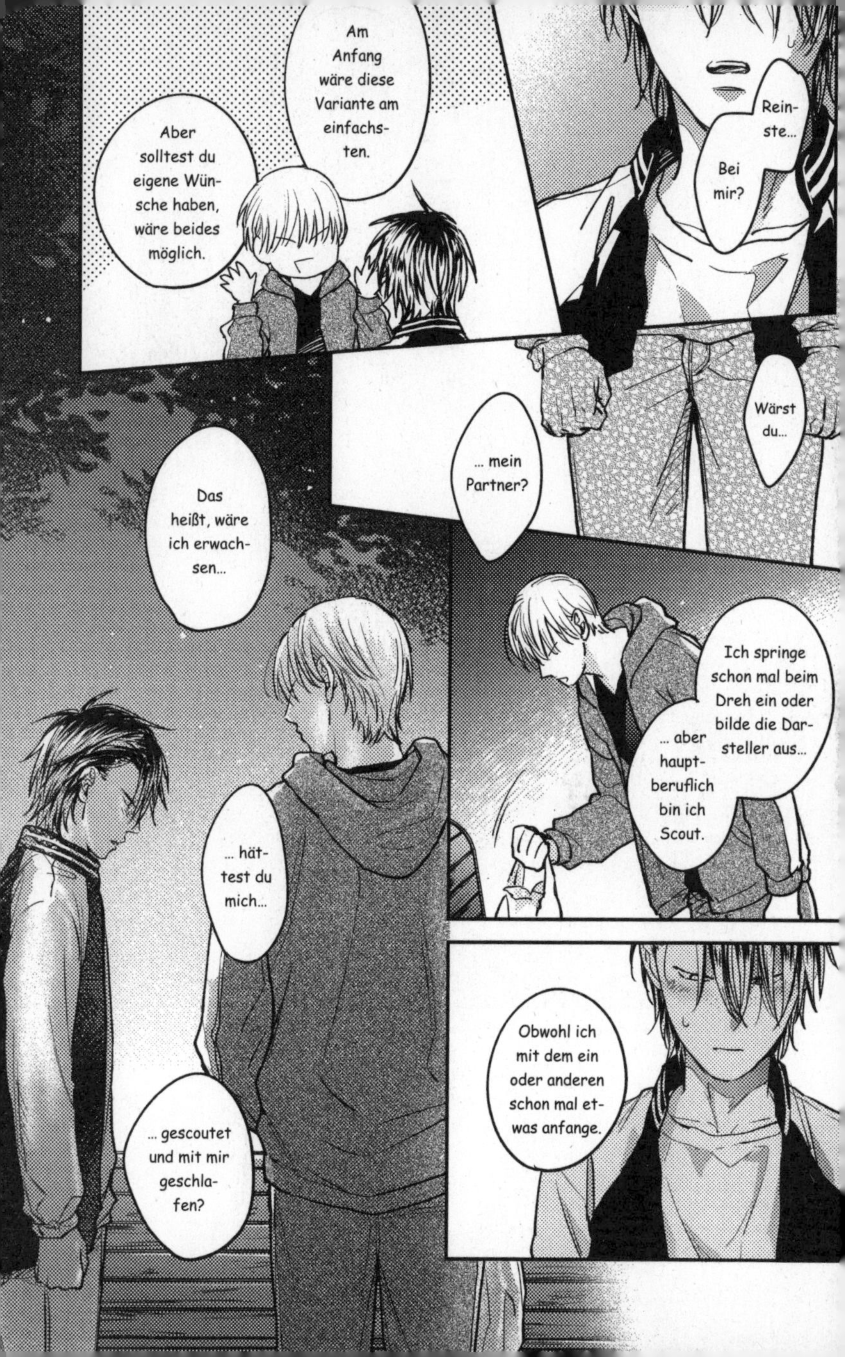
Am Anfang wäre diese Variante am einfachsten.
Aber solltest du eigene Wünsche haben, wäre beides möglich.
Reinste...
Bei mir?
Wärst du...
... mein Partner?
Ich springe schon mal beim Dreh ein oder bilde die Darsteller aus...
... aber hauptberuflich bin ich Scout.
Obwohl ich mit dem ein oder anderen schon mal etwas anfange.
Das heißt, wäre ich erwachsen...
... hättest du mich...
... gescoutet und mit mir geschlafen?

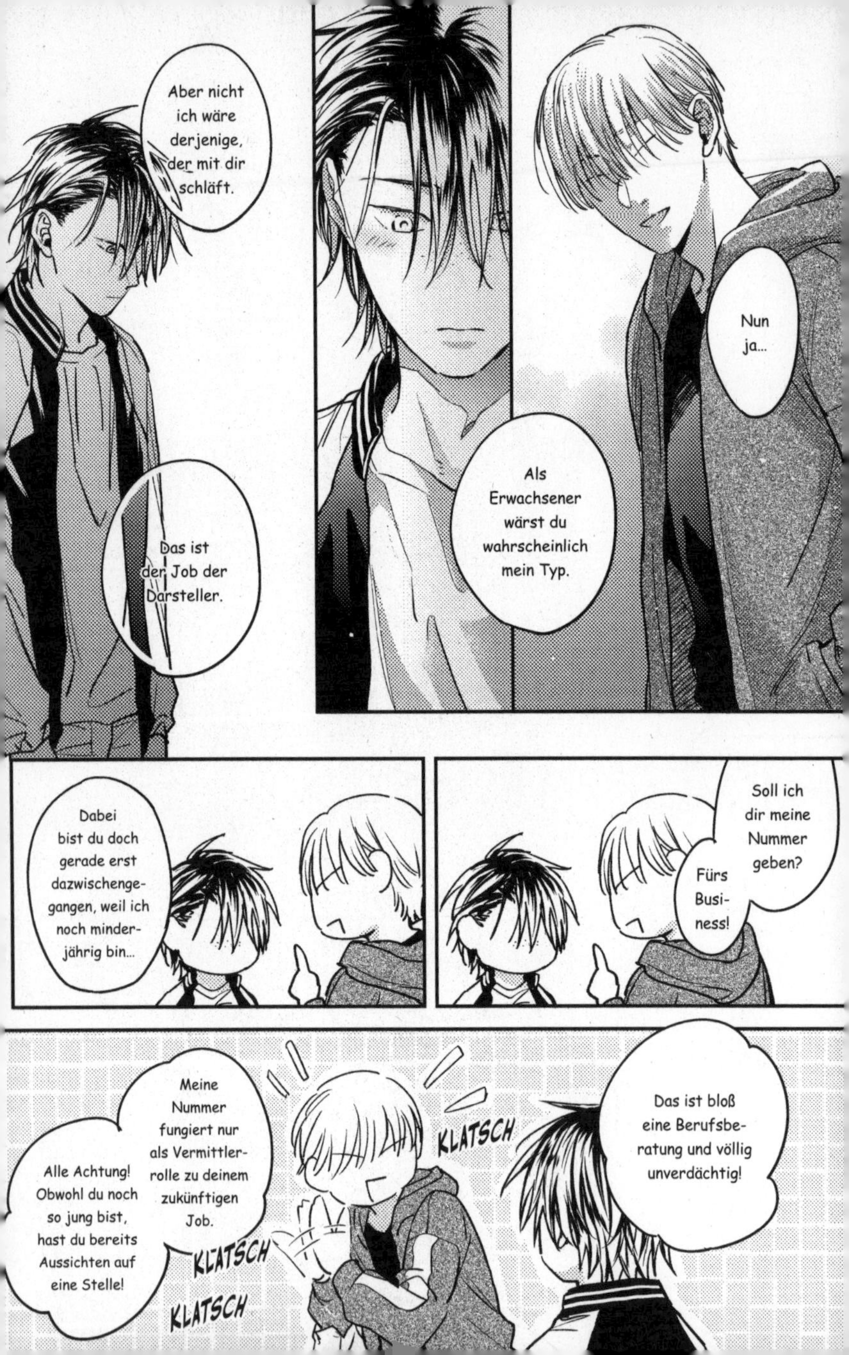
Nun ja...
Als Erwachsener wärst du wahrscheinlich mein Typ.
Aber nicht ich wäre derjenige, der mit dir schläft.
Das ist der Job der Darsteller.
Soll ich dir meine Nummer geben?
Fürs Business!
Dabei bist du doch gerade erst dazwischengegangen, weil ich noch minderjährig bin...
Das ist bloß eine Berufsberatung und völlig unverdächtig!
KLATSCH
Meine Nummer fungiert nur als Vermittlerrolle zu deinem zukünftigen Job.
Alle Achtung! Obwohl du noch so jung bist, hast du bereits Aussichten auf eine Stelle!
KLATSCH
KLATSCH

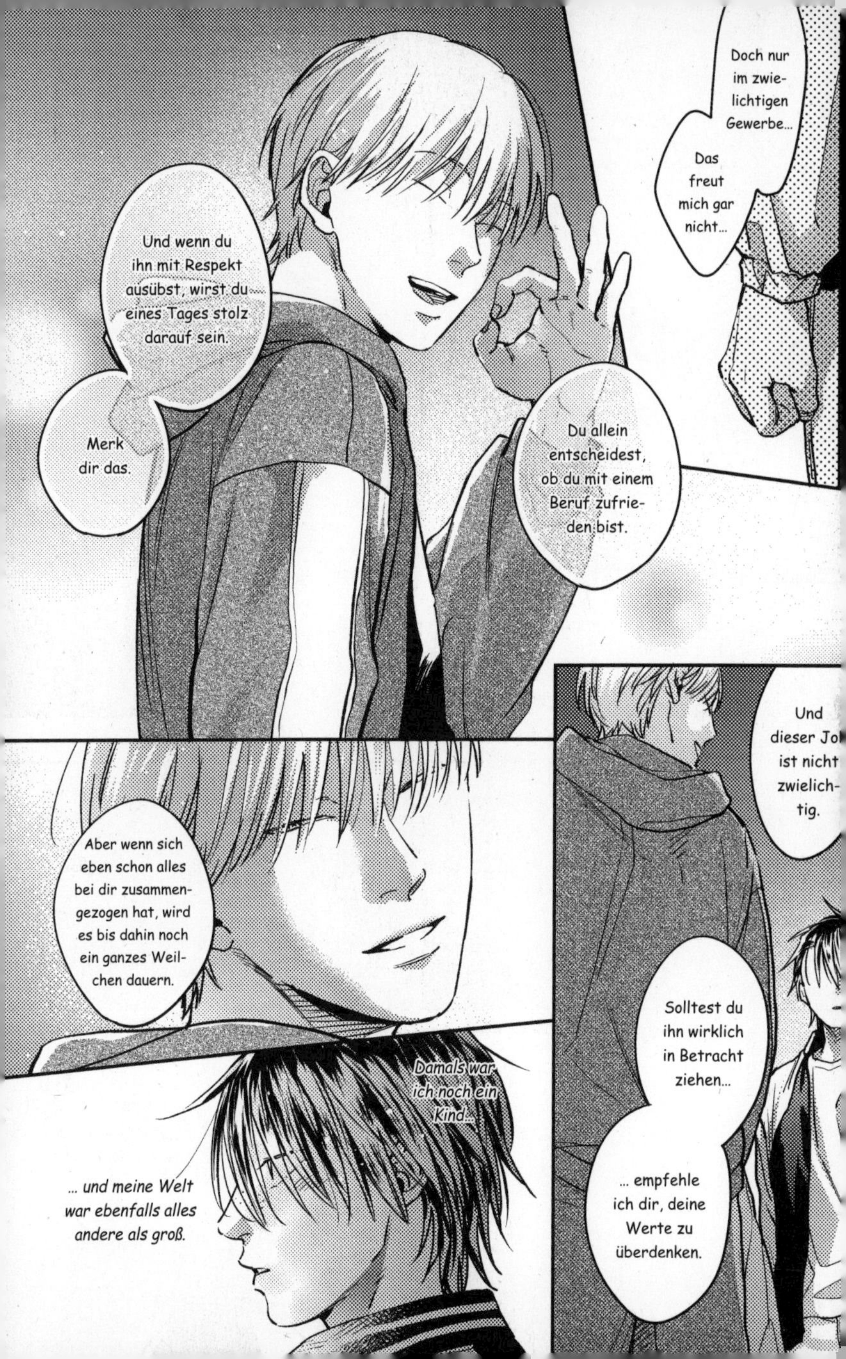
Doch nur im zwielichtigen Gewerbe...
Das freut mich gar nicht...
Du allein entscheidest, ob du mit einem Beruf zufrieden bist.
Und wenn du ihn mit Respekt ausübst, wirst du eines Tages stolz darauf sein.
Merk dir das.
Und dieser Jo ist nicht zwielichtig.
Solltest du ihn wirklich in Betracht ziehen...
... empfehle ich dir, deine Werte zu überdenken.
Aber wenn sich eben schon alles bei dir zusammengezogen hat, wird es bis dahin noch ein ganzes Weilchen dauern.
Damals war ich noch ein Kind...
... und meine Welt war ebenfalls alles andere als groß.

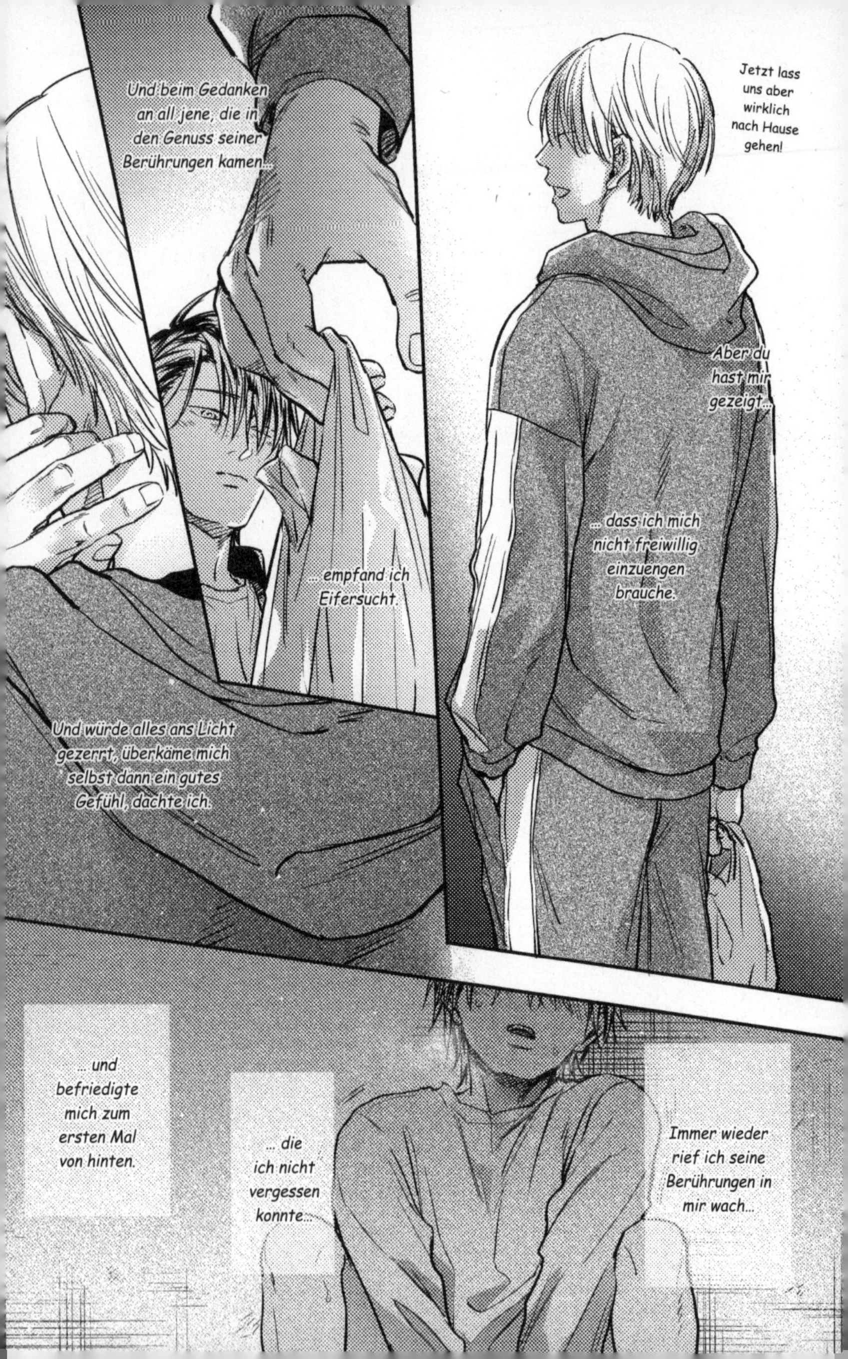
Jetzt lass uns aber wirklich nach Hause gehen!
Aber du hast mir gezeigt...
... dass ich mich nicht freiwillig einzuengen brauche.
Und beim Gedanken an all jene, die in den Genuss seiner Berührungen kamen...
... empfand ich Eifersucht.
Und würde alles ans Licht gezerrt, überkäme mich selbst dann ein gutes Gefühl, dachte ich.
Immer wieder rief ich seine Berührungen in mir wach...
... die ich nicht vergessen konnte...
... und befriedigte mich zum ersten Mal von hinten.

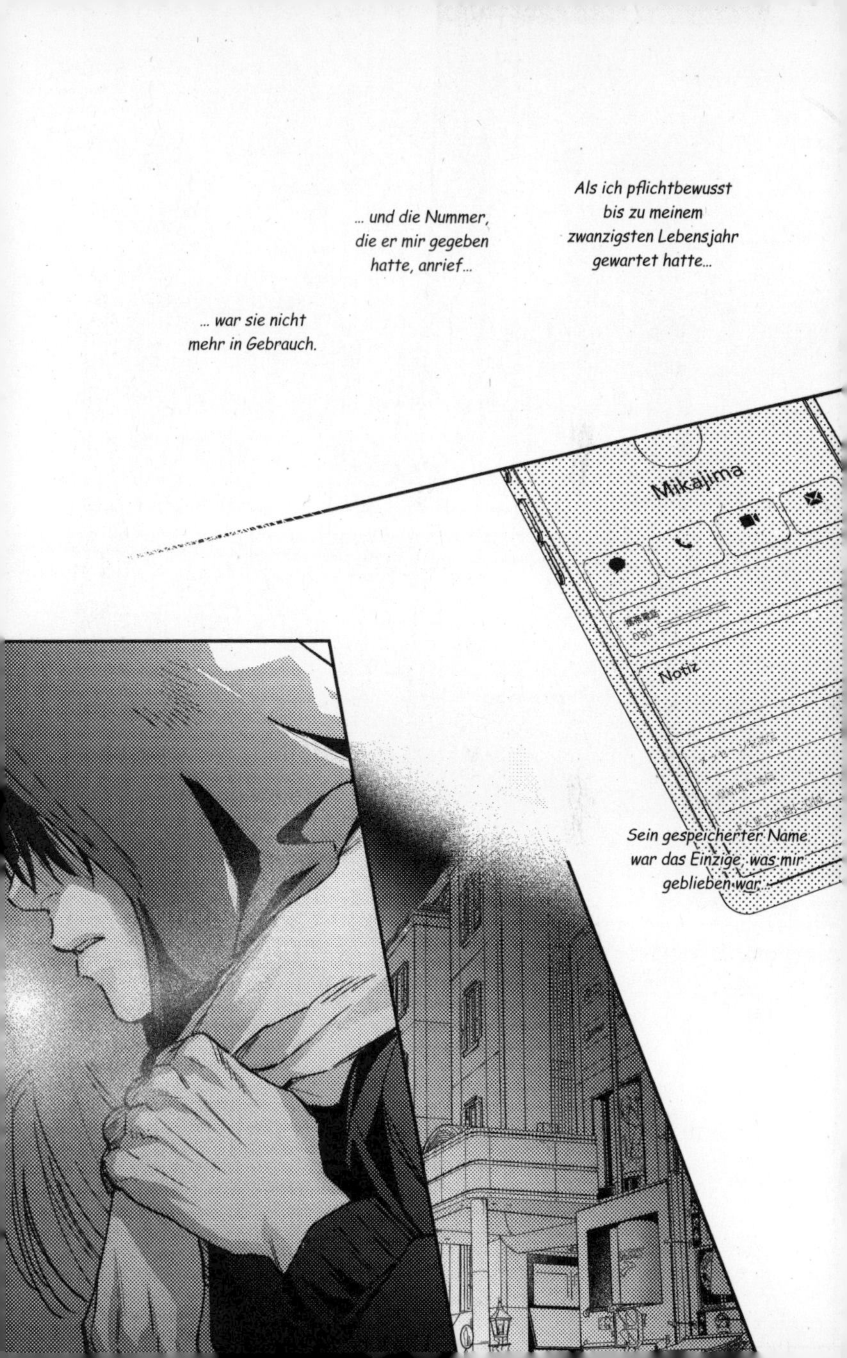
Als ich pflichtbewusst bis zu meinem zwanzigsten Lebensjahr gewartet hatte...
... und die Nummer, die er mir gegeben hatte, anrief...
... war sie nicht mehr in Gebrauch.
Mikajima
Notiz
Sein gespeicherter Name war das Einzige, was mir geblieben war...

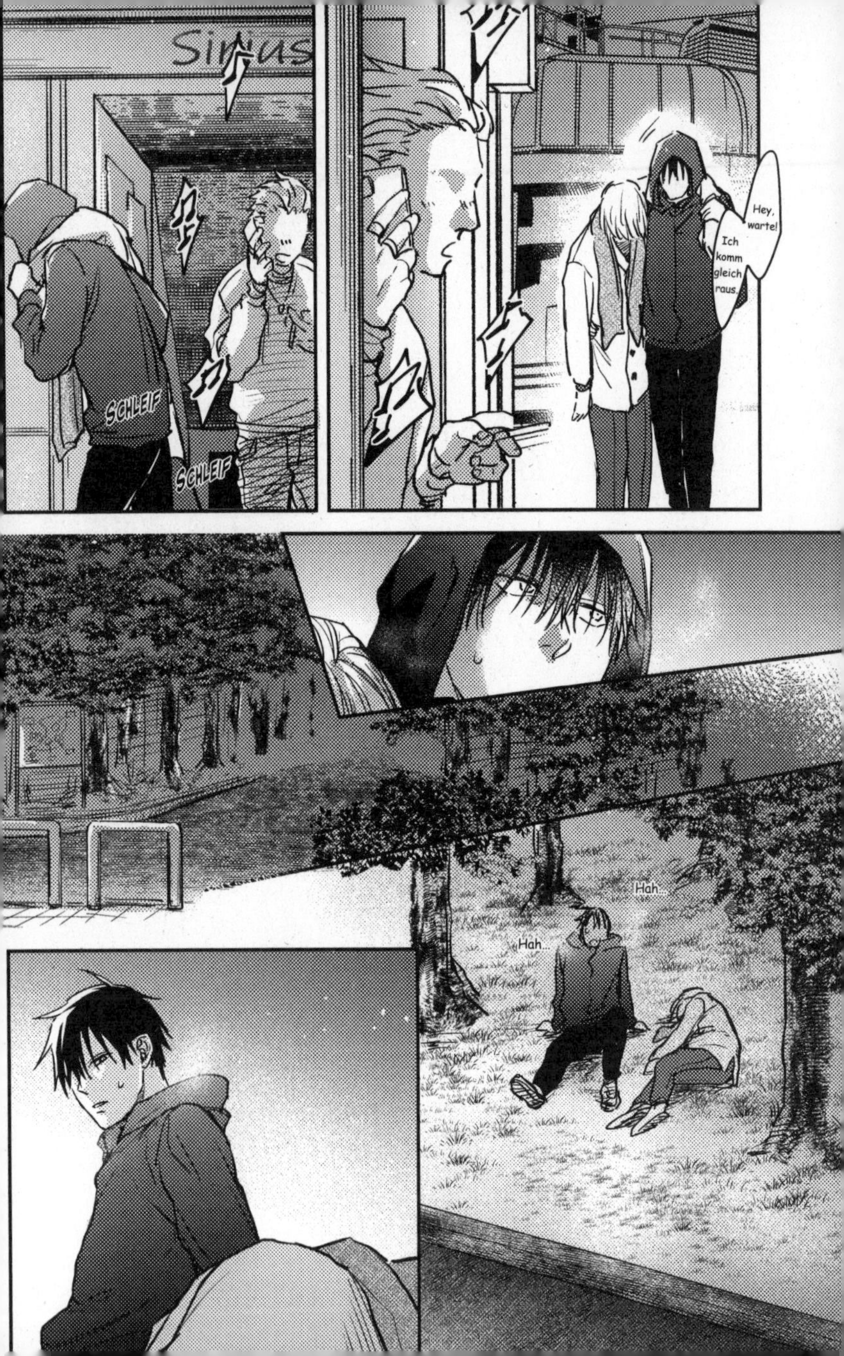
Sirius
SCHLEIF
SCHLEIF
Hey, warte!
Ich komm gleich raus.
Hah...
Hah...

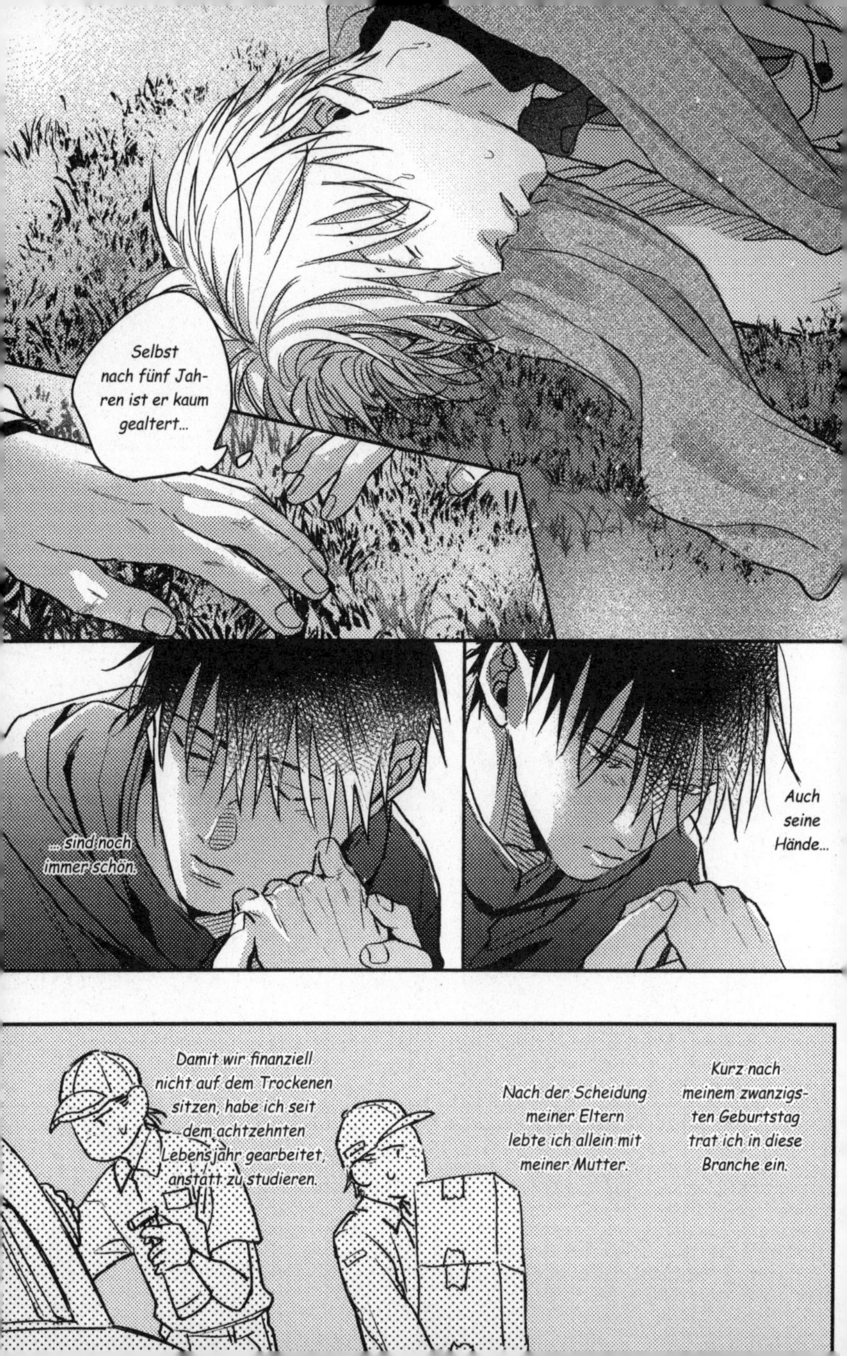
Selbst nach fünf Jahren ist er kaum gealtert...
Auch seine Hände...
...sind noch immer schön.
Kurz nach meinem zwanzigsten Geburtstag trat ich in diese Branche ein.
Nach der Scheidung meiner Eltern lebte ich allein mit meiner Mutter.
Damit wir finanziell nicht auf dem Trockenen sitzen, habe ich seit dem achtzehnten Lebensjahr gearbeitet, anstatt zu studieren.

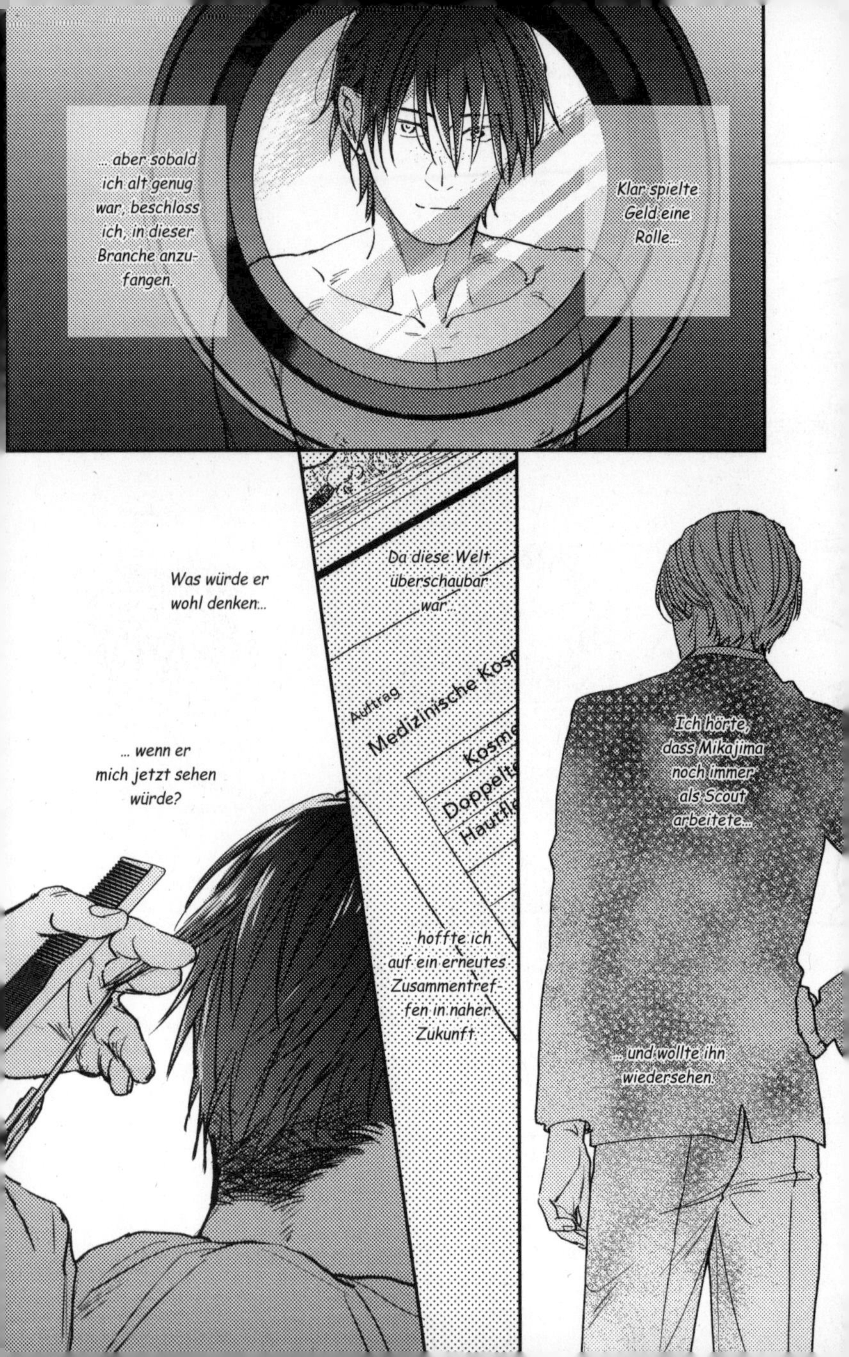
Klar spielte Geld eine Rolle...
... aber sobald ich alt genug war, beschloss ich, in dieser Branche anzufangen.
Ich hörte, dass Mikajima noch immer als Scout arbeitete...
... und wollte ihn wiedersehen.
Da diese Welt überschaubar war...
Auftrag
... hoffte ich auf ein erneutes Zusammentreffen in naher Zukunft.
Was würde er wohl denken...
... wenn er mich jetzt sehen würde?

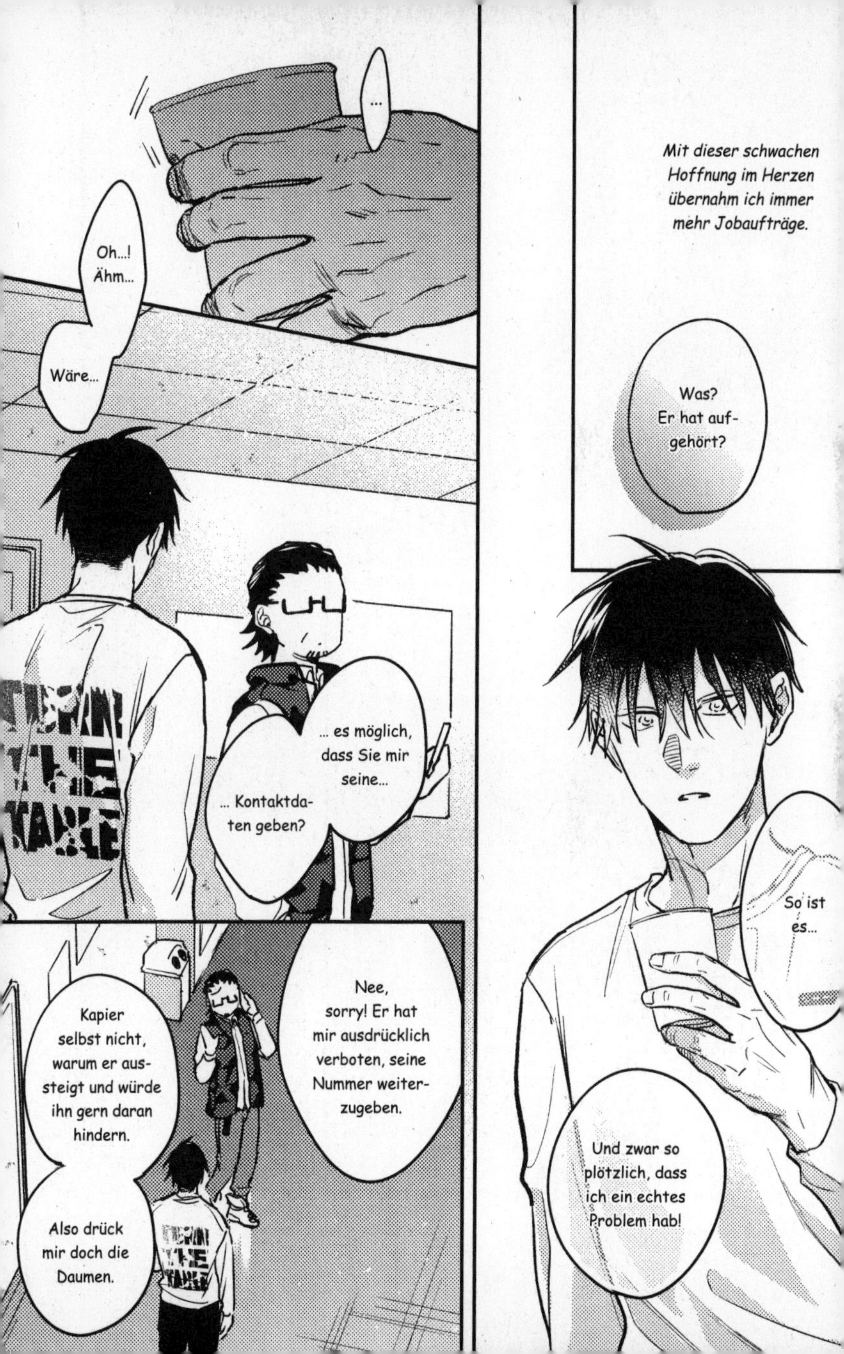

Mit dieser schwachen Hoffnung im Herzen übernahm ich immer mehr Jobaufträge.
Was? Er hat aufgehört?
So ist es...
Und zwar so plötzlich, dass ich ein echtes Problem hab!
...
Oh...! Ähm...
Wäre...
... es möglich, dass Sie mir seine...
... Kontaktdaten geben?
Nee, sorry! Er hat mir ausdrücklich verboten, seine Nummer weiterzugeben.
Kapier selbst nicht, warum er aussteigt und würde ihn gern daran hindern.
Also drück mir doch die Daumen.

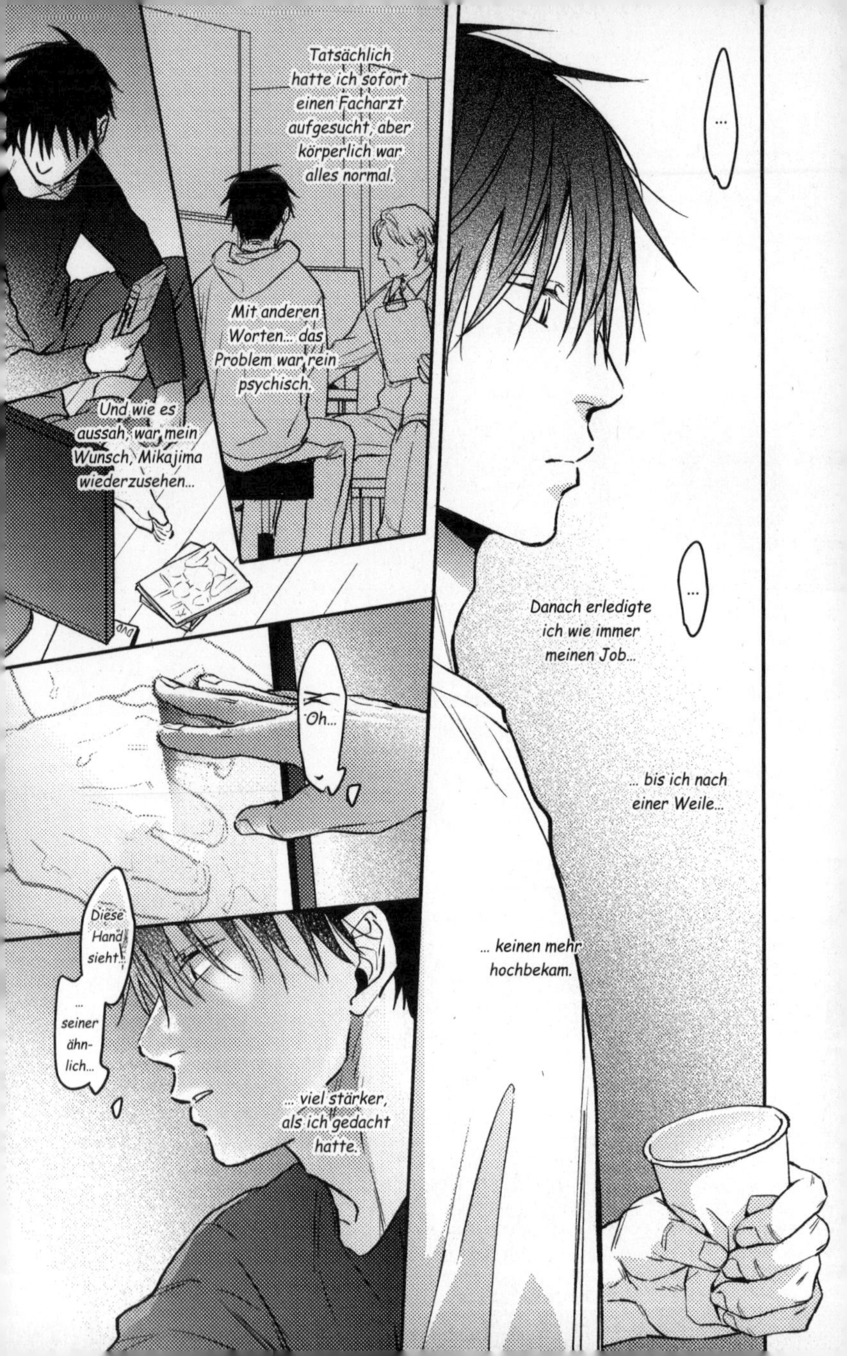
...
...
Danach erledigte ich wie immer meinen Job...
... bis ich nach einer Weile...
... keinen mehr hochbekam.
Tatsächlich hatte ich sofort einen Facharzt aufgesucht, aber körperlich war alles normal.
Mit anderen Worten... das Problem war rein psychisch.
Und wie es aussah, war mein Wunsch, Mikajima wiederzusehen...
Oh...
... viel stärker, als ich gedacht hatte.
Diese Hand sieht... ... seiner ähnlich...

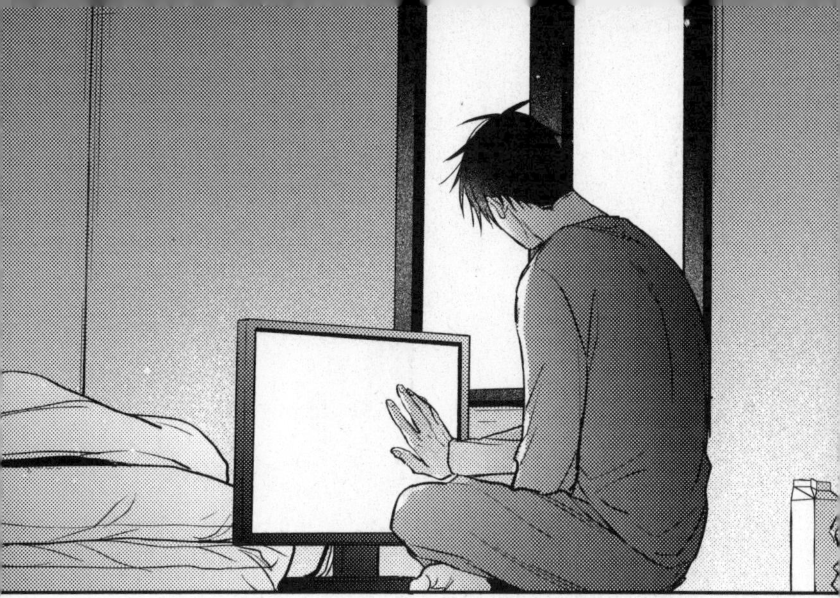

Ich wollte ihm
unbedingt noch
einmal begegnen.

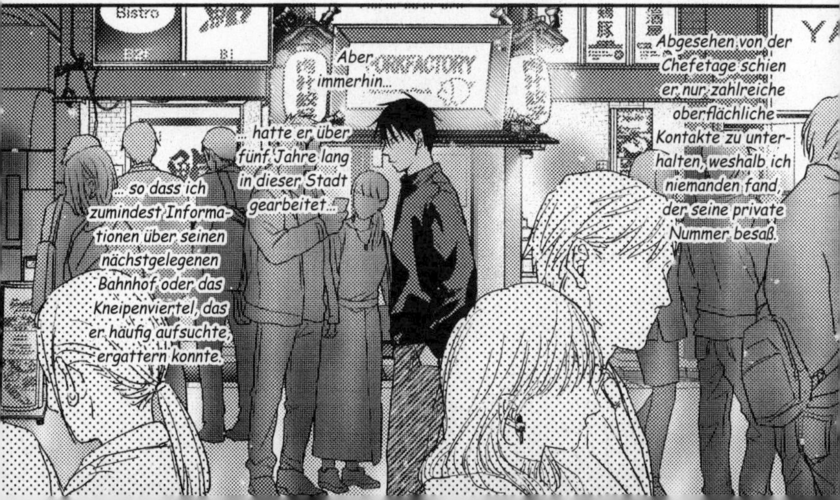

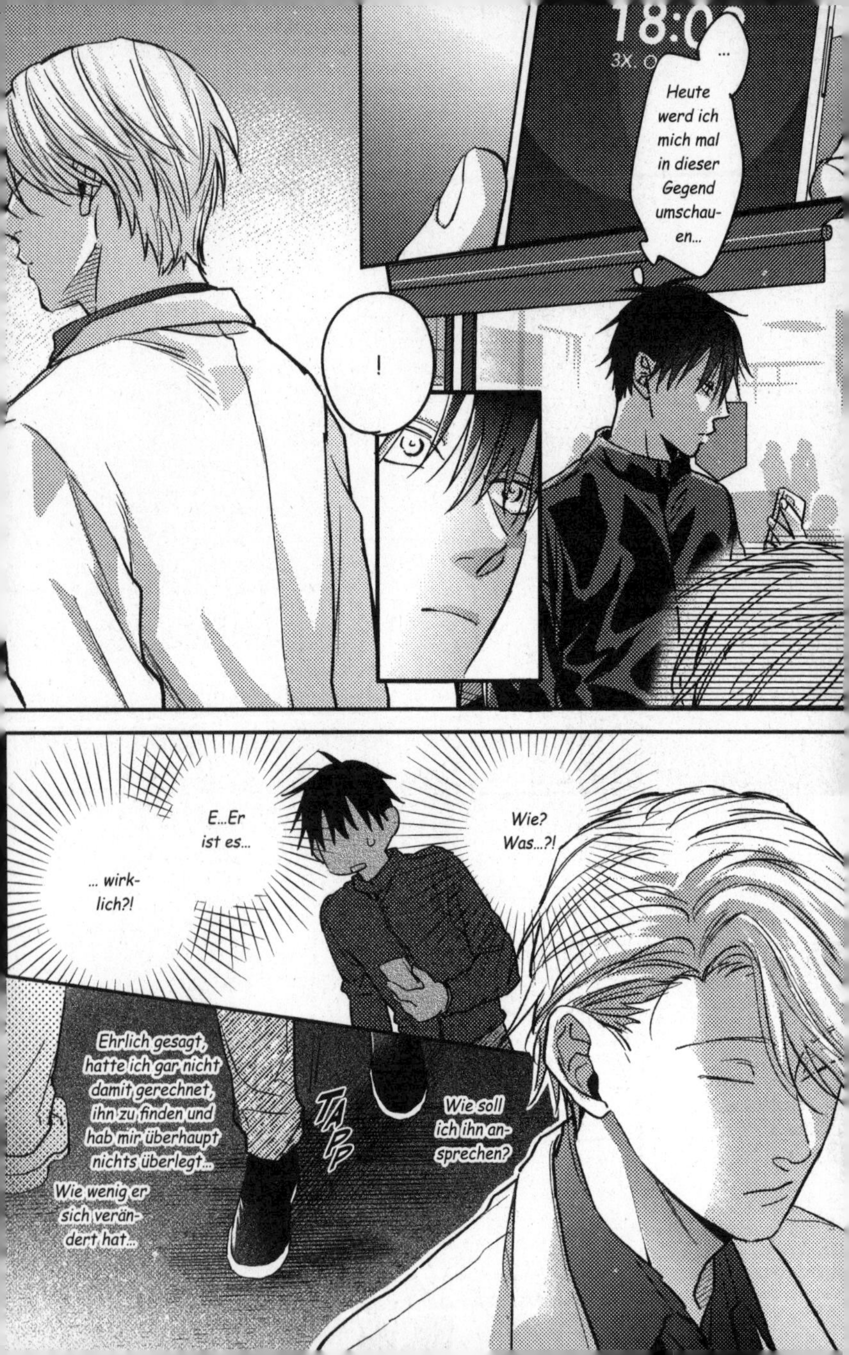
18:0
...
Heute werd ich mich mal in dieser Gegend umschauen...
!
Wie? Was...?!
E...Er ist es...
... wirklich?!
Wie soll ich ihn ansprechen?
TAPP
Ehrlich gesagt, hatte ich gar nicht damit gerechnet, ihn zu finden und hab mir überhaupt nichts überlegt...
Wie wenig er sich verändert hat...

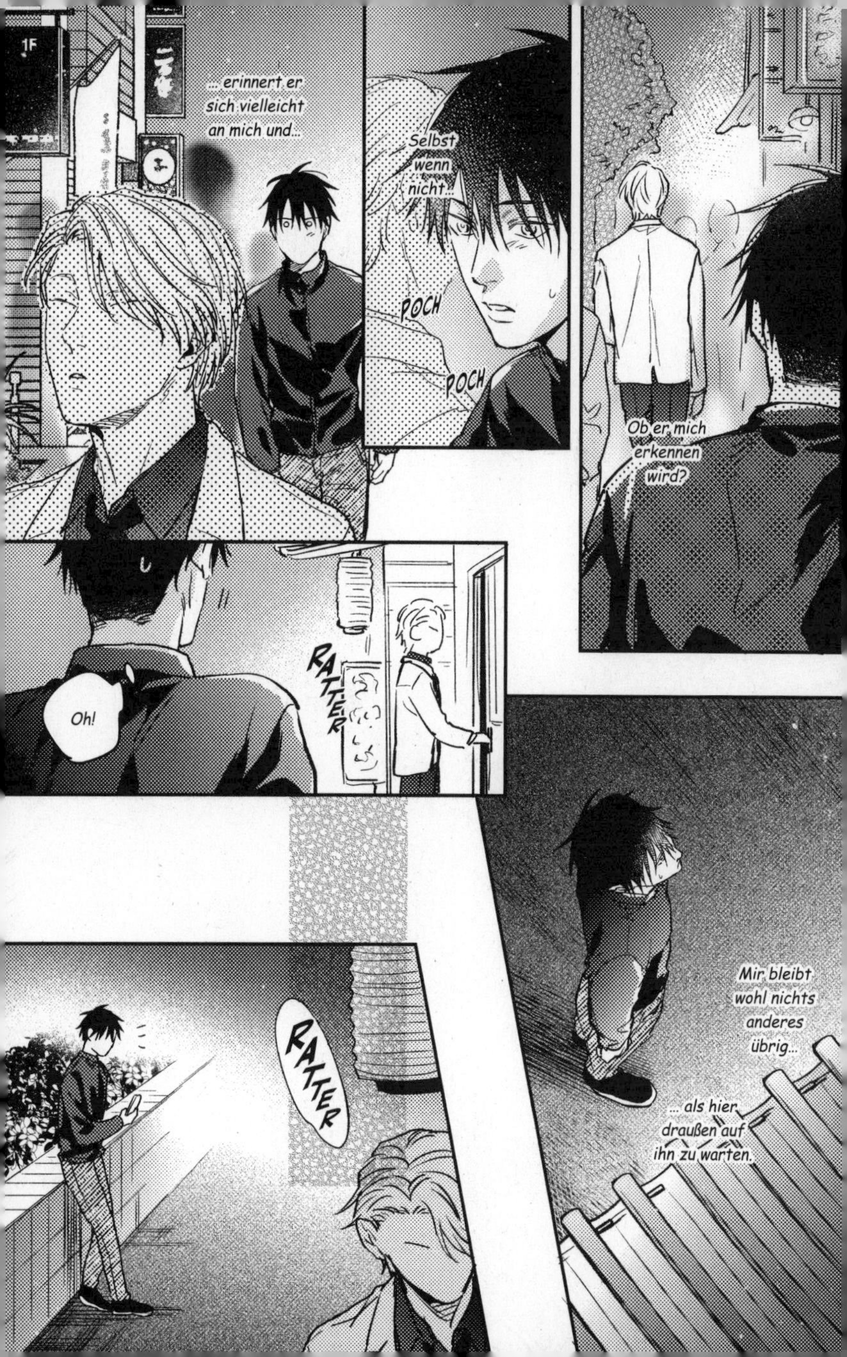

Ob er mich erkennen wird?
Selbst wenn nicht...
POCH
POCH
... erinnert er sich vielleicht an mich und...
RATTER
Oh!
Mir bleibt wohl nichts anderes übrig...
... als hier draußen auf ihn zu warten.
RATTER

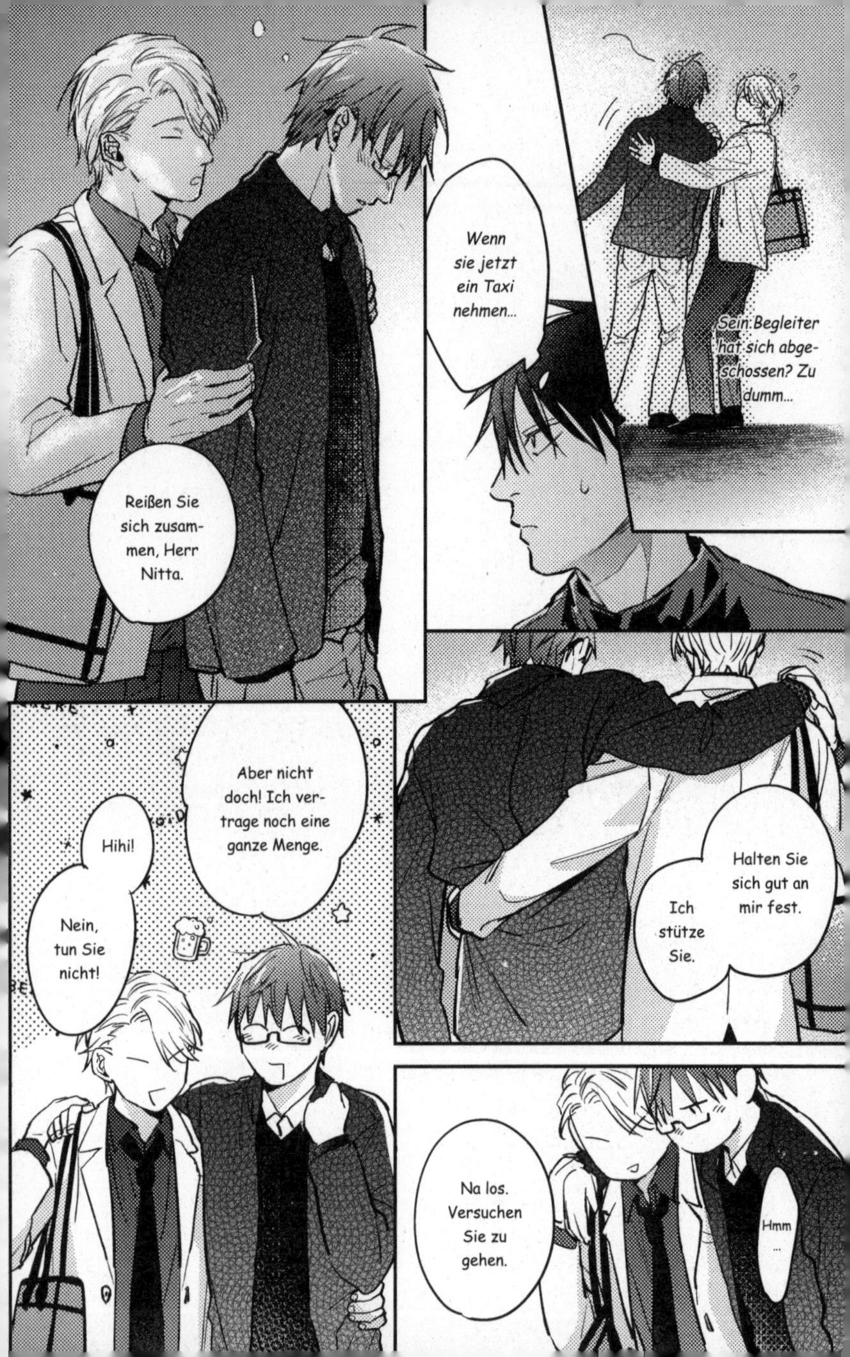
Sein Begleiter hat sich abgeschossen? Zu dumm...
Wenn sie jetzt ein Taxi nehmen...
Reißen Sie sich zusammen, Herr Nitta.
Halten Sie sich gut an mir fest.
Ich stütze Sie.
Aber nicht doch! Ich vertrage noch eine ganze Menge.
Hihi!
Nein, tun Sie nicht!
Hmm ...
Na los. Versuchen Sie zu gehen.

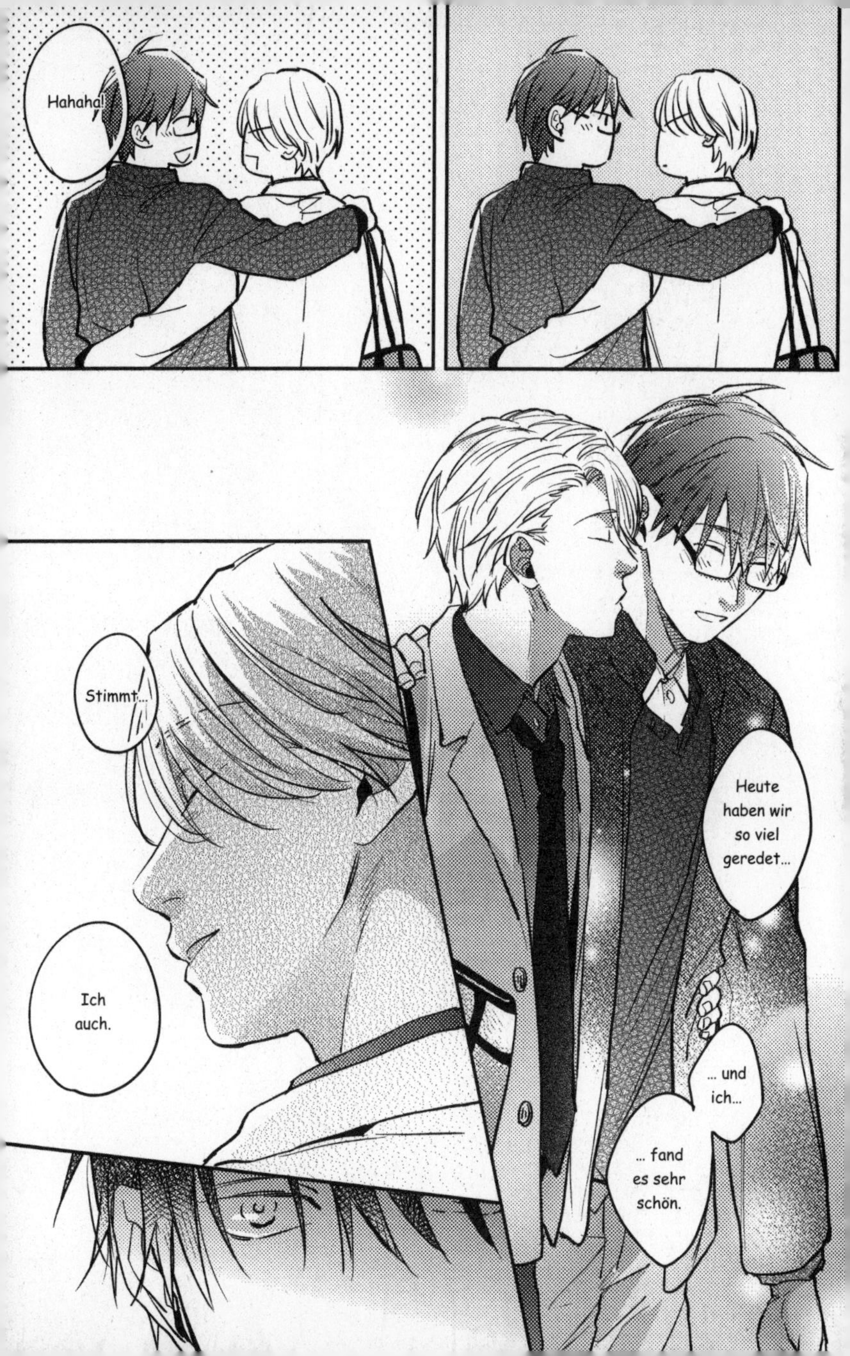
Hahaha!
Heute haben wir so viel geredet...
... und ich...
... fand es sehr schön.
Stimmt...
Ich auch.

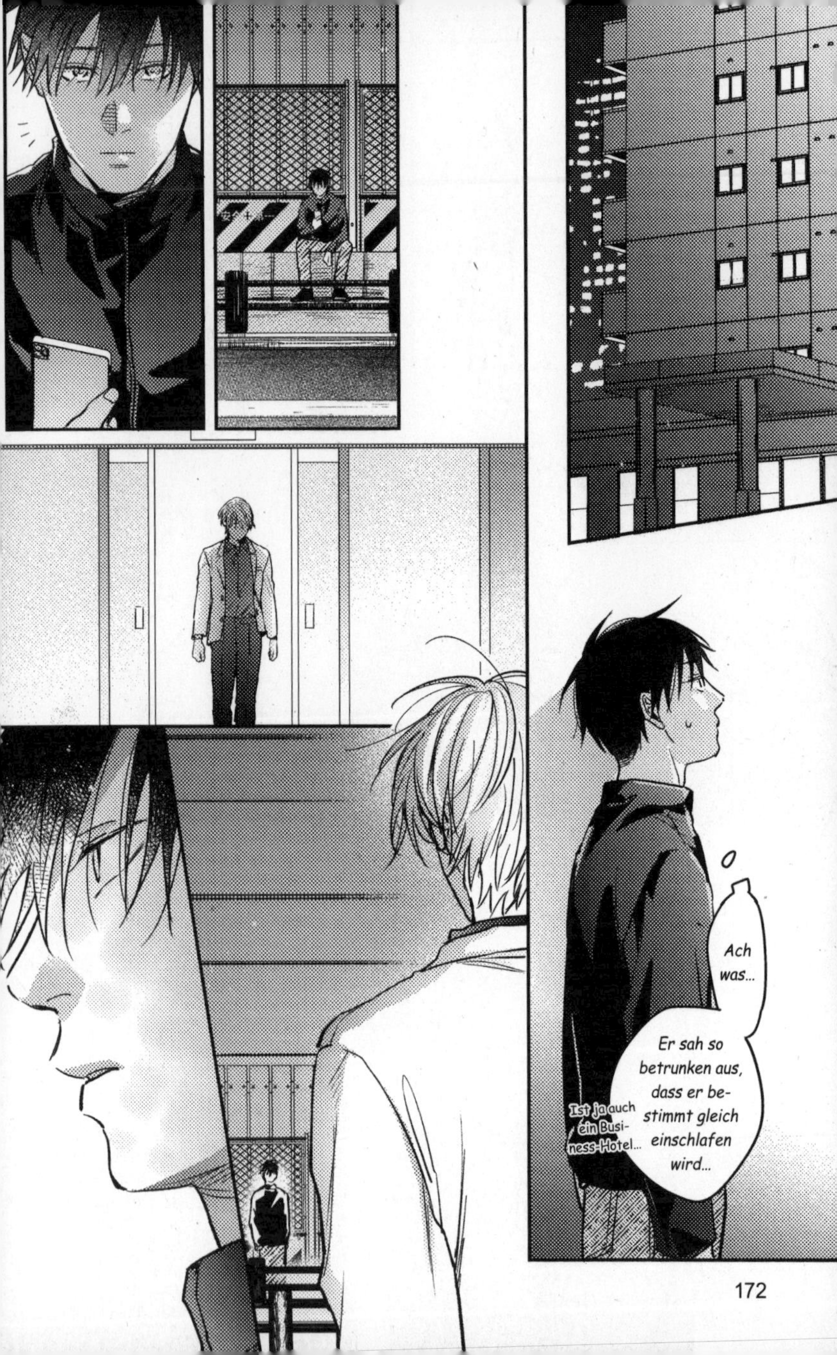
O
Ach was...
Er sah so betrunken aus, dass er bestimmt gleich einschlafen wird...
Ist ja auch ein Business-Hotel...

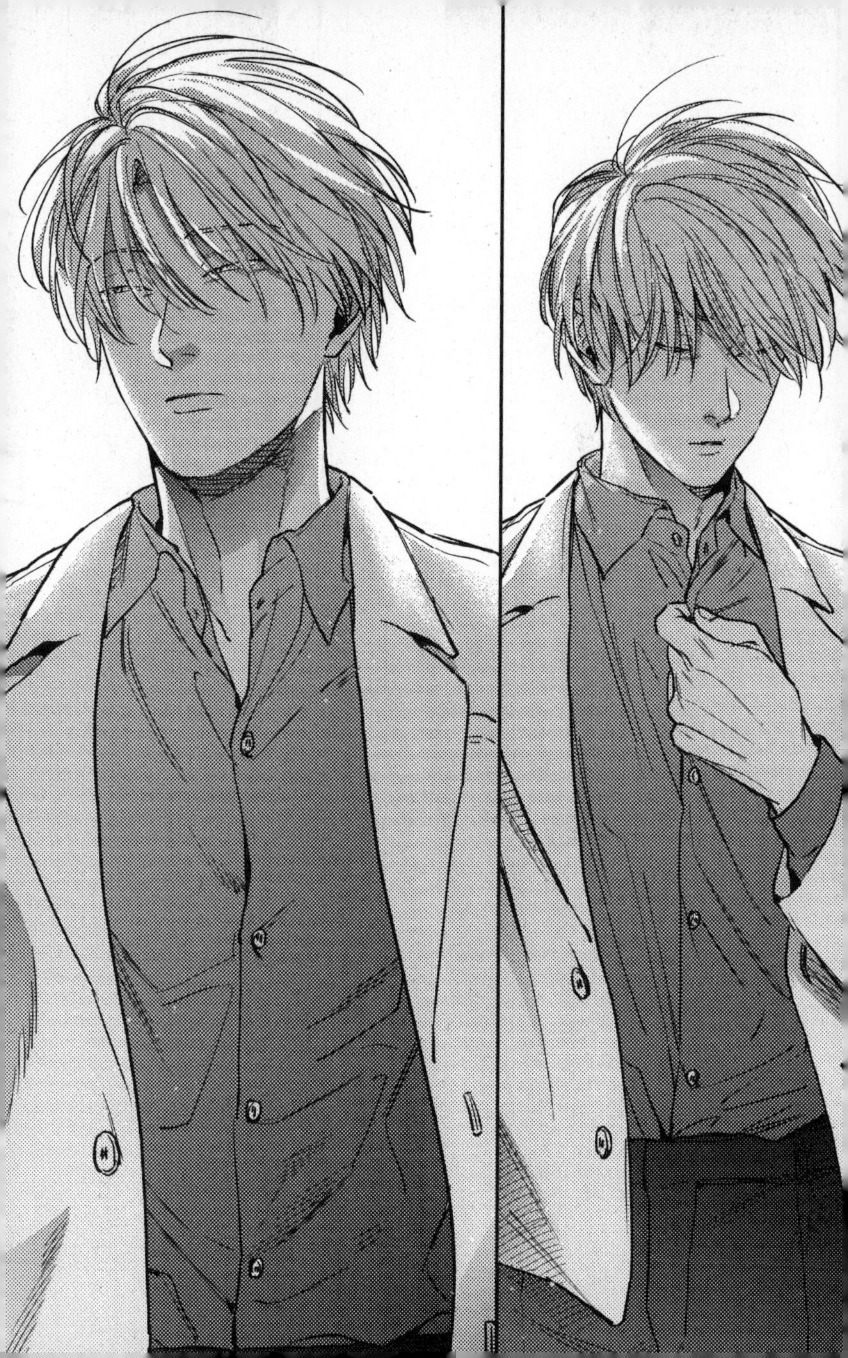

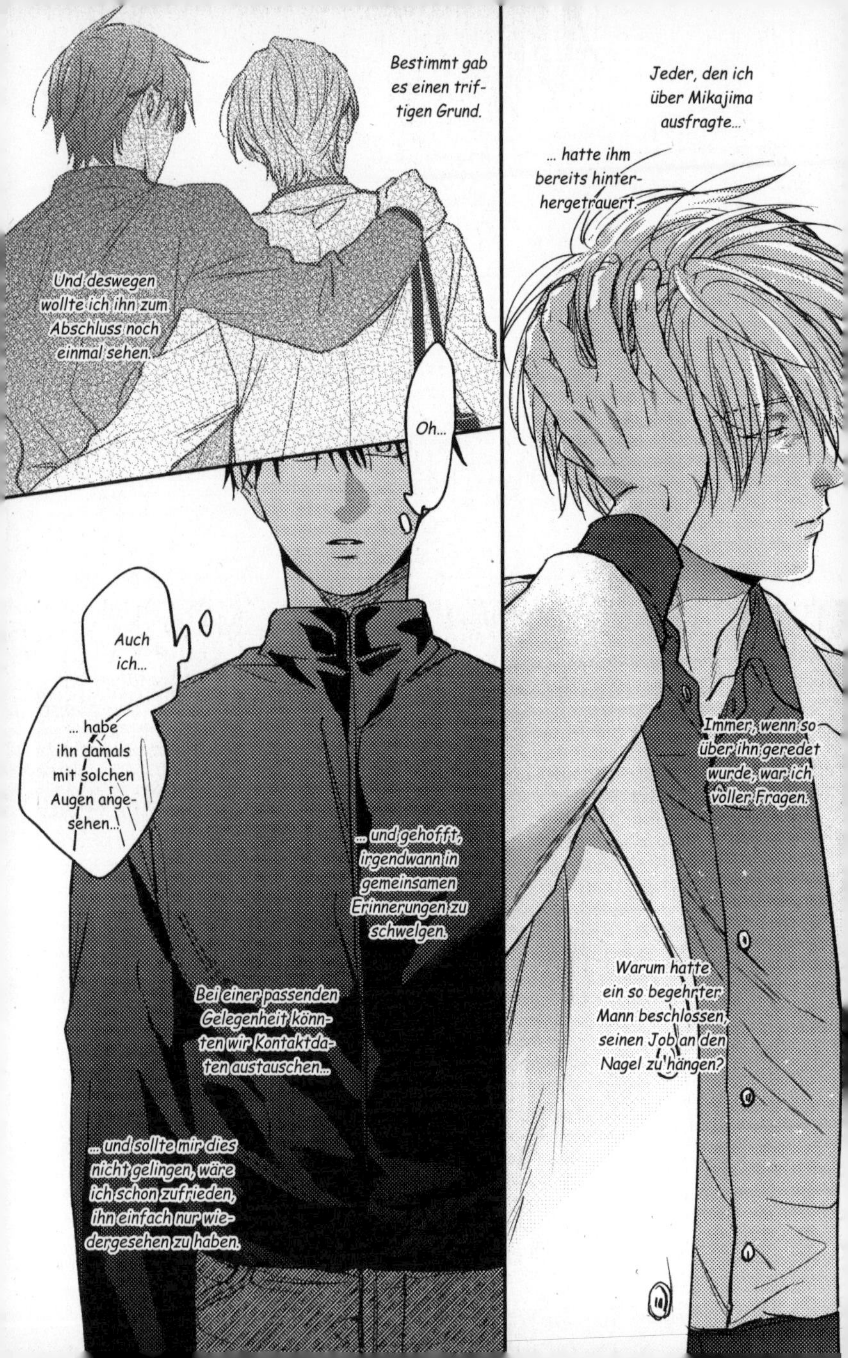
Jeder, den ich über Mikajima ausfragte...
... hatte ihm bereits hintergetrauert.
Immer, wenn so über ihn geredet wurde, war ich voller Fragen.
Warum hatte ein so begehrter Mann beschlossen, seinen Job an den Nagel zu hängen?
Bestimmt gab es einen triftigen Grund.
Und deswegen wollte ich ihn zum Abschluss noch einmal sehen.
Oh...
Auch ich...
... habe ihn damals mit solchen Augen angesehen...
... und gehofft, irgendwann in gemeinsamen Erinnerungen zu schwelgen.
Bei einer passenden Gelegenheit könnten wir Kontaktdaten austauschen...
... und sollte mir dies nicht gelingen, wäre ich schon zufrieden, ihn einfach nur wiedergesehen zu haben.

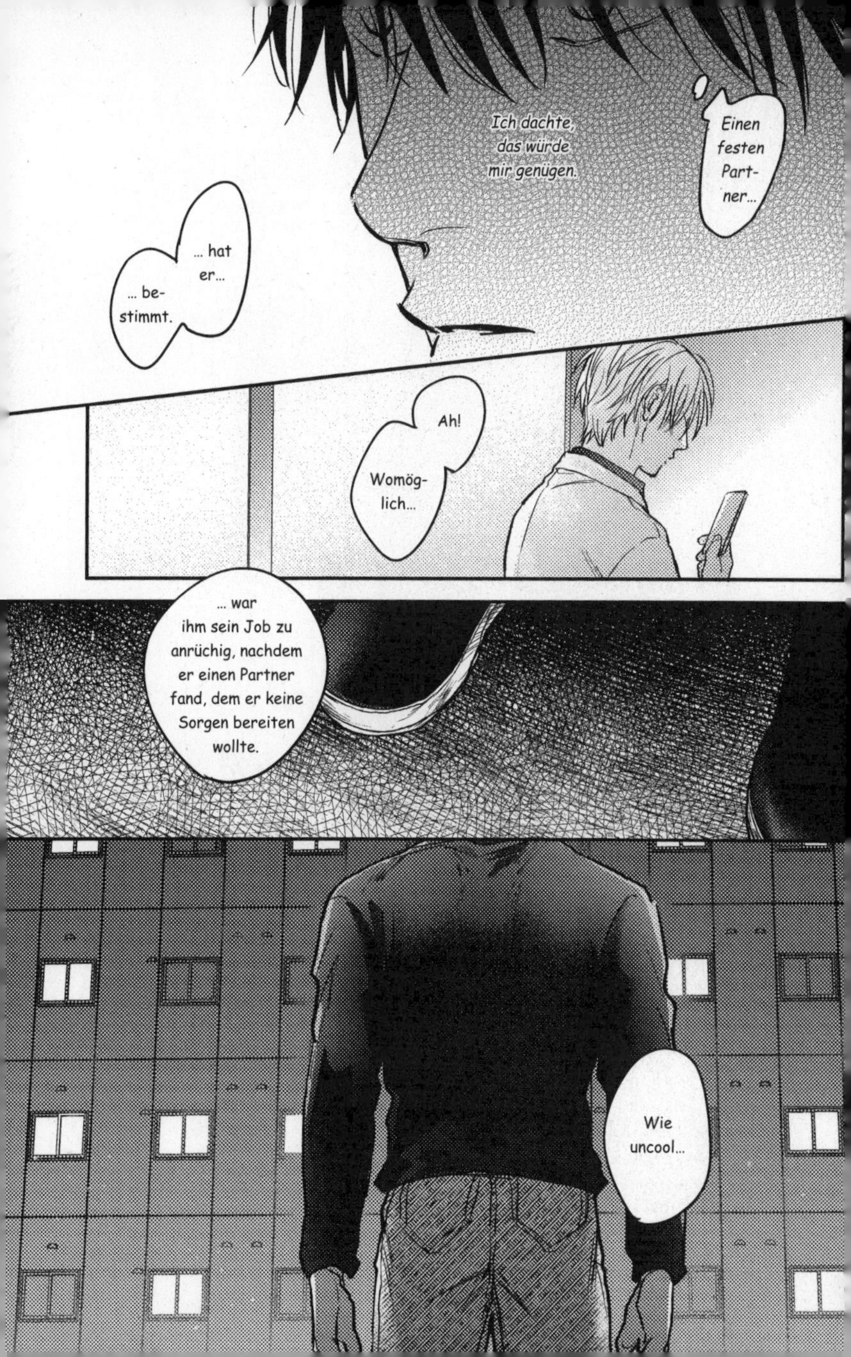
Einen festen Part-ner...
Ich dachte, das würde mir genügen.
... hat er...
... be-stimmt.
Ah!
Womög-lich...
... war ihm sein Job zu anrüchig, nachdem er einen Partner fand, dem er keine Sorgen bereiten wollte.
Wie uncool...

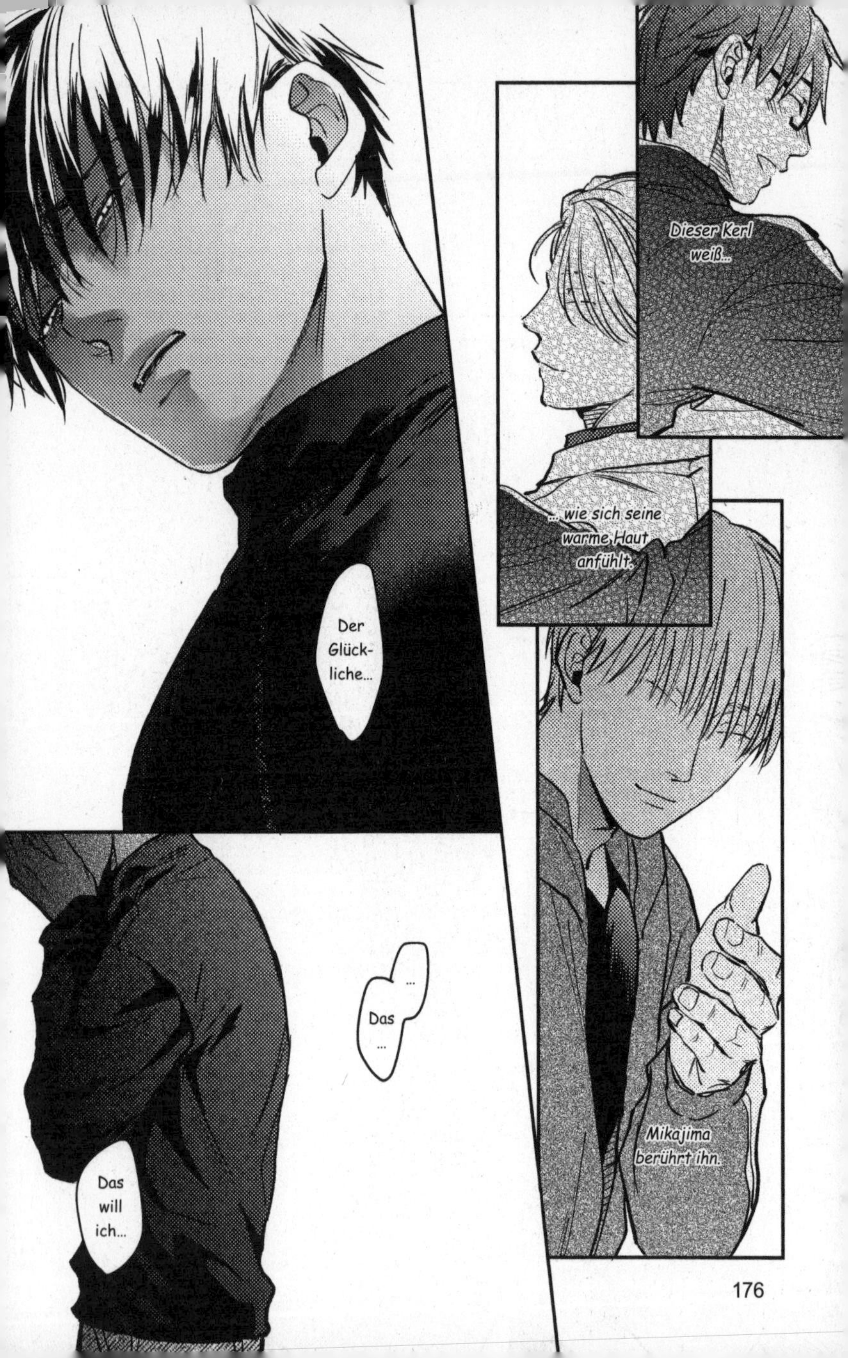
Dieser Kerl weiß...
... wie sich seine warme Haut anfühlt.
Mikajima berührt ihn.
Der Glück-liche...
... Das ...
Das will ich...

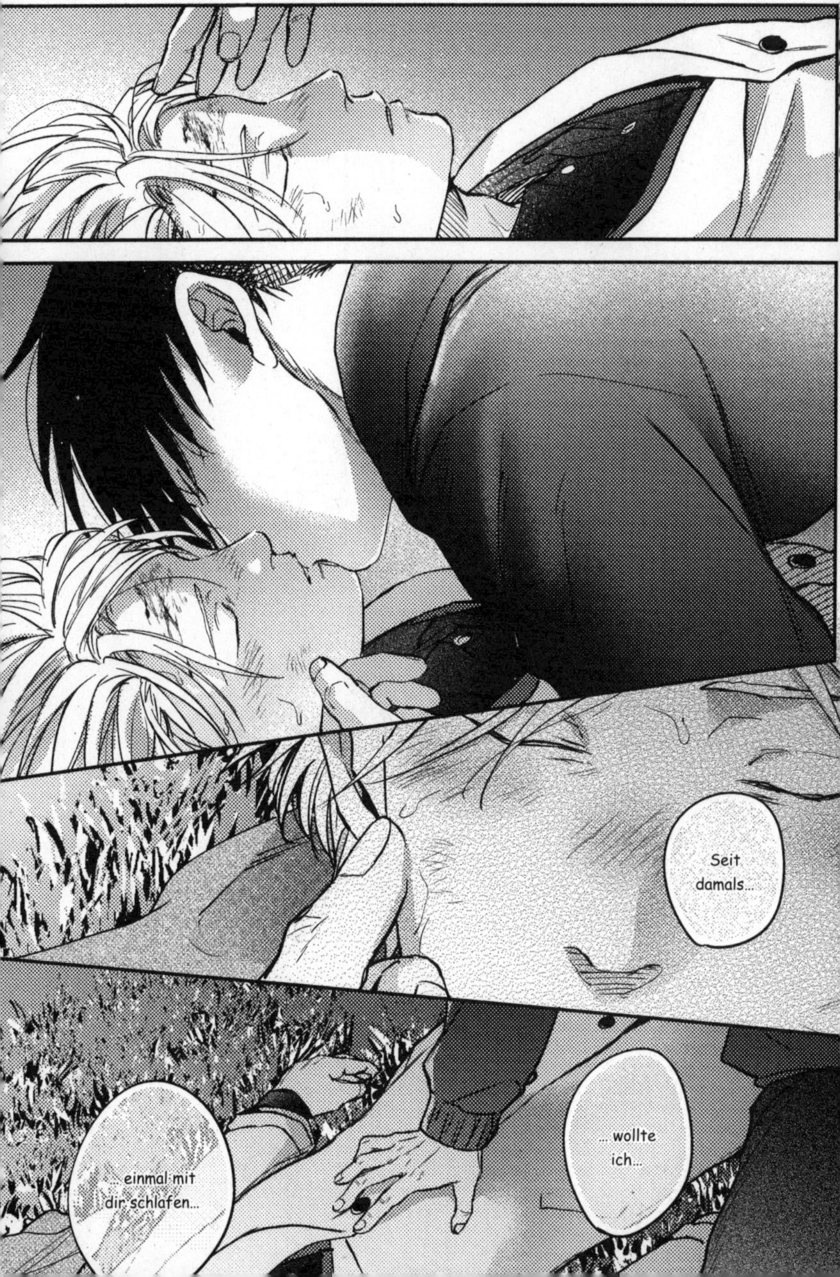
Seit damals...
... wollte ich...
... einmal mit dir schlafen...

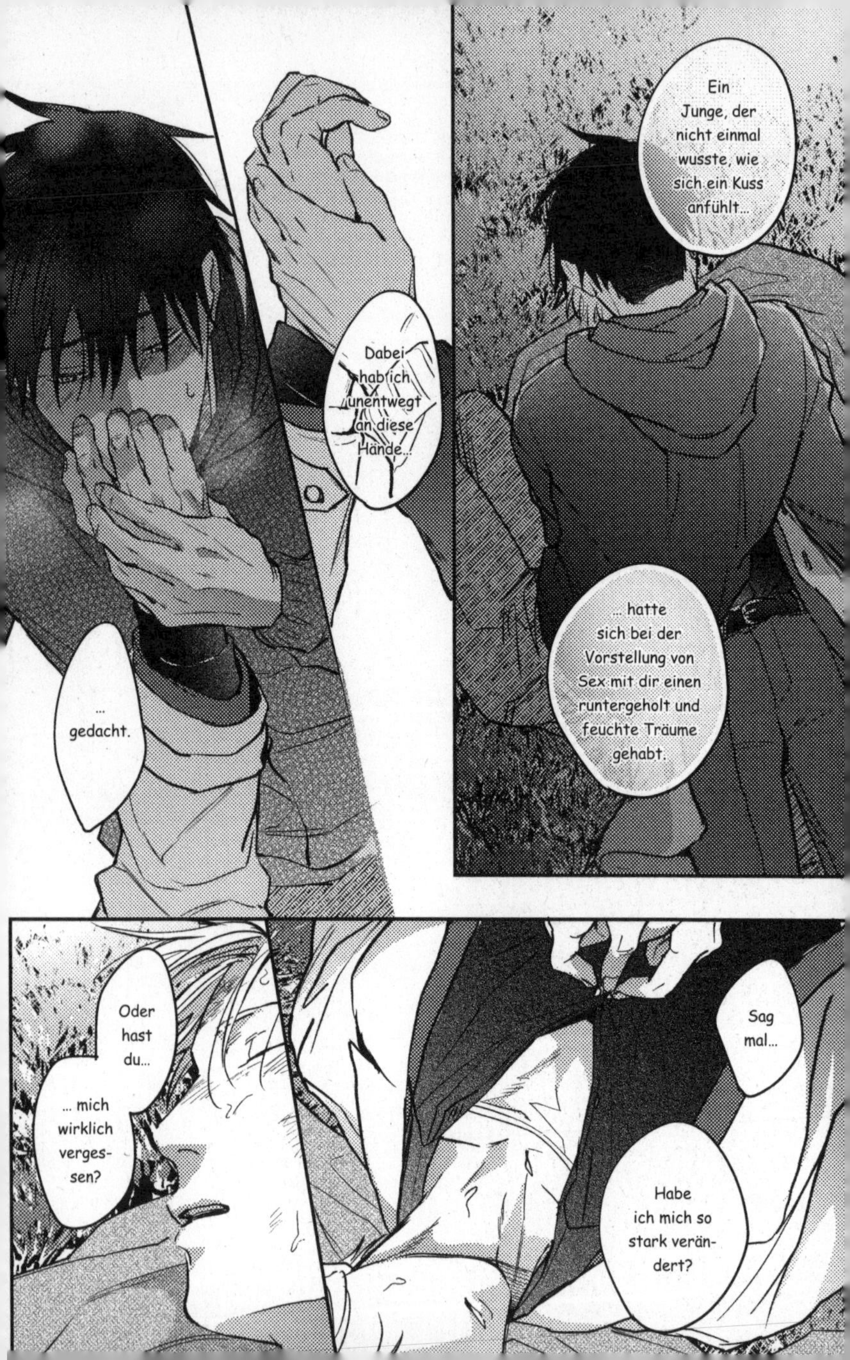
Ein Junge, der nicht einmal wusste, wie sich ein Kuss anfühlt...
... hatte sich bei der Vorstellung von Sex mit dir einen runtergeholt und feuchte Träume gehabt.
Dabei hab ich unentwegt an diese Hände...
... gedacht.
Sag mal...
Habe ich mich so stark verän-dert?
Oder hast du...
... mich wirklich verges-sen?

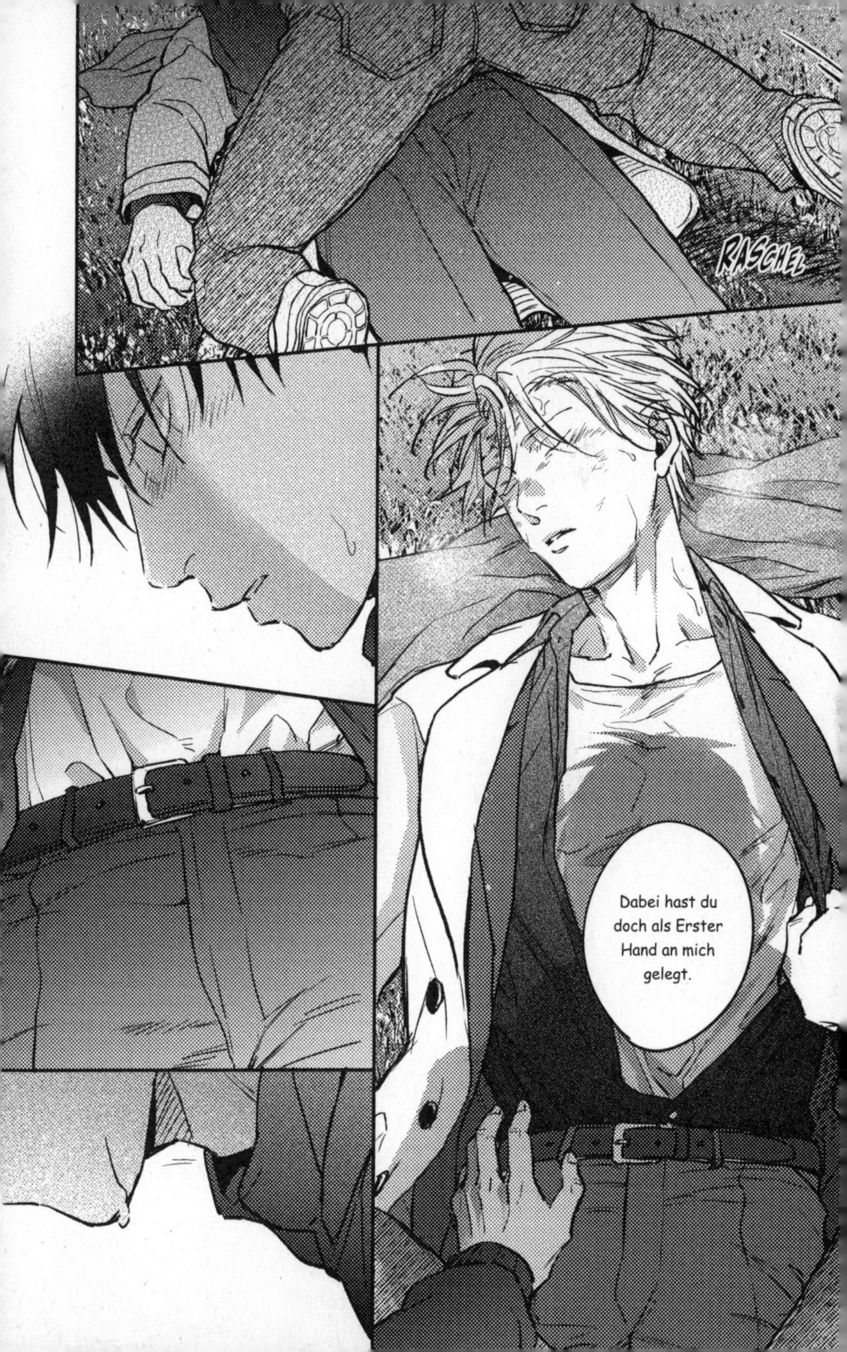
RASCHEL
Dabei hast du doch als Erster Hand an mich gelegt.

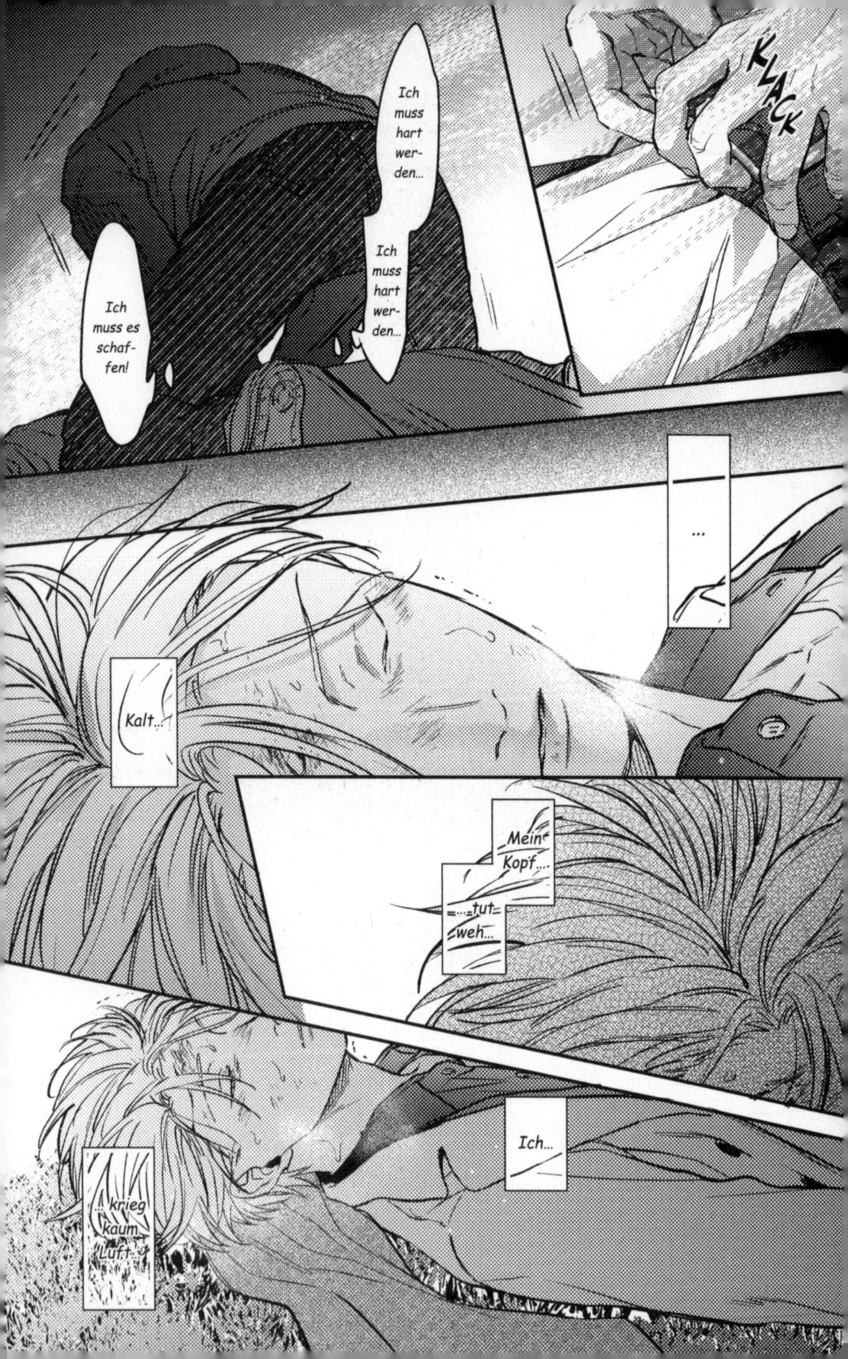
KLACK
Ich muss hart werden...
Ich muss hart werden...
Ich muss es schaffen!
...
Kalt...
Mein Kopf...
...tut weh...
Ich...
...krieg kaum Luft...

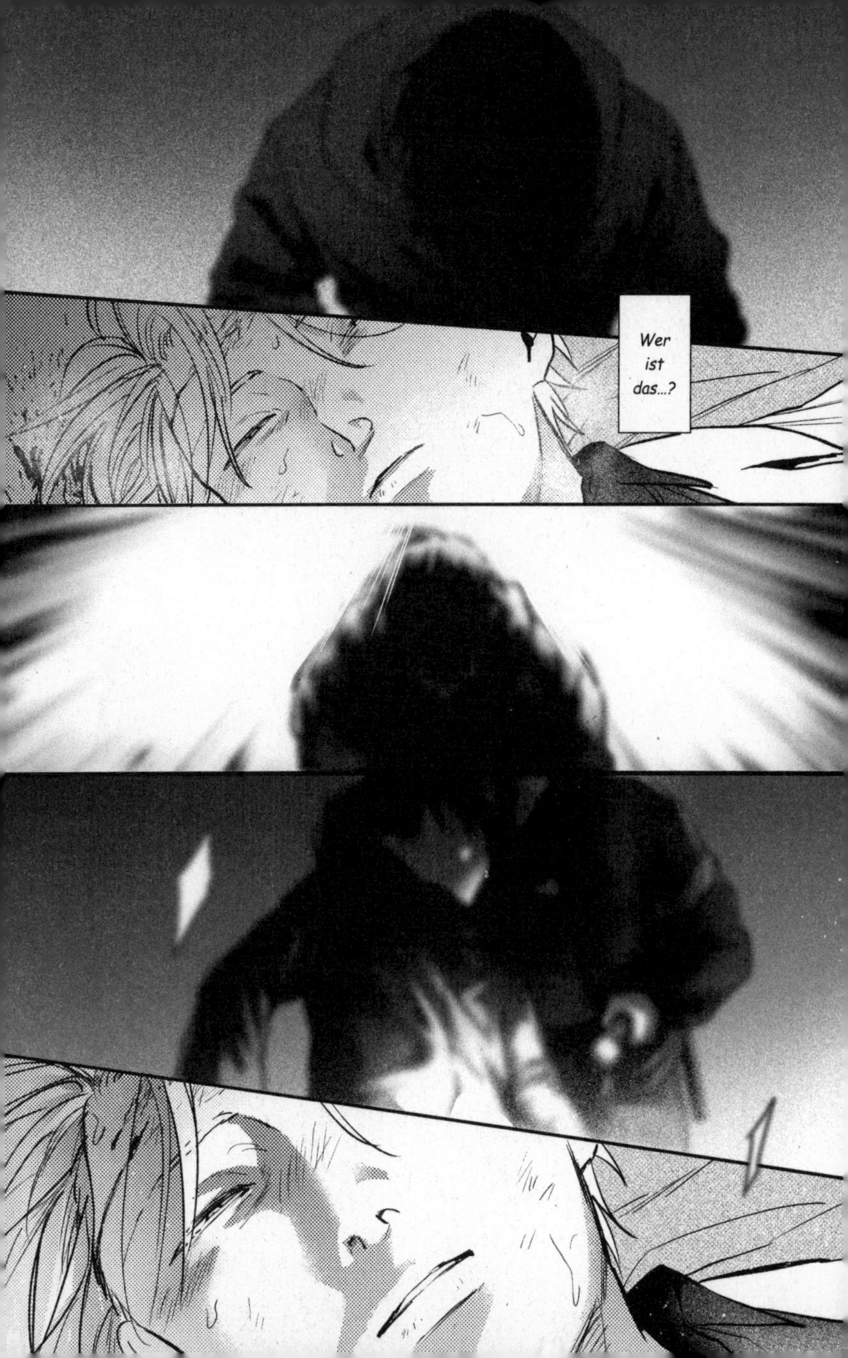
Wer ist das...?

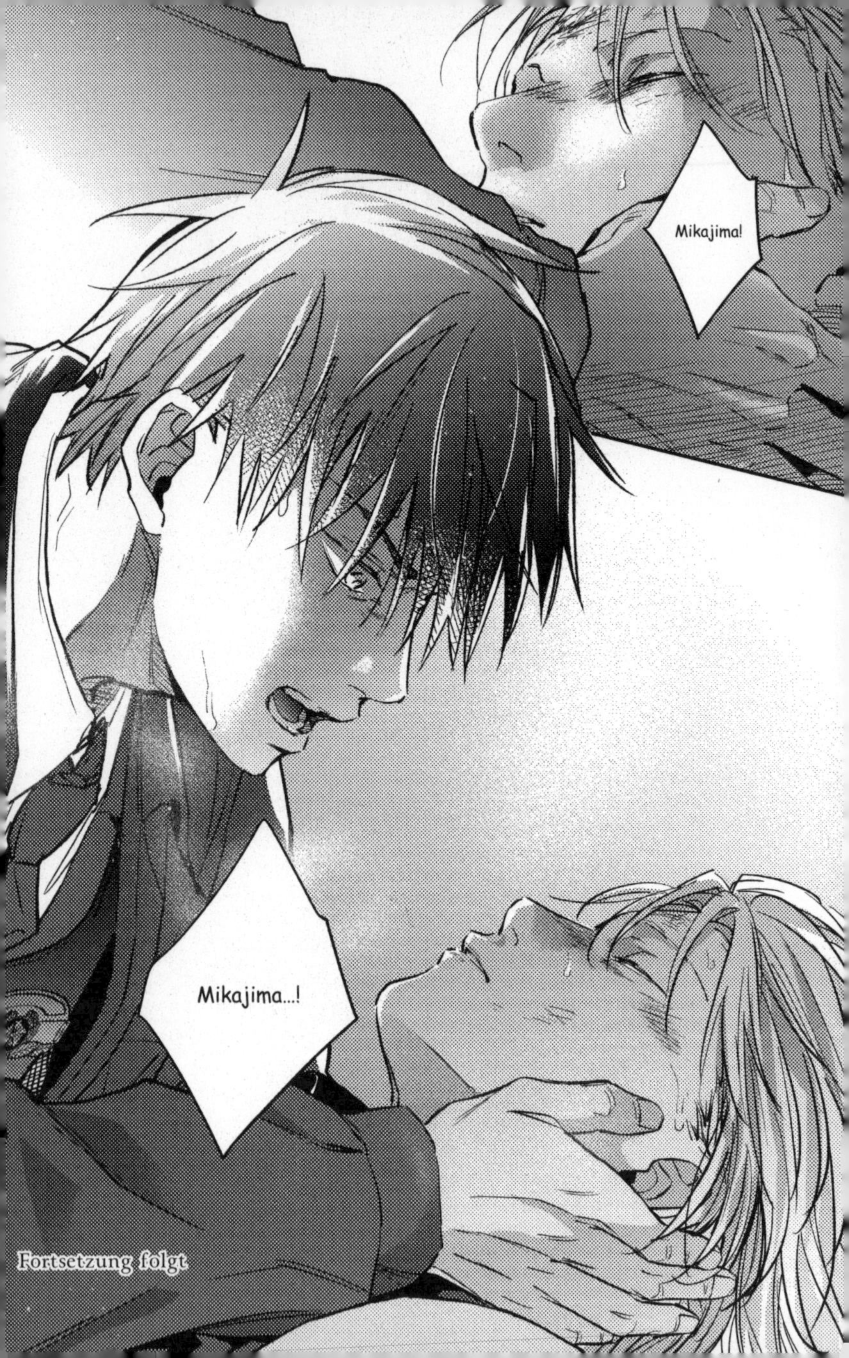
Mikajima!
Mikajima...!
Fortsetzung folgt

Du kannst mir nicht widerstehen

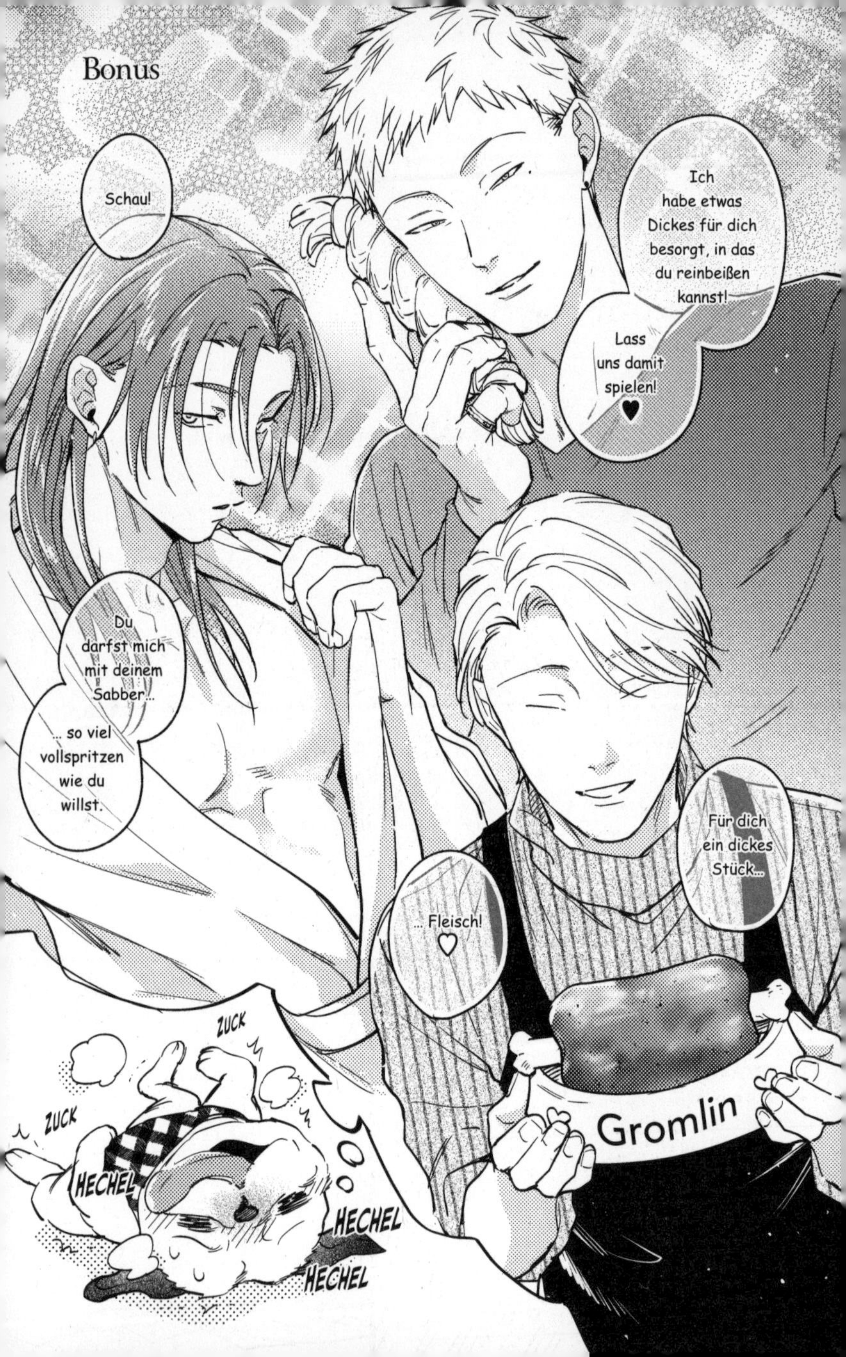
Bonus
Ich habe etwas Dickes für dich besorgt, in das du reinbeißen kannst!
Lass uns damit spielen! ♥
Schau!
Du darfst mich mit deinem Sabber...
... so viel vollspritzen wie du willst.
Für dich ein dickes Stück...
... Fleisch! ♡
Gromlin
ZUCK
ZUCK
HECHEL
HECHEL
HECHEL

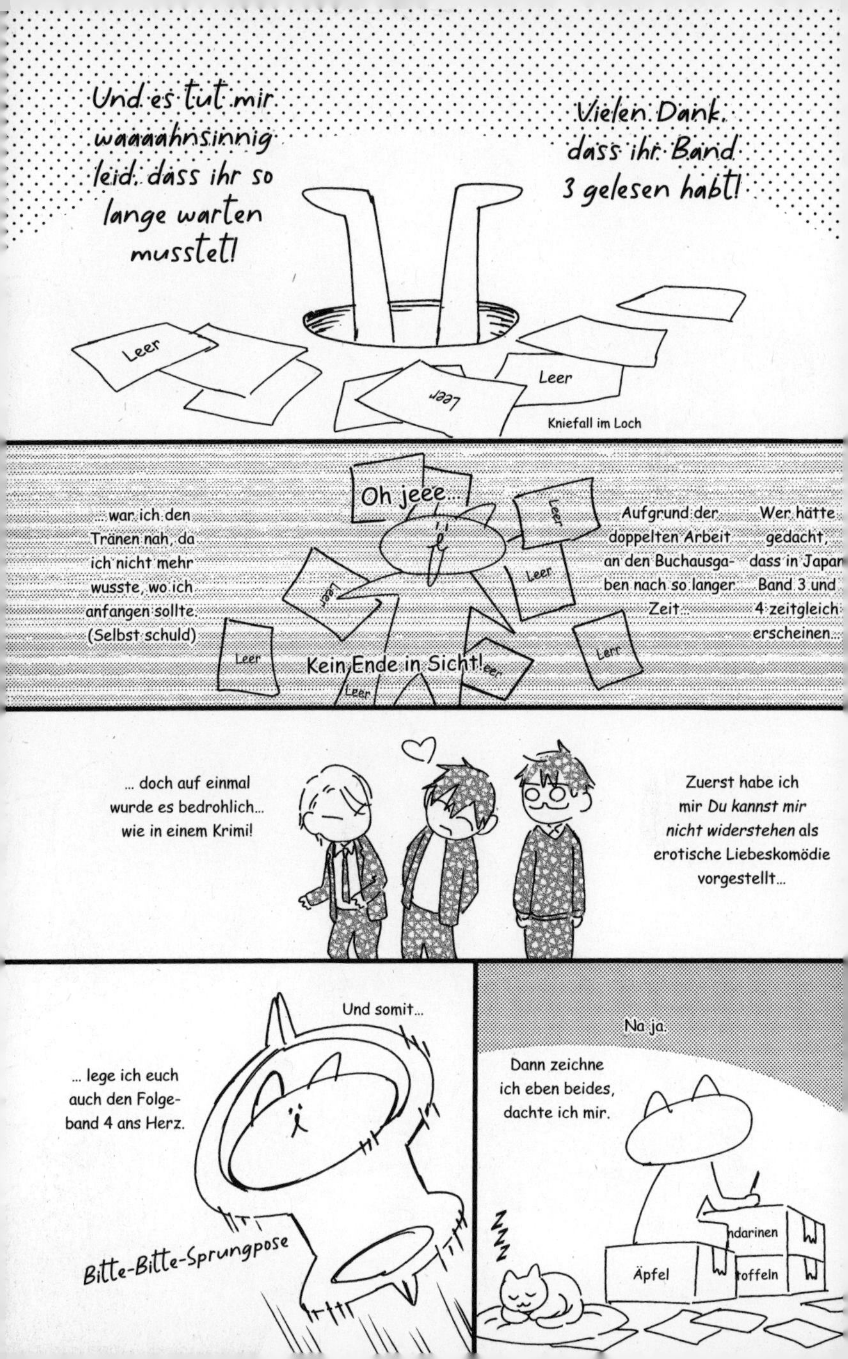

Vielen Dank, dass ihr Band 3 gelesen habt!
Und es tut mir waaaahnsinnig leid, dass ihr so lange warten musstet!
Leer
Leer
Leer
Kniefall im Loch
Wer hätte gedacht, dass in Japan Band 3 und 4 zeitgleich erscheinen...
Aufgrund der doppelten Arbeit an den Buchausgaben nach so langer Zeit...
Oh jeee...
... war ich den Tränen nah, da ich nicht mehr wusste, wo ich anfangen sollte. (Selbst schuld)
Leer
Leer
Leer
Leer
Lerr
Leer
Kein Ende in Sicht!
Zuerst habe ich mir *Du kannst mir nicht widerstehen* als erotische Liebeskomödie vorgestellt...
... doch auf einmal wurde es bedrohlich... wie in einem Krimi!
Na ja.
Dann zeichne ich eben beides, dachte ich mir.
ndarinen
Äpfel
toffeln
Und somit...
... lege ich euch auch den Folgeband 4 ans Herz.
Bitte-Bitte-Sprungpose

Größe: 180 cm
Gewicht: 68 kg
Alter: 21 Jahre
Blutgruppe: AB
Geburtstag: 17. Februar
Er mag: Eiergerichte, Action- und Horrorfilme
Er ist gut in: Online Puzzle Games

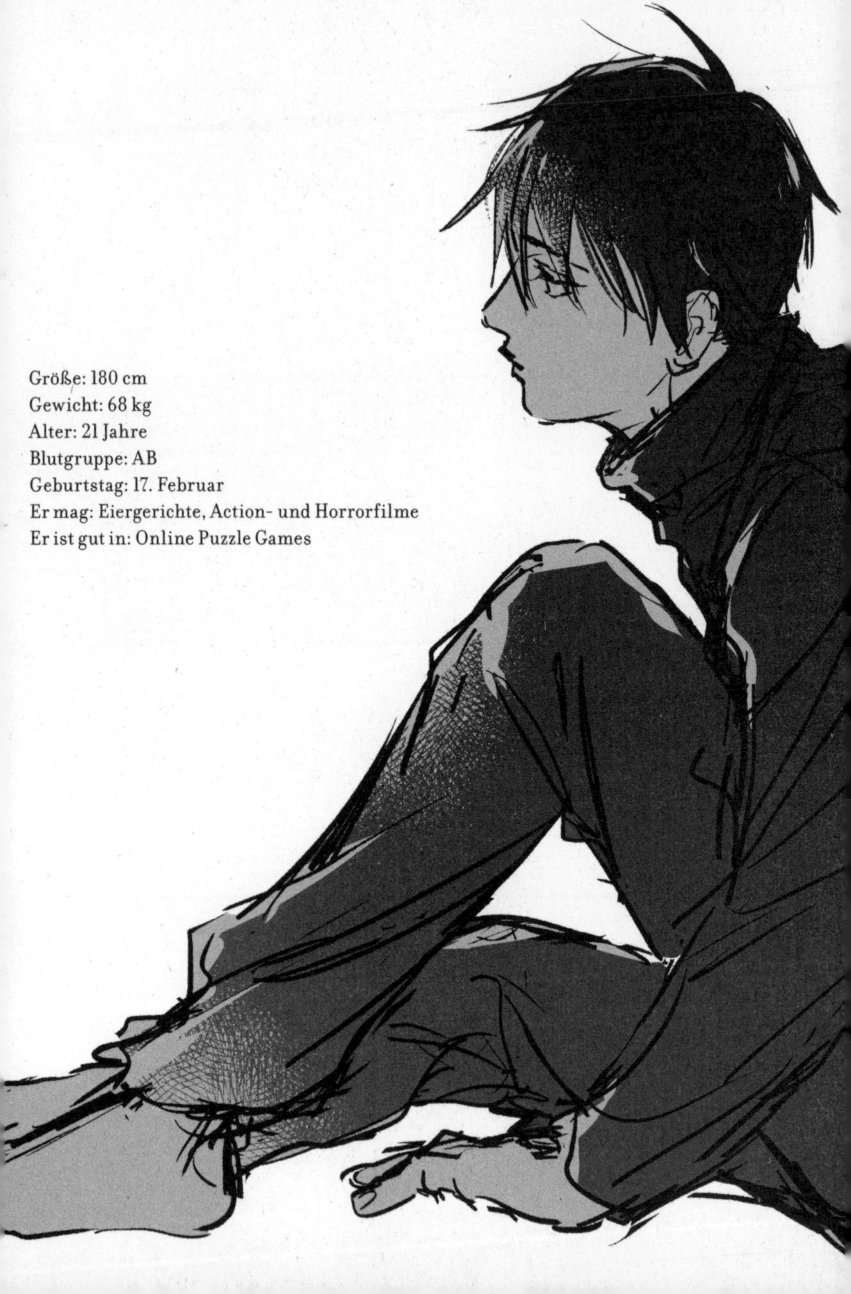

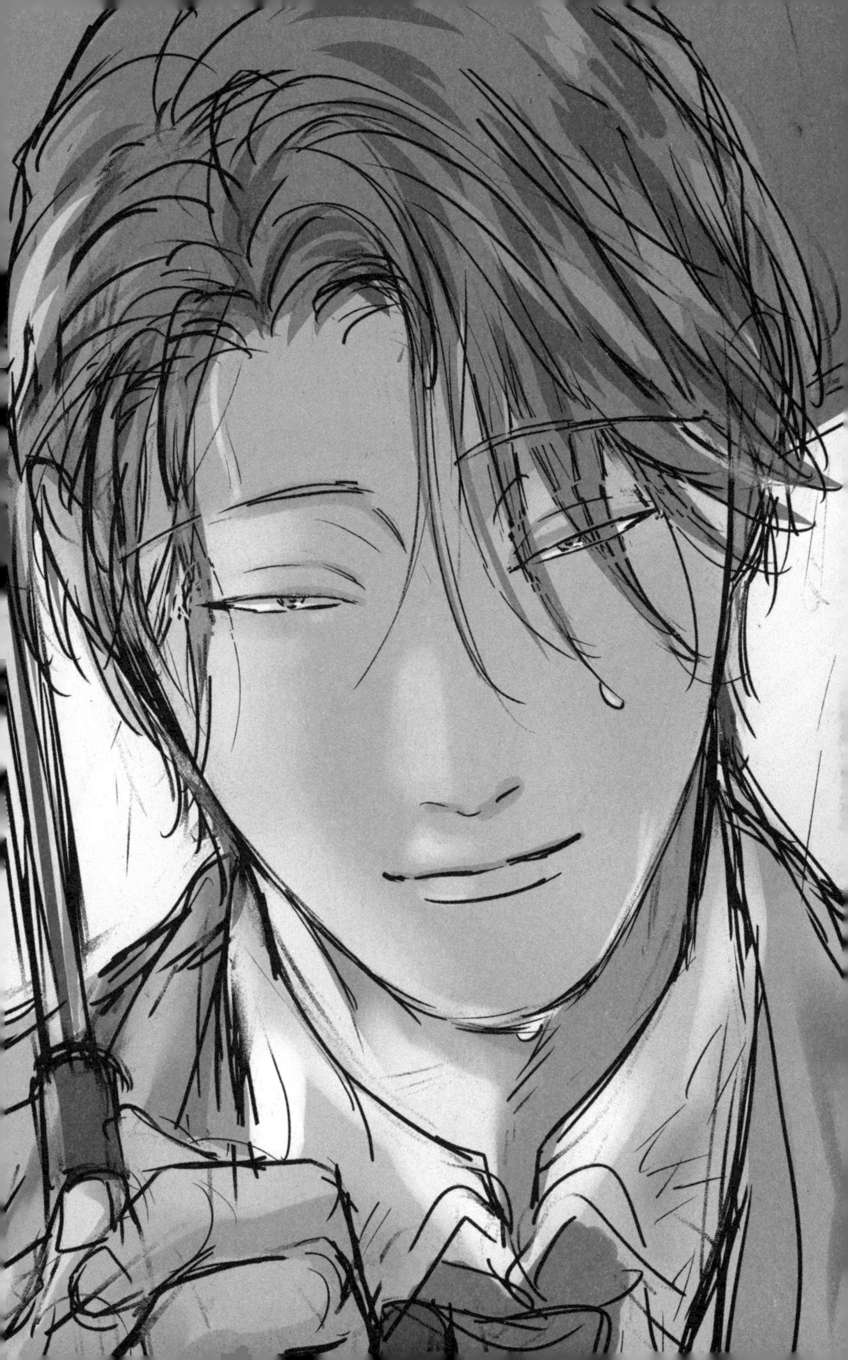

Adaption & Art: **Aeju** | Story: **Chepali**

The WORDS in YOUR SNARE

WAGHALSIGE GEDANKENSPIELE...

Jooin Lee hat eine außergewöhnliche Fähigkeit: Er kann die Gedanken seiner Mitmenschen wie geschriebene Worte lesen – was dazu geführt hat, dass er gesprochenen Worten nicht mehr vertraut.
Er hat das turbulente Stadtleben Seouls hinter sich gelassen und auf dem Land ein beschauliches neues Leben als Cafébetreiber begonnen. Eines Tages lernt er Mookya kennen, der eine hohe Position in einer berüchtigten Gang innehat. Jooin ist direkt von dem geheimnisvollen Fremden fasziniert – allem voran davon, dass er dessen Gedanken nicht sehen kann. Zwischen den beiden entbrennt eine turbulente Beziehung, die nicht ungefährlich ist...

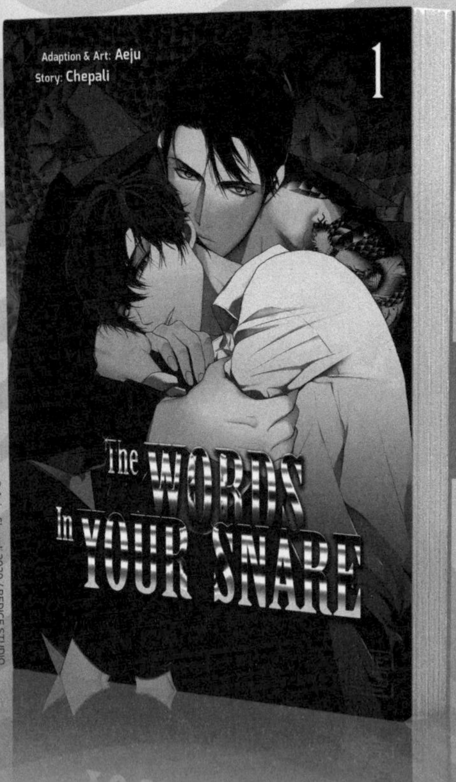

Mit exklusiver Photocard in jedem Band
– nur in der Erstauflage!

Boys Love • ab 18 Jahren
Softcover • farbig
ca. 304 Seiten • 14,5 x 21 cm

LINES

www.carlsen.de/webtoons

hayabusa_manga carlsen_manga

BILLY BALIBALLY

FANGS

DIE HEISSESTEN VAMPIRE, SEIT ES BOYS LOVE GIBT!

En wird von Vampiren gebissen und zurückgelassen. Ichii, ein Vampir der Organisation »FANGS«, findet ihn und nimmt ihn erst mal unter seine Fittiche. »FANGS« sorgt dafür, dass sich Vampire als Paare zusammentun, um sich gegenseitig zu unterstützen. Als sich En bei seiner ersten »Pairing«-Party vor möglichen Paar-Kandidaten kaum retten kann, erklärt er Ichii und sich kurzerhand als Paar... allerdings ohne seinen Retter vorher zu fragen.

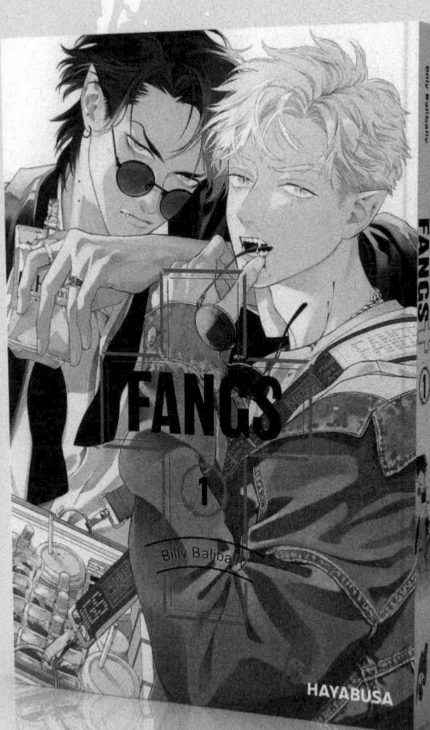

vorläufiges Cover

BAND 1 MIT EDLER SNS-CARD – nur in der Erstauflage!

Boys Love • ab 18 Jahren
Großtaschenbuch • sw/vierfarbig
ca. 226 Seiten • 12,5 x 18 cm

HAYABUSA
www.hayabusa-manga.de

hayabusa_manga HayabusaTweets

HINAKO

Fuck Buddy

VON DEN GEFÜHLEN ÜBERMANNT

Ryo und Akanishi sind hungrig nach schnellem Sex und tigern gemeinsam Nacht für Nacht durch die Bars der Stadt, immer auf der Suche nach einer willigen Gespielin. Eines Tages läuft bei einem solchem Dreier etwas schief – und für die beiden abgebrühten »Fuck Buddies« beginnt eine Phase, in der es nicht mehr ausreicht, jedes Gefühl mit billigem Sex zu überschminken.

Eine Boys-Love-Geschichte, die sich als deutlich tiefgründiger und facettenreicher entpuppt, als es der Titel erahnen lässt.

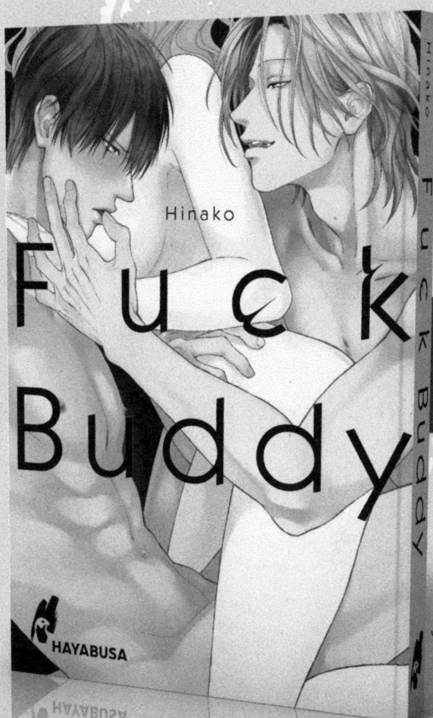

vorläufiges Cover

MIT EDLER SNS-CARD – nur in der Erstauflage!

Boys Love • ab 18 Jahren
Großtaschenbuch • sw/vierfarbig
176 Seiten • 12,5 x 18 cm
Einzelband

HAYABUSA
www.hayabusa-manga.de

hayabusa_manga   HayabusaTwe

SAI ASAI

FROM TOP TO BOTTOM

AKTIV ODER PASSIV?!

Naoto scheint der perfekte Liebhaber zu sein – er sieht unfassbar gut aus, besitzt den Körper einer griechischen Statue und ist auch untenrum bestens ausgestattet. Alles Gründe, warum er die letzten Jahre immer die aktive Rolle übernommen hat. Yugo durchschaut den sehnlichen Wunsch Naotos, endlich auch mal selbst flachgelegt zu werden...

Ein erotischer Einzelband der Zeichnerin von LOVE AND LET DIE!

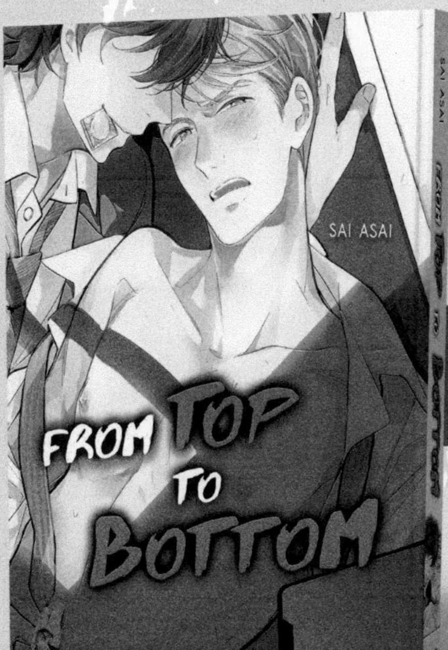

Boys Love • ab 18 Jahren
Paperback • schwarz-weiß/farbig
178 Seiten • 12,5 x 18 cm
Einzelband

HAYABUSA
www.hayabusa-manga.de

hayabusa_manga HayabusaTwe

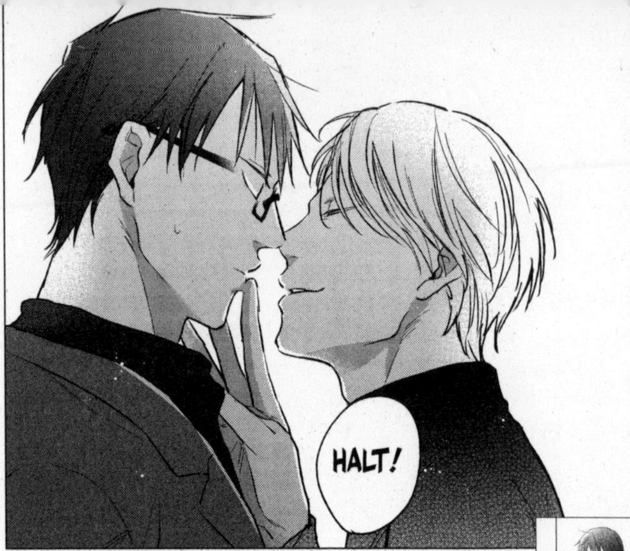

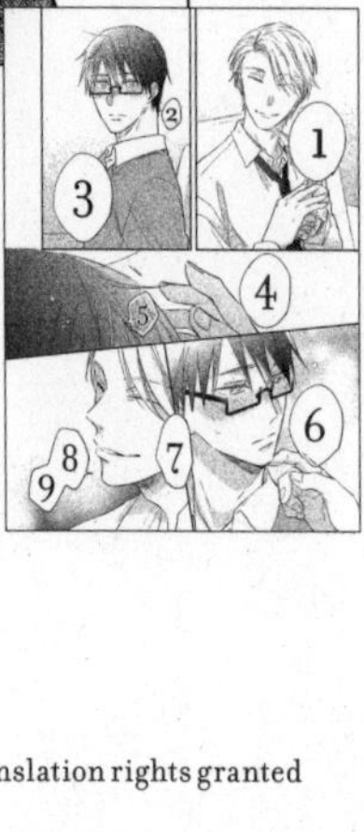

Du kannst mir nicht widerstehen

ist eine japanische Serie, die originalgetreu von »hinten« nach »vorne« und von rechts nach links gelesen wird! Schlagt das Buch also »hinten« auf und blättert Seite für Seite nach »vorne« weiter!
Auch die Bilder und Sprechblasen werden von rechts oben nach links unten gelesen, wie es in der Grafik gezeigt wird! Wir wünschen gute Unterhaltung!

HAYABUSA
2024 Carlsen Verlag GmbH, Völckersstraße 14-20, 22765 Hamburg
Aus dem Japanischen von Melania Schmitz
SHUCHUU NI OTOSHITE II DESKU KA

Redaktion: Lisa Duty
Herstellung: Maria Niemann

ISBN: 978-3-551-62480-2

LOVE THE FALCON
www.hayabusa-manga.de
www.carlsen.de
hayabusa_manga

FSC
www.fsc.org
MIX
Papier | Fördert gute Waldnutzung
FSC® C083411

Unser Versprechen für mehr Nachhaltigkeit
- Klimaneutrales Produkt
- Papiere aus nachhaltigen und kontrollierten Quellen
- Hergestellt in Europa